I0183484

PAUL DE KOCK

CE MONSIEUR

ÉDITION ILLUSTRÉE DE VIGNETTES SUR BOIS

PRIX : 1 Fr. 10 centimes

PARIS
VICTOR BENOIST ET Cie, ÉDITEURS, RUE GIT-LE-CŒUR, 10, A PARIS
ANCIENNE MAISON CHARLIEU ET HUILLERY

CE MONSIEUR.

BELIN, del.
L. DEGHOUY, sculp.

CHAPITRE I.

DEUX AMANTS SUR LES BORDS DU CANAL.

Au moment où ils passent près du chiffonier, cet homme lève sa lanterne à la hauteur de leur visage.

A sept heures du soir, par un temps affreux, dans le mois de janvier de l'année mil huit cent quarante (année tant redoutée par les esprits faibles et les femmes de ménage, et qui, d'après les pronostics de nombreux almanachs, devait être, sinon la dernière, mais du moins une des plus meurtrières pour notre globe), un monsieur jeune et bien mis se promenait sur le quai Valmy, le long des bords du canal ; dans ce nouveau quartier de Paris, qui sera peut-être fort gai, très vivant et bien pavé dans quelques années, mais qui n'est pas encore arrivé là. La partie du quai se tenait où notre promeneur était une de celles ou les habitations sont encore rares, où les maisons ont peu de locataires, où, par conséquent, on rencontre le moins de monde, même quand il fait jour et beau ; d'après cela, vous devez juger si elle devait être déserte le soir, par un temps froid, pluvieux, et lorsque les bourrasques de vent, qui s'élevaient à chaque instant, forçaient les hommes à porter leur main sur la tête pour y retenir leur chapeau, qui, sans cela, aurait pu être enlevé et voguer sur le canal.

C'était de ces temps où, suivant un vieux proverbe, on ne mettrait pas un chien dehors ; de ces temps où il faut vraiment avoir affaire pour sortir ; de ces temps où, pour faire faction dans une rue, il faut être ou amant, ou voleur, ou jaloux.

L'individu qui allait et venait sur le quai faisait tantôt dix pas, tantôt vingt ; puis il s'arrêtait, regardait à sa montre, restait quelques minutes sans bouger, revenait ensuite sur ses pas, et recom-

mençait bientôt le même manége. Cependant, les yeux se portaient presque toujours du même côté, il regardait les fenêtres d'une assez belle maison, et fixait particulièrement le premier étage, où l'on percevait de la lumière aller et venir d'une pièce à une autre.

Quelquefois le jeune homme marchait un peu, tout en regardant toujours les fenêtres de la maison, où, selon toute apparence, logeait la personne qu'il attendait; puis, comme on ne voit pas à ses pieds quand on regarde en l'air, il lui arrivait souvent de mettre sa botte dans une flaque d'eau et de s'envoyer de la boue jusqu'aux genoux. Alors il s'arrêtait, il jurait assez énergiquement, ce qui ne l'empêchait pas d'être crotté, mais ce qui soulage lorsqu'on est en colère; et enfin il se mettait à marcher avec précipitation, comme s'il eût pris le parti de s'éloigner et de ne pas attendre; mais, après avoir fait environ deux cents pas avec la même résolution, sa marche ne tardait pas à se ralentir : il s'arrêtait, se retournait, revenait sur ses pas, et allait de nouveau se poser en faction devant la maison où l'on voyait aller et venir de la lumière.

Dans un moment où il venait encore de mettre ses pieds dans un trou, ce monsieur fait un mouvement d'impatience, en se disant :

« Il faut avouer que je suis bien niais!.... rester ainsi au froid, au vent, à la pluie, marcher dans l'eau, me crotter... lorsque je pourrais être maintenant chez moi, assis devant un bon feu, les pieds sur mes chenets, et à mon aise dans ma robe de chambre... ou bien chez un ami... ou au spectacle... enfin, il n'y a pas d'endroit où je ne serais mieux qu'ici; et encore si on disait : je reste là... je brave le temps... je brave les rhumes, la crotte, les voleurs... car on assure qu'il y a aussi des voleurs sur les bords du canal, mais c'est dans l'espoir de voir une femme dont je suis très amoureux, une femme dont la possession fait mon bonheur... une femme que j'adore! alors je serais excusable de faire ainsi faction par un temps aussi horrible. Mais non, c'est que ce n'est pas cela du tout... De bonne foi, suis-je amoureux d'Emmeline?... Pour être amoureux, ne faut-il pas éprouver cette passion violente qui braverait tous les obstacles pour arriver à la possession de la personne aimée?... ne faut-il pas penser nuit et jour à l'objet de sa tendresse; passer sans cesse de la souffrance à l'espoir, de la peine au plaisir? Ah! j'ai su ce que c'était que l'amour véritable... Après avoir eu tant de maîtresses, ce serait bien malheureux si je n'avais pas connu l'amour... En y réfléchissant bien, je crois même que je les ai aimées toutes... plus ou moins... Allons... bon!... encore une mare d'eau... quel joli quartier pour un rendez-vous!... »

Notre promeneur secoue ses pieds, regarde à sa montre, regarde les fenêtres du premier étage de la grande maison; fait quelques pas, puis reprend le cours de ses réflexions

« Mais Emmeline!..., francnement je ne pensais pas du tout à elle! je l'ai rencontrée dans le monde... dans ce monde excentrique où l'on vit philosophiquement avec la femme qui nous plaît, où ces dames portent le nom de l'homme avec lequel elles habitent jusqu'au moment où une querelle, une trahison, une passion nouvelle amènent une rupture et un divorce qui s'effectue ordinairement sans bruit et sans scandale. Enfin Emmeline vit avec un industriel, on l'appelle madame Réginald; ce n'est pas une femme entretenue, car la femme entretenue ne vit pas maritalement avec son amant, elle préfère avoir son *chez soi*, et elle a parfaitement raison. Mais la femme qui se donne à un homme, habite avec lui, et porte son nom; elle a toutes les tribulations, tous les ennuis d'un ménage sans en avoir au moins les bénéfices... Pauvre Emmeline!.... Monsieur Réginald est riche, mais je vois bien qu'il ne la rend pas heureuse! Je voudrais savoir quelle est l'idée de ces messieurs qui, devenus assez épris d'une femme pour vouloir vivre avec elle, ne lui donnent pas le nom d'épouse et ne la traitent pas comme leur maîtresse!... Comment! vous êtes amoureux d'une femme au point qu'il vous la faut le jour et la nuit chez vous; mais alors vous allez donc l'entourer de plaisirs, cette femme vous allez être pour elle plus qu'un amant, vous préviendrez tous ses désirs, vous aurez soin qu'elle ne puisse éprouver un seul moment d'ennui, afin que votre demeure lui soit agréable; vous la mènerez aux spectacles, aux bals, à la promenade; enfin vous lui procurerez mille distractions pour qu'elle ne puisse pas regretter cette liberté qu'elle vous a sacrifiée?... non vraiment!... ce n'est pas du tout ce que font la plupart de ces messieurs! A peine ont-ils leur maîtresse avec eux, qu'ils commencent par lui donner de vieilles chemises, des bas à raccommoder, des boutons à recoudre à leurs pantalons; ceci est censé devoir les amuser extrêmement; ensuite ils les engagent à surveiller avec soin les détails du ménage, à vérifier les comptes de la domestique et de la blanchisseuse, à leur faire des faux-cols, à leur ourler des cravates, enfin, ce qui doit être le *nec plus ultrà* de leur bonheur ce sera de s'occuper de la cuisine et de savoir comment on farcit une dinde ou comment on confectionne une crême au chocolat. Pauvres petites femmes!... et pour vous récompenser de vouloir bien devenir ravaudeuse et cuisinière, sera-t-on aux petits soins pour vous? vous rendra-t-on en amour ce que vous perdez en tracas domestique? non pas! on deviendra humoriste! querelleur, colère. A peine serez-vous sous le toit de votre amant, qu'il sera un mari fort peu aimable; il ira dîner en ville sans vous, il vous laissera seule le soir vous ennuyer et l'attendre, il trouvera mauvais que vous demandiez à sortir, et il s'étonnera que vous ne vous trouviez pas excessivement heureuse avec lui.

» Voilà l'histoire d'Emmeline! son monsieur Réginald est jeune, joli garçon, riche; pourquoi ne se contente-t-il pas d'avoir une maîtresse bien faite, charmante... car elle est vraiment jolie, Emmeline; mais depuis qu'elle demeure avec lui, il la néglige totalement, la laisse presque toujours seule, va courir, s'amuser avec ses amis, peut-être avec d'autres femmes, et ne se souvient qu'il habite avec sa maîtresse que le soir en rentrant chez lui... parce qu'il trouve ses pantoufles... et un lit bien chaud!... et puis après cela, ces messieurs sont tout surpris qu'on leur soit infidèle!

» Je me suis trouvé avec cette jeune femme dans un concert; je ne pensais vraiment pas à lui faire la cour, mais je la trouvais fort bien et je lui ai dit de ces choses que l'on trouve tout de suite.... quand une femme vous plaît... même lorsqu'on n'en est pas amoureux... J'ai été surpris de voir qu'on me répondait avec sentiment, avec tendresse... de voir enfin que l'on prenait au sérieux ce que j'avais dit bien légèrement... Mais alors, à moins d'être un mal appris, qu'est-ce qui ira répondre à une femme : Je vous ai dit tout cela, mais je n'en pensais pas un mot!... d'abord ce serait fort malhonnête; ensuite on ne peut pas en avoir la pensée lorsque la femme qui vous a témoigné un tendre intérêt est jeune et jolie; au contraire, on se sent flatté de lui plaire... on en éprouve un trouble, une satisfaction qui ressemble à de l'amour, et on finit par se persuader qu'on est vraiment amoureux.

» J'ai donné un rendez-vous à Emmeline, elle y est venue.... et maintenant me voilà son amant... il y trois mois que cela dure; ce serait peut-être déjà fini si nous avions pu nous voir facilement.... mais il faut user de précautions, de mystères... et les obstacles sont le premier aliment de l'amour. Après tout, ce monsieur Réginald n'a que ce qu'il mérite!... Négliger une si jolie femme! Je dis cela! et à sa place j'aurais peut-être fait comme lui!... Si, du moins, en profitant des bévues des autres, nous n'en faisions plus! Ah! ce n'est pas à moi de m'établir le censeur d'autrui! »

Le jeune homme est retombé dans ses rêveries; il reste cinq minutes à la même place pour regarder la maison en face et sans paraître sentir le vent et la pluie. On dirait que des pensées graves, sérieuses, sont venues s'emparer de son esprit, et qu'il ne songe plus à son rendez-vous, et ne s'aperçoit plus qu'il est sur les bords du canal.

Un violent coup de fouet, qui claque à ses oreilles, et la voix enrouée d'un charretier, le rappellent à lui-même.

— Rangez-vous donc, sacrebleu! v'là dix fois que je lui crie gare! et il ne bouge pas, celui-là. Est-ce qu'il n'y a pas assez de place sur les côtés, que vous ne pouvez pas donner le milieu aux voitures? Si vous êtes soûl, c'est différent! à la bonne heure! on le dit alors!

Celui auquel ce discours s'adressait ne juge pas nécessaire de répondre au charretier; il se met de côté, laisse passer la voiture, puis regarde sa montre, et murmure

« Sept heures et demie... Voilà une demi-heure que j'attends... c'est bien assez, surtout par un pareil temps... Tibulle a dit : *Quam juvel immites ventos audire cubantem!... Et dominam tercero detinuisse sinu!...* Mais ce n'est pas un plaisir d'entendre les vents impétueux et de recevoir la pluie, lorsqu'on attend son amie. Décidément elle ne viendra pas... Pourquoi ne vient-elle pas?... Elle sait que je l'attends... Mais il n'est pas sorti peut-être, et elle est obligée de rester aussi... Il me semble que ce soir j'aurais eu tant de plaisir à la voir... C'est toujours ainsi lorsqu'elle ne paraît pas : alors, je deviens inquiet... jaloux... Je crains qu'elle ne m'oublie pour un autre... alors, je suis extrêmement amoureux d'elle... Pendant que je fais sentinelle en plein air, si quelqu'un était près d'elle... profitant de l'absence de Réginald... oh! ce serait indigne... Et pourquoi ne me tromperait-elle pas?... elle le trompe bien, lui... Mais moi... elle m'aime... Si elle ne m'aimait pas, qui l'obligerait à s'exposer pour me voir?... Ah! les femmes sont si coquettes! Allons-nous-en... elle ne viendra pas! »

Le jeune homme regarde de nouveau autour de lui : ses yeux se portent sur toutes ces lumières que l'on aperçoit aux fenêtres des appartements habités, et il se dit en soupirant :

« Dans toutes ces pièces où je vois de la lumière, je gage que l'amour tient compagnie à la plupart des personnes qui les habitent... Les jeunes ouvrières pensent à leur amant en achevant leur ouvrage... les unes le verront le dimanche, les autres le rejoindront ce soir. La fille de ce bon bourgeois songe à celui qu'elle préfère en faisant de la tapisserie sous les yeux de ses parents. Dans un nouveau ménage, les époux se prodiguent de tendres caresses; chez ceux qui ne s'aiment plus, il y a de secrètes intrigues qui occupent

Monsieur et Madame... Là, une femme jalouse compte les heures, en attendant son mari... Dans cette petite chambre mansardée, habitée par une grisette, l'amour conduit un jeune étudiant. Tous les endroits sont beaux quand on peut y presser dans ses bras l'objet de sa tendresse. Décidément, l'amour est le premier des biens ; si l'on désire la fortune, c'est parce qu'elle aplanit tous les obstacles qui entravent nos passions. La fortune sans l'amour ne serait qu'une triste chose, tandis que ce dernier sentiment peut à lui seul nous rendre heureux... Mais comme il me paraît que je ne le serai pas ce soir, partons. »

Et, cette fois, le monsieur allait en effet s'éloigner, lorsqu'il aperçoit dans l'ombre deux personnes qui s'avancent. Ce sont deux femmes, il y en a une grande, légère, élégante, dont les pieds semblent toucher à peine le pavé, tandis que son bras s'appuie sur celui de sa compagne ; celle-ci est une petite bonne courte, ronde, coiffée avec un bonnet trop élégant pour une domestique, et tenant un parapluie que, par distraction peut-être, elle tient beaucoup plus sur elle que sur sa maîtresse, puis se retroussant de manière à montrer la couleur de ses jarretières, et même quelque chose au-dessus. Mais la nuit, par un temps affreux et dans un quartier désert, il est bien permis de se retrousser un peu haut ; on rencontre souvent en plein jour et dans des rues très fréquentées, des dames qui en font voir autant : celles qui ont la jambe bien faite montrent surtout une grande attention à ne point crotter leur robe.

Le jeune homme a reconnu la personne qu'il attendait, il court à elle en s'écriant :

— Il y a trois quarts d'heure que je suis là... J'allais partir... Vous êtes cruelle pour vous faire toujours attendre.

— Mais, mon Dieu, mon ami, est-ce ma faute?... est-ce que vous croyez que je ne m'impatientais pas aussi, moi ? Madeleine, vous me retrouverez chez ma mercière... vous savez... j'y serai dans trois quarts d'heure... Si vous avez une course à faire pour vous, faites-la, puis vous irez où je vous dis.

— Oui, madame... mais ne soyez pas trop longtemps, monsieur avait l'air tout drôle quand vous avez voulu absolument aller acheter du fil d'Ecosse par le temps qu'il fait...

— C'est bon... allez, Madeleine...

— Est-ce que madame garde le parapluie?

— Mais sans doute ; vous voyez bien qu'Adhémar n'en a pas.

— Moi, prendre un parapluie ! oh ! non, par exemple, j'aimerais mieux être trempé.

— V'là une drôle d'idée!... mon bonnet va être bien arrangé... alors, c'est amusant!...

— Mais laissez-nous donc tranquilles, Madeleine.

— Oh ! c'est ça !... voilà !... les amants, ça leur est bien égal que les autres se mouillent.

Et tout en murmurant entre ses dents, la bonne s'est mise à courir du côté du pont, en retroussant ses jupes comme si elle portait dedans une livre de cerises.

Les amants sont enfin tête-à-tête ; ils se tiennent le bras, se le serrent bien fort, se regardent dans les yeux et s'embrassent tendrement, s'abritant à peu près avec le parapluie, mais s'inquiétant peu de recevoir de l'eau. Après ces premiers instants donnés à l'amour, Adhémar (car nous savons à présent que c'est le nom du promeneur), dit à la jeune femme :

— Pourquoi donc as-tu tant tardé ?

— Parce qu'il n'est pas sorti ce soir comme il l'avait projeté. Il a mal à la tête, il va se coucher.

— Mais nous n'allons pas rester en plein air... viens chez moi.

— Oh! non, ce n'est pas possible ce soir, car il ne faut pas que je sois trop longtemps. Réginald devient extrêmement méchant... pour un rien il me querelle, me fait des scènes, il faut qu'on lui ait dit quelque chose, car autrefois il n'était pas jaloux, et maintenant il ne veut plus que je sorte. Enfin, quand je suis partie tout à l'heure, il m'a dit : Je vais regarder la pendule, et voir combien tu seras de temps pour aller acheter du fil d'Ecosse..... Ah ! depuis quelque temps je suis bien malheureuse.

Un baiser d'Adhémar arrête un gros soupir que la jeune femme disposait à faire entendre.

— Mais alors descendons jusqu'au boulevard..... nous prendrons une voiture, et nous nous promènerons à l'heure.

— Oh ! non, mon ami ; avant que nous ne soyons au boulevard.... cela nous prendrait trop de temps..... C'est impossible ce soir...

— C'est-à-dire que cela ne vous plaît pas, que vous ne vous en souciez pas.... A votre aise, madame ; je ne vous demanderai plus une chose qui vous est désagréable...

— Ah ! dites que je ne vous aime pas !... adressez-moi des reproches, je vous le conseille !.. Il ne me manquerait plus que cela.... des querelles, des ennuis chez moi.... quelqu'un qui me fait peur maintenant quand il me regarde fixement, parce qu'il me semble toujours qu'il voit dans mes yeux que c'est à vous que je pense !... Et, pour prix de ce que j'endure pour lui, monsieur me dit à présent que je ne l'aime pas !...

— Pardon, Emmeline, pardon... je ne sais ce que je dis... Désormais, je ferai tout ce que tu voudras..... je serai sage comme une image.

— Eh bien !... qu'est-ce vous faites donc?... c'est joli... êtes-vous fou ?...

— Il n'est pas défendu de se prendre la taille sous un parapluie...

— Pardonnez-moi ; il est défendu de se parler aussi près...

— Si j'ai l'oreille dure...

— Voyons..... marchons..... je ne veux pas rester là, moi... j'ai peur ici..... Tenez, regardez donc cet homme en blouse qui vient vers nous.... il tient une lanterne...

— C'est un chiffonnier... il s'occupe fort peu de ce que nous pouvons faire là... Quand on passe sa vie à chercher des chiffons, on doit nécessairement être philosophe... *Cratès* et *Diogène* avaient beaucoup d'analogie avec ces gens-là.

— Mon ami, j'ai peur des chiffonniers... allons-nous-en, je t'en prie.

Emmeline entraîne Adhémar, qui se remet en marche à contre-cœur ; mais la jeune femme l'exige, et il faut lui céder.

Au moment où ils passent près du chiffonnier, cet homme lève sa lanterne à la hauteur de leur visage, les regarde tous deux d'une façon singulière, puis se met à ricaner, et s'éloigne en sifflant.

Emmeline ne peut s'empêcher de rire de l'action du chiffonnier ; mais Adhémar est resté tout interdit, ses traits se sont contractés, son front est devenu sombre comme ses yeux.

— A-t-on jamais vu !... il est sans gêne, cet homme ! dit la jeune femme en entraînant son amant. Il se met à rire en nous regardant !... encore s'il vous avait vu un peu plus tôt me prenant la taille... je concevrais.... C'est bien heureux que je sois plus raisonnable que vous... Eh bien... tu ne dis rien, mon ami, te voilà tout pensif... on dirait que le regard de ce chiffonnier vient de te pétrifier !

— Moi ?... non... mais... je ne m'attendais pas....

— A quoi ?

— A... à...

— Voyons, achève donc... qu'est-ce qui est arrivé pour que tu aies tout à coup changé de visage ?

— J'ai changé de visage, moi ?...

— Mon Dieu, vous allez me dire que vous n'avez rien, à présent... Est-ce que je ne vous connais pas ? Tout à l'heure vous étiez gai ! vous ne pensiez qu'à dire et même qu'à faire des bêtises... et depuis que ce monsieur à la hotte nous a mis sa lanterne sous le nez, vous avez changé à vue... comme à l'Opéra... Est-ce que vous le connaissez, cet homme ?

— Ah ! voilà qui est très joli !... Pourquoi ne dites-vous pas tout de suite qu'il est de mes amis... de mes parents, même ?

— Mon Dieu ! Adhémar, que vous êtes ridicule !.... On connaît votre famille, monsieur ; on sait que vous êtes né de parents distingués..... on sait aussi que vous avez de trop bonnes manières pour fréquenter des gens qui vous feraient rougir... Je ne puis pas avoir la pensée qu'un chiffonnier soit votre ami ; mais, avant d'être tombé dans une position si abjecte, cet homme ne pouvait-il pas être dans une autre condition ?... A Paris, on voit des choses plus singulières. Réginald me montrait dernièrement une femme qui vend des épingles pour ne pas avoir l'air de demander l'aumône, et qui avait une voiture à ses ordres il y a dix ans...

— Vous avez raison, Emmeline, il se fait souvent de cruels changements dans la situation de gens que l'on a vus au sein de l'opulence, des plaisirs et même des grandeurs... Mais de quoi diable allons-nous parler !... Ce maudit chiffonnier est venu avec sa lanterne troubler notre bonheur... nos amours... Je le maudis, cet homme... je suis fâché de ne point lui avoir cassé son crochet sur le dos.

— Ah ! oui, c'eût été très bien vu.... Je ne veux pas aller par là, il fait trop sombre....

— Ah ! vous êtes bien terrible, ce soir !...

— C'est vous qui êtes terrible !... Ah ! vous allez encore faire la moue...

— Moi ?... non.

— Embrassez-moi tout de suite.

Emmeline était une femme de vingt ans ; sa taille était élevée, mais bien prise, svelte et dépourvue de cette raideur qui nuit si souvent à la grâce ; sa jambe et sa main étaient fort bien faites ; ses cheveux blonds, d'une finesse exquise, ses yeux noirs étaient cependant tendres et doux, et formaient avec ses cheveux blonds un contraste aussi gracieux que piquant.

Adhémar avait près de vingt-neuf ans; mais il avait l'air fort jeune. Il était grand sans l'être trop, brun sans être jaune, et joli garçon sans être fat. Sa figure, tantôt sérieuse, tantôt gaie, laissait voir trop fidèlement les impressions qu'il éprouvait. C'est un défaut pour un homme qui va dans le monde; mais il y a de ces défauts qui tiennent à notre nature, et dont nous chercherions vainement à nous corriger. Il en est de cela comme de l'accent du pays quand il n'est plus dans le langage: il existe toujours au fond du cœur.

Pour deux personnes qui s'aiment et qui sont ensemble, le temps vole au lieu de marcher. Il y avait plus d'une heure qu'Emmeline promenait pendue au bras d'Adhémar. Ils ne faisaient aucune attention au mauvais temps et à la crotte; ils se servaient de leur parapluie plutôt pour se dérober aux regards des passants que pour être à l'abri de l'eau. Les amants se servent de tout au profit de leur amour.

Cependant Emmeline se rappelle que sa bonne doit l'attendre, et elle dit à Adhémar:

— Voyons donc l'heure à ta montre

— Neuf heures moins un quart.

— Ah! mon Dieu!... et je suis sortie à sept heures et demie... S'il ne s'est pas endormi, je suis perdue.

— Tu vois bien que tu aurais eu le temps de venir chez moi... ou de nous promener en voiture... mais tu as préféré barbotter les ruisseaux.

— Vas-tu encore me gronder?... Allons, monsieur, ne soyez pas méchant... Après-demain matin, il sort de très bonne heure, et j'irai vous trouver... le voulez-vous?

— Quelle question!

— Dame, vous pourriez en attendre d'autres... Ça ne vous arrive jamais, peut-être?...

— Non... j'en suis incapable... Depuis que je vous connais...

— Oh! Dieu, si j'avais autant de mille livres de rente que vous m'avez fait d'infidélités... quelle fortune!...

— Emmeline, vous me faites de la peine.

— Oh! oui, je le crois... Conduis-moi devant ma mercière.

Le couple amoureux se remet en marche. On arrive devant la boutique de la mercière, où attendait la bonne.

— Déjà arrivés!... dit Emmeline; viens, remontons un peu la rue, puis nous redescendrons.

Adhémar ne demande pas mieux. Les deux amants reprennent le chemin par où ils sont venus, et la jeune femme dit avec tristesse:

— Encore se quitter... et être deux jours sans se voir... Quel ennui!... et maintenant je suis si malheureuse quand je rentre chez moi, quand Réginald veut m'embrasser... Ah! mon Dieu!...

Adhémar ne dit rien; il presse le bras d'Emmeline pour la consoler, et celle-ci reprend au bout d'un moment:

— Vivre comme cela... avec quelqu'un qu'on n'aime plus... ce n'est pas trop la peine... surtout quand on n'y est pas forcé... Si j'étais mariée, ce serait différent; mais je ne le suis pas... Je suis ma maîtresse, après tout.

Adhémar garde encore le silence; il paraît très occupé de regarder à ses pieds. Emmeline se tait; elle semble attendre ce qu'il va lui répondre; enfin, au bout de quelques instants, elle se presse contre son amant, tourne sa figure près de la sienne, le regarde amoureusement, et lui dit avec un accent bien tendre:

— Si tu voulais, cependant... nous ne nous quitterions plus...

— Comment cela? murmure Adhémar.

— Dis un mot, et je quitte Réginald, et je suis tout à toi... Tu es libre... tu es seul... qu'est-ce qui nous empêcherait de vivre ensemble?

Adhémar est quelques moments sans répondre; il mord ses lèvres et paraît embarrassé; enfin il balbutie:

— Ma chère amie... il y a des circonstances où on ne fait pas tout ce qu'on voudrait... et, dans ce moment, j'ai des raisons... pour ne pas agir ainsi.

— Quelles raisons pouvez-vous avoir? Vous êtes garçon... vous avez perdu vos parents; vous m'avez dit cent fois que vous étiez entièrement votre maître... Quant à votre fortune, je ne sais pas si vous en avez; je ne m'en inquiète pas! Que m'importe?... c'est vous que je veux... vous, dans un désert... dans un grenier, et je serais heureuse.

— Chère amie, ces choses-là se disent, mais...

— Ah! vous croyez que je ne le pense pas.

— Si... si... vous pouvez le penser à présent; mais quant à moi, je ne voudrais pas prendre une femme pour la mettre dans un grenier... Je craindrais qu'elle n'y attrapât un coup d'air.

— Ah! c'est cela... vous allez dire des plaisanteries... Au reste, je ne vous parlerai plus de cela: je vois bien que ça vous déplaît.

— Non... non... mais plus tard... dès que ce sera possible, je te le dirai. Voyons, allons-nous encore nous quitter fâchés!

— Oh! non... Voilà la maudite boutique... il faut se séparer pourtant... Allons, adieu, mon ami, à après-demain matin.

— De bonne heure!

— Oh! le plus tôt que je pourrai.

On s'embrasse encore, puis la jeune femme chez la mercière, et en sort bientôt avec la petite bonne.

Adhémar les regarde s'éloigner, et regagne ensuite le boulevard en se disant:

« Vivre avec elle!... oh! non, vraiment... Elle est bien gentille; mais elle en a déjà aimé beaucoup avant moi. Et d'ailleurs, quel sort offrirai-je à une femme, puisque c'est tout au plus, maintenant, si j'en ai assez pour moi... Il est vrai que je ne suis pas raisonnable! ô ma fortune!... depuis deux ans, comme je l'ai dissipée!... Mais j'ai voulu me distraire; j'ai voulu chercher dans les plaisirs l'oubli d'une faute... dont on m'a puni bien cruellement... et, de mes huit mille francs de rente, il me reste dix-sept cents francs de revenu.... De six mille à dix-sept cents, quelle dégringolade! Encore je ne suis pas bien sûr de m'arrêter là... Mais du moins j'ai l'air d'être riche, c'est toujours quelque chose; c'est au point que souvent on m'emprunte de l'argent; quel honneur!... Quand je m'attristerais, à quoi bon?... Je n'ai jamais tenu à l'argent, qui, de son côté, ne tient guère à moi... D'ailleurs, si j'avais voulu!... »

Le jeune homme devint rêveur, et il continue sa route en pensant au chiffonnier qu'il a rencontré pendant qu'il était avec Emmeline.

CHAPITRE II

DEUX CHASSEURS. — UN GRAS ET UN MAIGRE.

Adhémar allait tourner la rue d'Angoulême, lorsqu'un embarras de voiture le force à s'arrêter; en ce moment, un cabriolet venait au grand trot derrière lui: la voix qui lui crie gare ne lui est point inconnue, et, le cabriolet étant forcé de s'arrêter aussi pour attendre que le passage soit libre, il a le temps de l'examiner ainsi que les personnes qui sont dedans.

La capote du cabriolet était entièrement renversée en arrière, et toute couverte d'une nature morte: des lièvres, des lapins, des perdreaux et deux faisans étaient attachés sur le tour de la capote, qui semblait être doublée de gibier; et, sur cette noble et glorieuse preuve de leur adresse, deux chasseurs étaient assis, la casquette sur la tête, le fusil entre les jambes, s'appuyant avec nonchalance sur les bêtes qu'ils avaient tuées, et préférant recevoir la pluie sur la tête, que de ne pas montrer aux Parisiens le carnage qu'ils avaient fait.

L'un des chasseurs, celui qui conduisait le cabriolet, était un homme gros, court, au teint coloré, à la figure rubiconde, à l'œil vif, réjoui, et au sourire souvent moqueur. Son compagnon était grand, long, mince, fluet, jaunâtre, ayant une physionomie sérieuse, phlegmatique, ennuyée et ennuyeuse. Ces deux personnages, placés l'un à côté de l'autre, rappelaient sur-le-champ à la mémoire Don Quichotte et Sancho.

— Tiens!... je ne me trompe pas! c'est Bourdichon! s'écrie Adhémar, en regardant le monsieur à figure réjouie.

A cette exclamation, le gros chasseur tourne vivement la tête, fixe le piéton, arrête son cheval, qui allait repartir, et répond:

— C'est Adhémar!... c'est ce cher Adhémar Marilly!... Dis donc, Carcassonne... c'est l'ami Adhémar.

Le chasseur maigre porte la main à sa casquette, et avance la tête en murmurant:

— Ah! c'est donc cela... J'entendais une voix, et je me disais: certainement je connais cette voix... mais j'étais incertain sur une chose...

— La rencontre est délicieuse! reprend M. Bourdichon, sans laisser son ami Carcassonne achever sa phrase; nous arrivons, mon cher Adhémar, nous venons de huit lieues d'ici, plus loin que Lagny... nous avons été jeter un crêpe funèbre sur les campagnes....

Hein, je dis qu'on en a de ce gibier, ça peut s'appeler une chasse, ceci!

— Et c'est vous qui avez tué tout cela?

— Ah! mauvais plaisant! cette question... demandez plutôt à Carcassonne, il n'y a que deux pièces de lui... tout le reste est de moi.

— Il est vrai, dit M. Carcassonne, que je n'en ai abattu que deux, mais j'en ai bien tiré vingt-cinq. Si les autres ne sont pas tombés, je puis en dire la raison. Il m'arrive... souvent... en tirant...

— Et combien avez-vous été de jours pour tuer tout cela? reprend Adhémar en s'adressant à M. Bourdichon.

— Nous sommes partis depuis quatre jours, mais j'en ai passé trois à table, ce n'est vraiment que d'aujourd'hui que nous chassons, moi, du moins, demandez plutôt à Carcassonne...

— Oh! parbleu, votre compagnon ne vous démentira pas... Il est là comme *Lazarille!...*

— Et nous nous dépêchons d'arriver pour le bal de ma femme, car c'est ce soir, mon cher, que madame Bourdichon donne un bal costumé... mais vous le savez bien, vous avez reçu une invitation; comment se fait-il que vous ne soyez pas à votre toilette?...

— Quoi! c'est ce soir le bal chez vous? s'écrie Adhémar. En effet, aujourd'hui samedi... Ah! mon Dieu, je l'avais oublié...

— C'est bien heureux que je vous aie rencontré pour vous le rappeler; si vous ne veniez pas, ma femme serait très fâchée contre vous... D'ailleurs, nous rirons, nous nous amuserons... et nous ferons la petite bouillotte... D'abord, moi, je ne danse guère... et toi, Carcassonne, est-ce que tu danses?...

— Moi... j'ai dansé beaucoup, je danse même encore, c'est-à-dire cela dépend de...

— Mais voyons, nous restons là à la pluie, où allez-vous, Adhémar?

— Je rentrais chez moi.

— Eh bien! montez, je vais vous y conduire, vous serez plus tôt arrivé... et plus tôt prêt pour le bal...

— Mais vous n'avez pas de place là-dedans avec tout votre gibier.

— Bath! bath! il y en a toujours; les lièvres se serreront un peu.

Adhémar monte dans le cabriolet, se met comme il peut dans un coin, au risque de faisander le gibier. Bourdichon se serre contre Carcassonne; le grand chasseur se serre contre les deux lapins qu'il a tués, et le cheval reprend sa course.

Adhémar n'avait pas oublié le bal de madame Bourdichon, mais son intention était de ne pas y aller. Cependant l'épouse du gros monsieur était une jolie femme, ou du moins une femme fort agréable, ce qui vaut souvent mieux; ses traits n'avaient rien de remarquable pris séparément, mais leur ensemble plaisait sur-le-champ; elle était grande, bien faite, elle avait des manières élégantes et toujours de bon goût; enfin elle avait assez d'esprit pour ne jamais chercher à en montrer; son abord était quelquefois sérieux et même sévère; c'était de ces dames devant lesquelles on ne conte pas ces choses que l'on n'hésite pas à dire devant d'autres, mais dont le sourire ou l'approbation vous flattent d'autant plus qu'elles ne les prodiguent pas.

Les soirées de M. Bourdichon étaient fort gaies; la société y était nombreuse, peut-être pas assez choisie, parce que monsieur, beaucoup moins difficile que madame, invitait trop facilement à venir chez lui des gens avec lesquels il avait dîné ou fait la partie dans d'autres maisons. Mais, dans le monde, on n'est pas tenu de passer à un examen sévère de la conduite de toutes les personnes avec lesquelles on se rencontre; s'il en était ainsi, s'il fallait ne se trouver en société qu'avec des dames dont la vertu eût toujours été irréprochable, ou avec des hommes intègres, incapables de faire à autrui ce qu'ils ne voudraient pas qu'on leur fît, sans doute on pourrait encore voir quelqu'un; mais comme les rangs s'éclairciraient! comme les réunions deviendraient rares!... combien de salons où l'on ne rencontrerait plus personne! Il faut donc dans la société se contenter de connaître la position, les moyens d'existence de chacun, et n'exiger ensuite que du savoir-vivre, une bonne tenue et de la politesse. Quant à l'esprit, à l'instruction, à l'amabilité, on est heureux lorsqu'on les rencontre, mais on ne peut pas non plus l'exiger; ce serait mettre trop de monde à l'index. Après cela, c'est à vous de ne pas vous laisser prendre à ces faux dehors de franchise, de désintéressement, de bonhomie, dont tant de gens font parade, et qui ne sont que des amorces, des filets pour prendre les dupes. Quant à ces hommes qui mettent sans cesse en avant leur probité, leur honneur, leur moralité, et à ces dames qui n'ont à la bouche que les mots vertu, devoir et pudeur, vous devez savoir aussi que presque toujours les premiers sont des fripons et les secondes des catins.

On s'amusait aux réunions de monsieur Bourdichon, parce que chez lui on était libre, on jouait ou l'on causait, on faisait de la musique, on chantait, souvent même on dansait à l'improviste, enfin, chacun y suivait son goût on n'était pas tenu d'y venir en grande toilette, les dames apportaient quelquefois leur ouvrage, et tout le monde y était à son aise, parce que madame Bourdichon avait le talent fort rare de bien recevoir sa société, tout en laissant à chacun cette douce liberté, qui ne doit jamais dégénérer en licence, et que l'on trouve si rarement dans les réunions nombreuses, où, pour s'amuser, bien des gens croient qu'il est indispensable de faire un vacarme infernal, et de mettre tout sens dessus dessous. Genre de liberté et de plaisirs, qui ressemble à de la gaîeté comme un sot à un homme d'esprit; il y a des personnes qui s'y trompent.

Adhémar se plaisait assez aux réunions du gros chasseur; il savait bien que son bal costumé serait gai, qu'il trouverait là beaucoup de personnes de sa connaissance. Mais en allant dans le monde, il est difficile de ne point dépenser d'argent, on a beau ne pas faire une grande toilette, un jeune homme qui se met bien, doit toujours avoir des gants frais, ensuite Adhémar aimait assez le jeu, il lui était difficile de résister à l'offre d'une partie de bouillote, et il y était rarement heureux. Enfin, lorsqu'on n'a plus que dix-sept cents francs de rente, et que l'on veut encore faire figure dans le monde il faut au moins y aller fort rarement. C'est pourquoi le jeune homm s'était promis de ne point aller au bal costumé de madame Bo dichon.

Mais que de choses on se promet de ne pas faire! que de bell résolutions on prend!... Combien de plans de sagesse on s'est tra cés!... et pour détruire tout cela, il ne faut souvent qu'un mot, un regard, une occasion. Adhémar avait bien rarement le courage de refuser une partie de plaisir; succomber à la tentation était son habitude; son caractère léger, son humeur vive et enjouée n'aimaient pas à s'arrêter sur des pensées tristes ou à s'occuper de l'avenir, et s'il philosophait, c'était encore en riant. Depuis quelques années, cependant, et à la suite d'un voyage qu'il avait fait en Italie, les amis d'Adhémar avaient remarqué du changement dans son humeur. Parfois, Marilly restait pendant quelques instants comme absorbé dans ses réflexions, et alors son front devenait sombre et soucieux. Mais ces moments de mélancolie étaient rares, et celui qui les éprouvait était toujours le premier à chercher à se distraire.

La rencontre inattendue des deux chasseurs a déjà changé les sages projets d'Adhémar, et en montant dans le cabriolet, il s'est dit:

« Ma foi, j'irai au bal de madame Bourdichon... encore celui-là, et puis je me priverai des autres... d'ailleurs j'ai un costume à moi... et qui est encore très joli... je n'aurai pas beaucoup de frais à faire... Des gants... une voiture, voilà tout. J'économiserai sur mes dépenses journalières... je dînerai chez moi. »

— Vous demeurez toujours boulevard Saint-Denis? demande M. Bourdichon, tout en fouettant son cheval.

— Toujours... j'adore le boulevard, je suis un peu haut, mais j'ai une vue délicieuse.

— Si je logeais sur les boulevards, dit M. Carcassonne, je voudrais avoir une chambre noire... vous savez, de ces chambres qui font des lanternes magiques... j'ai eu un ami qui avait une chambre noire avec laquelle on voyait tout le monde sens dessus dessous.... alors...

— Carcassonne, laisse-nous un peu tranquille avec tes chambres noires. Ce dont il faut nous occuper maintenant, c'est de nos costumes... il est bien temps d'y penser.

— Comment? dit le grand chasseur, est-ce qu'il faut absolument se déguiser?

— Oui, oh! c'est de rigueur. Ma femme tient à cela, et je trouve qu'elle a raison, c'est bien plus gai; il ne faut jamais de choses mixtes. Dans ces bals où l'on se déguise si l'on veut, il y a ordinairement la moitié de la société qui ne l'est pas. Alors, ceux qui sont travestis sont fâchés de ne pas être venus en bourgeois; ceux qui sont en bourgeois sont fâchés de ne pas être travestis. La mesure prise par madame Bourdichon sera exécutée ponctuellement. A ceux qui se présenteraient en costume de ville, on mettra sur-le-champ un bonnet de coton, un tablier et un œil de poudre, c'est la consigne.

— Ah ça, mais, et si l'on refusait l'œil de poudre et le bonnet de coton.

— En ce cas, on s'en irait, mon cher, mais je te certifie qu'on serait pas reçu.

— Diable!... diable!... et en quoi donc veux-tu que je me guise... ma femme qui n'est pas prévenue ne m'aura rien p paré...

— A la rigueur, dit Adhémar, vous pourriez venir au bal dans le costume que vous avez-là... vous êtes en chasseur, vous attacheriez vos deux lapins à votre ceinture.

— Vous croyez... ma foi, ça m'arrangerait assez... d'autant plus que...

— Quant a moi, j'ai mon affaire! dit Bourdichon en souriant d'un air malin. Oh ! ce sera un peu drôle !... Je n'en ai rien dit... pas même parlé à femme... mais nous voici boulevard Saint-Denis... votre porte, monsieur Marilly...

— Tenez... la seconde à gauche.

— Alors, vous demeurez porte à porte avec les Sublimé ?

— En effet, je les aperçois souvent à leur fenêtre au second... et plusieurs fois j'ai rencontré madame Sublimé qui a bien voulu m'engager à aller la voir...

— En ce cas, mon cher Adhémar, faites-moi le plaisir de les prendre pour venir au bal ; il était convenu que Monfignard irait les chercher, mais il était à la chasse aussi, et il a prétendu être trop fatigué pour venir ce soir chez moi ; il nous a quittés à la barrière où il a pris une voiture pour se rendre chez lui. La famille Sublimé l'attendrait et ce serait désagréable... mais vous aurez la complaisance d'y monter, n'est-ce pas ?... ça ne vous dérange pas, c'est à votre porte.

— Si vous pensez que ça ne sera pas indiscret.

— Indiscret? mais au contraire, c'est un service que vous leur rendrez, ils seraient capables d'attendre Monfignard jusqu'à onze heures... D'ailleurs, madame Sublimé vous aime beaucoup,.. elle vous parlera latin... vous savez, elle veut faire la savante... quant à son mari... c'est un autre original avec sa manie de pendules et de boîtes à musique... mais ils ont une demoiselle qui est fort bien, et un petit garçon qui est, dit-on, un prodige en tout ; il n'a que huit ans, et on dit qu'il est déjà d'une grande force sur le bilboquet... vous voilà chez vous... allons... hâtez-vous... il est neuf heures... j'espère que vous serez arrivé avant dix.

— Oui, je vous le promets... à moins que la famille Sublimé ne me fasse attendre.

— Vous les presserez... au revoir... Ah ! voulez-vous accepter un lièvre et deux perdreaux... Vous voyez que je puis faire des générosités... j'ai rapporté du butin... ce n'est pas comme Carcassonne, avec ses deux lapins... ah ! ah ! il a mis quatre jours pour les tuer, ça fait un lapin en deux jours !...

— J'accepte le lièvre et les perdreaux, dit Adhémar, qui vient de sauter en bas du cabriolet. Le gros chasseur lui donne les trois pièces de gibier et fait repartir son cheval, pendant que son ami Carcassonne commence un discours relatif à ses lapins.

CHAPITRE III.

MÉNAGE D'ARTISTES. — LE LIÈVRE. — LE LOGEMENT D'ADHÉMAR.

La maison où demeurait Adhémar était neuve et bâtie avec cette coquetterie que l'on met dans les constructions modernes ; la porte que l'on se faisait ouvrir en tirant un bouton de cuivre, était surmontée d'une grille fort élégante ; on entrait sous un vestibule dallé ; les murs étaient peints et figuraient le marbre ; enfin, un escalier bien frotté, bien ciré, et qu'éclairait une lampe de bronze, conduisait sans fatigue aux divers étages de la maison.

Adhémar était logé au cinquième : il n'avait que deux pièces, pas un seul cabinet, et son loyer était de cent écus. Il est vrai que son petit appartement était aussi frais, aussi bien décoré que les pièces du premier étage, et qu'il avait vue sur le boulevard. Dans les maisons modernes, les logements sont aussi jolis au dernier étage qu'au premier, et l'on peut, sans déroger, habiter un peu haut. Mais cent écus de loyer, c'était trop pour un homme qui ne possédait plus que dix-sept cents francs de revenu ; aussi chaque fois qu'il s'agissait de payer son terme, Adhémar était obligé de vendre de sa rente.

Le jeune homme avait pris sa bougie chez sa concierge, qui, en voyant les trois pièces de gibier, s'écrie.

— Ah ! monsieur, le beau lièvre !... oh ! les beaux perdreaux... Monsieur vient de la chasse ?...

— Non, mais c'est un chasseur de mes amis qui vient de me donner cela.

— Comme c'est adroit de tuer une bête qui vole... et une qui court si vite... car ça court joliment un lièvre !... Quand feu M. Coquenard allait à la chasse, il ne me rapportait jamais que du fromage de Neufchâtel et des accros à ses habits... Il tirait horriblement mal, mon pauvre mari !... Enfin, vous me direz, on fait ce qu'on peut...

— Vous n'avez pas de lettre pour moi, madame Coquenard ?

— Non, monsieur, pas la moindre... Ah ! Dieu, le beau lièvre, que ce sera bon en civet...

Adhémar semble toujours éprouver un secret sentiment de tristesse lorsque la portière lui dit qu'elle n'a rien à lui remettre ; mais cela ne dure qu'un instant, et, reprenant vite sa gaieté, il monte lestement son escalier, tenant sa bougie d'une main et son gibier de l'autre.

Au quatrième étage, une porte était ouverte, une jeune femme, dans un déshabillé très-galant et très-décolleté, causait avec un petit-maître qui sortait de chez elle et ne s'en allait pas, tout en lui disant adieu à chaque instant.

La dame du quatrième était actrice ; elle jouait à un théâtre des boulevards ; elle n'était pas jolie de figure, mais elle était agréable, elle avait de belles dents, des yeux très vifs, qui n'étaient pas timides, et un sourire qui était fort engageant ; enfin, elle était grande et bien faite. Avec tout cela une actrice doit faire son chemin dans le monde ou bien elle y met de la mauvaise volonté.

Adhémar passait en saluant sa voisine : il savait trop bien vivre pour s'arrêter pendant qu'elle parlait avec quelqu'un ; mais mademoiselle Azéma, c'est le nom de l'actrice, l'arrête en lui disant :

— Ah ! mon Dieu, mon voisin, est-ce que vous êtes chasseur ? est-ce vous qui avez tué cela ?

— Non... c'est un présent qu'on vient de me faire...

— Vous êtes bien heureux qu'on vous fasse des présents ! on ne me donne jamais rien, à moi !

Ces mots sont prononcés d'une manière ironique, et semblent s'adresser au dandy avec lequel on causait ; celui-ci paraît très piqué ; il s'en prend à ses gants, les met avec colère, et les fait craquer tout en murmurant :

— En vérité, Azéma, vous êtes extraordinaire !...

— Ma foi ; si je le suis, vous ne l'êtes pas, vous, répond la jeune actrice en riant. Puis, sans s'occuper de la colère qui brille dans les yeux du petit-maître, elle regarde, elle touche, elle retourne, elle tâte les deux perdreaux que tient Adhémar, en s'écriant :

— Oh ! les beaux perdreaux !... Je suis folle de ces animaux-là... rôtis surtout... ah ! toujours rôtis !... ne me parlez pas de fricassées, je les exècre !...

— Eh bien ! ma voisine, puisque vous aimez les perdreaux, et que ceux-ci vous semblent beaux, acceptez-les... vous me ferez plaisir.

— Vraiment, monsieur Adhémar, comment... vous me les donnez... tous les deux... mais c'est trop aimable... Savez-vous que je suis capable de les accepter ?

— C'est bien dans cette espérance que je vous les offre.

— Ma foi, je me laisse aller... je prends les perdreaux.

Pendant cette conversation, le dandy faisait un nez d'une aune ; il jouait avec sa canne à pomme d'argent ciselé, et la cognait sur le carré comme s'il eût marqué la mesure d'un pas redoublé. Adhémar met fin à son tourment en montant vivement chez lui, laissant les deux perdreaux à mademoiselle Azéma.

La rapidité avec laquelle Adhémar a monté son dernier étage a fait éteindre sa bougie. Il pourrait redescendre la rallumer à celle que tient sa voisine d'au-dessous, mais il ne veut pas troubler encore sa conversation avec le beau monsieur ; il s'est aperçu que le cadeau qu'il vient de faire à Azéma a excité la jalousie du dandy, qui croit peut-être le voisin son rival ; comme il n'en est rien, et qu'Adhémar ne songe nullement à faire sa cour à la jeune actrice, il ne veut pas troubler davantage le repos de ce monsieur.

Mais sur le carré du cinquième étage, il y a deux portes et deux appartements, l'un est celui de Marilly, l'autre est occupé par un ménage. Ce sont encore des artistes dramatiques ; le mari qui espère débuter à l'Opéra, et se croit une voix superbe, fait des gammes, des roulades et des points d'orgue, depuis le moment où il se lève, jusqu'à celui où il se couche ; c'est un grand gaillard de cinq pieds six pouces, qui serait assez joli garçon, s'il n'avait pas l'air bête, et s'il ne se croyait pas plus beau que le dieu *Mars*. Sa femme, jeune, gentille, mais pâle, maigre, fatiguée comme si elle avait déjà fourni une longue carrière, joue les amoureuses au théâtre et ailleurs ; elle n'a jamais eu de talent, mais en revanche, elle a peu de santé ; elle joue le drame, parce qu'on lui a dit qu'elle avait des larmes dans la voix. Quelques habitués de théâtre trouvent qu'elle n'a plus que des hoquets.

Ce couple dramatique est pourvu d'un enfant ; un petit garçon de six ans, auquel pour son malheur son père trouve un organe magnifique ; et ayant entendu dire par un médecin de province, que plus les enfants criaient, plus leur voix devenait souple et étendue, le papa, par amour paternel, et afin de faire un *Dupré* de son rejeton, s'applique à le faire crier du matin au soir ; et pour cela, lorsque les privations et les taquineries ne suffisent pas, il y joint encore la fustigation et la flagellation.

Au moment où Adhémar arrivait devant sa porte, monsieur Trouillade, c'est le nom du chanteur, venait d'administrer une petite correction à Lycoris, son fils; le petit garçon, auquel on n'avait donné que du pain sec pour son souper, braillait comme un âne; la maman essayait de le consoler mais le papa se frottait les mains en disant à sa femme, avec cet accent qui annonçait un homme né sur les bords de la Garonne :

— Laisse-le donc crier, ça lui donnera un ut de poitrine.

Ah! si l'on m'avait fouetté comme ça, moi, quel talent j'aurais présent. Certainement, j'ai une voix superbe... mais si j'avais crié vantage étant petit, je damerais le pion à tout l'Opéra-Bouffe!... j'aurais maintenant soixante mille francs d'appointements; avoue que cela m'arrangerait assez.

Effectivement, l'intérieur de monsieur Trouillade n'annonçait pas soixante mille francs de revenu, il régnait chez lui un désordre et un laisser-aller qui ne ressemblait pas à un effet de l'art, parce qu'il n'avait rien de beau. La première pièce qui servait à la fois de salle à manger et de cuisine, n'était garnie que de vieilles bottes, de savates, des rouleaux de papiers qui avaient été des rôles, et qui se promenaient dans la chambre couverts d'une noble poussière. Dans un coin de la fenêtre était un fourneau de terre sur lequel était empilées quelques assiettes et plusieurs bols de faïence, des fourchettes et des cuillères d'étain étaient jetées négligemment à terre, une banquette de bal s'appuyait contre le mur; enfin, du côté opposé, étaient deux chaises placées vis-à-vis l'une de l'autre, et de manière à se toucher; on avait mis dessus les deux coussins d'une causeuse, sur ces deux coussins, un rideau de mousseline brochée, représentait un drap; un robe et un vieux châle servaient de couverture; et tout cela formait le lit du petit Lycoris, qui, lorsqu'il avait été sage, c'est-à-dire quand il avait bien crié, obtenait de monsieur son père, la permission de mettre sous sa tête une boîte à seringue pour lui servir de traversin.

La seconde pièce était le salon, le boudoir, la chambre à coucher. Il y avait un lit en acajou, une causeuse privée de ses coussins, cinq chaises couvertes en velours, et un secrétaire. Mais chaque meuble était en mauvais état, chaque chaise avait des taches d'huile, le secrétaire ne fermait plus, la causeuse avait un pied de moins, et le lit semblait faire aussi les fonctions de garde-robe, car on voyait dessus, pêle-mêle, des robes, des pantalons, des bas, des gilets, des fichus, des mouchoirs sales; bref, une foule d'objets pour homme et pour femme.

Une statuette posée sur la cheminée et représentant une homme dans le costume de *Figaro*, tenait lieu de pendule, une guitare accrochée dans un coin, complétait l'ameublement.

Le cabinet qui terminait cet appartement, était consacré à des mystères que nous n'essaierons point de pénétrer, mais auxquels le jeune Lycoris se livrait pendant la plus grande partie de ses loisirs.

« Allons! encore l'enfant qui crie, et le père qui chante, se dit Adhémar, en cherchant à mettre sa clef dans la serrure. Il faut convenir que j'ai là un voisinage bien agréable... monsieur Trouillade m'ennuie considérablement, avec ses roulades... Mais enfin, puisqu'ils ne sont pas couchés, ils me rallumeront ma bougie... »

Et le jeune homme va frapper à la porte de ses voisins....

Mais M. Trouillade faisait tant de bruit en *rouladant*, son fils en criant, et sa femme en répétant ses rôles, qu'on frappait longtemps chez eux avant d'être entendu. Cependant un coup de poing appliqué de manière à ébranler la porte, parvient jusqu'aux oreilles de l'enfant qui s'interrompt de pleurer pour dire :

— V'là quéqu'un,.. on cogne chez nous.

— Tu mens, polisson, comme un drôle que tu es!.. c'est toi qui va être cogné,.... ah!... ah! ah! ah!... tra... a. a.. la la!..... hein! elle est perlée celle-là!

— Mais, mon ami, je t'assure que Lycoris a raison, on frappe à la porte.

— Bah!... tu crois, Hélénor... qui diable peut venir si tard chez nous... à moins que ce ne soit un directeur de province, qui ayant appris que j'étais encore libre, accourt pour m'engager... ah! fichtre! alors, il fait bien de se dépêcher, car on me lorgne de tous côtés... toutes les directions ont envie de m'avoir... mais on sait que je veux jouer le grand opéra... et la plupart des théâtres de province n'est pas en état de le monter... sans cela j'aurais déjà dix engagements.

Pendant que monsieur Trouillade s'adresse comme de coutume une foule de compliments, sa femme est allé ouvrir la porte; Adhémar tenant toujours son lièvre et sa bougie éteinte, se présente en disant :

— Pardon, madame; mais j'ai aperçu de la lumière chez vous, et comme le vent a soufflé la mienne... je me suis permis...

— Vous avez très bien fait, monsieur, répond Hélénor, en ayant l'air de vouloir s'envelopper dans un vieux manteau qui lui sert de robe de chambre; mais en laissant, avec intention, retomber le haut du collet, de manière à montrer deux épaules assez blanches, dont la maigreur fait de la peine.

— Eh! c'est le voisin... monsieur Adhémar!.. entrez donc, voisin, entrez donc un moment... veux-tu te taire, polisson... ou je te fiche une gifle!.. asseyez-vous donc, voisin.

— Je vous remercie, monsieur Trouillade, mais je n'ai guère de temps... Je vais au bal, à un bal costumé, et je vais m'habiller.

— Ah! vous vous déguisez... et comment? demanda Hélénor.

— J'ai un costume de marin anglais, et je vais le mettre.

— Je suis fâché que vous ayez un costume, reprend M. Trouillade, je vous aurais offert mon habit de *Figaro*, sous lequel j'ai joué ce rôle avec un énorme succès dans les premières villes de France... Ah! c'est qu'il est un peu joli mon costume de *Figaro!* tout en soie et en velours... broderie d'argent... sur toutes les coutures... c'est magnifique...

— Maman voulait découdre hier la veste du *Figaro*, pour se faire un spencer, murmure le petit garçon, en enfonçant successivement dans son nez, le pouce et le petit doigt de sa main gauche.

— Veux-tu te taire, Lycoris... tu vas être giflé pour t'apprendre à parler devant le monde... Oui, voisin, mon costume de figaro enfonce tous ceux que l'on a vus à Paris, de même que la manière dont je chante ce rôle, ne ressemble pas à tout ce que vous avez entendu ici!...

— Quand à cela, je n'en doute pas, répond Adhémar en souriant.

— Oh! la bebête! la bebête!... s'écrie le petit Lycoris, en appercevant le lièvre que tient le jeune homme.

— Pardieu, voilà un beau lièvre, dit à son tour M. Trouillade, je ne l'avais pas remarqué...

— C'est un cadeau que l'on vient de me faire.

— On ne nous fait jamais de cadeau comme cela, dit Hélénor en poussant un soupir.

— Par exemple, reprend Trouillade, quand à ce qui est d'accommoder un lièvre, j'ose dire que personne ne pourrait lutter avec moi.

— Comment, monsieur Trouillade, vous savez faire la cuisine?

— Et très-bien! je m'en pique! il ne faut pas que cela vous étonne, nous autres du Midi, nous sommes un peu gourmands, et nous aimons à nous occuper de touts ces petits détails. Mais le lièvre... c'est là surtout où j'excelle.

— Je vais vous demander la permission d'allumer ma bougie et...

— C'est-à-dire, reprend Trouillade en arrêtant Adhémar, que si vous goûtiez d'un lièvre fricassé à ma manière... vous ne sauriez plus ce que vous mangez... vous croiriez que c'est du saumon...

— Je veux souper... j'ai faim... je veux de la bebête, dit le petit Lycoris, en tirant le lièvre par une patte.

— Hélénor, fais-moi donc le plaisir de coucher ce petit drôle, dit le chanteur, en s'emparant à son tour du lièvre; il y a longtemps qu'il devrait être au lit.

— Il demande à souper.

— Tu sais bien que je ne veux pas qu'il mange le soir, ça embarbouille la voix...

— J'ai faim, moi, hi, hi, hi.

— Tu mens, polisson...

Pendant cette digression, Adhémar avait allumé sa bougie, il se rapproche de M. Trouillade, pour reprendre son lièvre, mais l'artiste court dans la seconde pièce en criant :

— Voisin, venez donc un peu... venez par ici. je veux vous faire voir quelque chose qui en vaut la peine.

Adhémar se décide à entrer dans la chambre à coucher, tenant sa bougie à la main, pendant que la romantique Hélénor le regarde tendrement, en murmurant :

— Que vous êtes heureux d'aller au bal!... Je voudrais bien y aller, moi.

— Tenez, monsieur Marilly, regardez-moi cela! s'écrie Trouillade en poussant Adhémar devant la cheminée et lui désignant du doigt la statuette.

Adhémar considère le petit plâtre, et, n'y voyant rien de remarquable, dit :

— C'est un Figaro.

— Oui, certainement; mais, ce Figaro, à qui ressemble-t-il?

— Ma foi, je n'en sais rien... avec tout cela l'heure se passe, je devrais être habillé...

— Comment, monsieur Marilly, vous ne me trouvez pas frappant de ressemblance!...

— Ah! c'est vous qu'on a voulu faire... Comme je ne vous ai jamais vu en Figaro, ça ne me frappe pas.

— Voulez-vous que je mette un rézille sur ma tête... vous jugerez mieux?

— Non, non, monsieur Trouillade!... ne mettez pas de rézille... c'est ressemblant... c'est très ressemblant!

— Tenez, voilà la position

Et M. Trouillade, qui n'a plus le lièvre à sa main depuis qu'il est entré dans la chambre à coucher, se penche le corps en arrière, avance une jambe, met un poing sur sa hanche, et se met à entonner d'une voix de Stentor :

> Ah ! bravo Figaro !
> Bravo, bravissimo !
> Ah ! bravo Figaro !...

Adhémar, qui craint d'entendre l'air tout entier, court vers la porte en disant :

— C'est charmant ! c'est parfait de ressemblance... Je vais m'habiller.

— Oui, oui, allez vous habiller, au fait il se fait déjà tard, dit Trouillade, qui semble maintenant très empressé de voir partir son voisin.

— Quoi, votre fils crie encore ! dit le jeune homme en se retrouvant dans la première pièce. Il est donc bien méchant, ce garçon-là ? je l'entends crier presque toute la journée.

— Non... ce n'est pas qu'il soit très méchant, répond Trouillade ; mais je suis bien aise de lui entretenir la voix. Croiriez-vous, monsieur, que tout à l'heure, en piaillant comme un bœuf, le petit drôle a attrapé le fa-dièze de poitrine... C'est joli, à six ans.

— C'est fort joli...

— Mais nous vous retenons... Allez donc vous habiller.

Et M. Trouillade, qui avait déjà ouvert la porte du carré, semblait avoir envie de pousser Adhémar dehors, lorsque le petit Lycoris se met à dire :

— Et la bebête... la bebête !

La figure du chanteur se contracte, ses yeux lancent des éclairs sur le petit garçon, tandis qu'Adhémar s'arrête en disant :

— Ah ! c'est vrai, j'oubliais mon lièvre, moi...

Adhémar.

Trouillade a l'air de ne pas entendre, et recommence à chantonner :

> Ah ! bravo Figaro !
> Bravo ! bravissimo !...

Mais Adhémar ne se contente pas de roulades, et il s'adresse directement à l'artiste, en lui disant :

— Voulez-vous avoir la bonté de me rendre mon lièvre, s'il vous plaît ?

— Votre lièvre ? répond Trouillade d'un air étonné, et comme si on lui faisait la demande la plus saugrenue. Votre lièvre ?...

— Eh bien, sans doute... Qu'est-ce qu'il y a donc de surprenant dans ce que je dis ?... Est-ce que vous ne vous rappelez plus que j'avais un lièvre en entrant chez vous ?

— Si fait ! si fait !... oh ! parfaitement...

— Vous me l'avez pris des mains... rendez-le moi...

— Vous croyez...

— Comment, je crois !... vous voyez bien que je ne l'ai plus... un lièvre ne se met pas dans la poche comme un perdreau.

— Vous avez raison... mais il me semblait bien l'avoir rendu.

— Vous voyez bien que non... Vous l'avez mis dans l'autre pièce.

— C'est singulier... je n'en ai aucun souvenir.

M. Trouillade voyant qu'Adhémar entre dans la pièce du fond se résout à l'y suivre. On regarde de tous côtés : point de lièvre.

— Vous voyez bien qu'il n'y est pas, dit Trouillade.

— Je sais aussi qu'il doit y être, répond Adhémar, qui commence à s'impatienter des difficultés qu'il éprouve à retrouver son gibier. Enfin, je suis venu chez vous avec un lièvre, il ne peut pas être perdu, je pense.

Le chanteur à roulades saisit le bras du jeune homme, et, affectant un air de candeur, lui dit :

— Mais j'y songe, mon voisin... votre lièvre était-il bien mort ? ne pourrait-il pas encore avoir joué des jambes ? Ces drôles-là sont si fins !

Adhémar ne peut s'empêcher de rire de l'aplomb avec lequel M. Trouillade vient de lui dire ces mots ; mais, après avoir donné carrière à sa gaîté, il répond :

— Mon voisin, je trouve la plaisanterie fort jolie... et tout-à-fait digne d'un enfant de la Gascogne ; mais, comme je suis sûr que mon lièvre ne s'est pas enfui, et qu'il est ici, je vous certifie que je le trouverai.

En disant ces mots, Adhémar s'approche du lit, et, jetant de côté robes, gilets, pantalons et tout ce qui était sur la couverture, parvient à trouver son lièvre, que l'on avait fourré dessous tous ces effets.

— Quand je vous disais que je le trouverais ! s'écrie Adhémar en montrant son lièvre au chanteur. Ah ! ah ! vous êtes un farceur, voisin...

Trouillade part alors d'un éclat de rire qui est plus forcé que naturel, en s'écriant :

— Ma foi, c'est vrai... tenez, je brûlais du désir d'accommoder votre gibier... parce que je suis assuré que vous m'en auriez fait compliment... Voulez-vous que je l'accommode.

— Merci ; quand je mange du lièvre, je ne me soucie pas de croire manger du saumon.

— Ah ! je vous ai dit saumon... j'aurais pu dire tout autre chose...

— Bonsoir, monsieur et madame ; en vous remerciant.

Adhémar est enfin parvenu à sortir de chez les Trouillade avec son lièvre, et, avant d'être entré chez lui, il entend de nouveau les cris de Lycoris et la voix de son père qui lui dit :

— Cela t'apprendra, petit âne, à te fourvoyer dans la conversation.

En passant de chez le chanteur d'opéra chez Adhémar Marilly, on croyait sortir de ces rues sales et bourbeuses, où l'on ne sait où poser le pied, pour entrer dans un chemin vaste, propre et bien aéré. L'appartement du jeune homme n'était cependant pas plus grand que celui de M. Trouillade; mais il était ciré, frotté, épousseté; enfin les meubles étaient aussi élégants que de bon goût. Ces débris de son ancienne aisance ne contribuaient pas peu à faire croire encore à la fortune de leur propriétaire.

Adhémar se hâte de regarder son costume de marin, après s'être assuré que rien n'y manque et qu'il est encore très frais; il ouvre une commode et y prend une paire de gants qui ont déjà été mis une fois; il les examine, prend un morceau de gomme élastique et se met à les nettoyer en se disant.

« Ils iront encore... j'en ai eu soin; frottons, frottons!... Etre réduit à nettoyer mes gants, moi qui jadis en usait trois paires par jour; à la vérité, c'est justement parce que j'en mettais trois paires par jour que j'en suis réduit là. Je sais bien que je pourrais chercher une place; mais dire qu'on a besoin d'une place quand on me croit riche, c'est très vexant; encore si c'était une bonne place, de préfet ou de sous-préfet, ça se prend même quand on est riche, et c'est probablement pour cela que d'ordinaire on les donne à ceux qui n'en ont pas besoin; mais aller se mettre commis à vingt-neuf ans... surnuméraire peut-être... ma foi non... quand j'aurai tout mangé... il sera toujours temps de prendre un parti désespéré... ô les femmes! les femmes! c'est bien gentil, mais ça ruine, et lors même qu'on ne les entretient pas, il y a une foule de petits frais... dîners, spectacles, voitures, bals; après tout, c'est encore la manière la plus aimable de dépenser son argent... Décidément, voilà mes gants très propres; puisque je dois aller avec la famille Sublimé, certainement c'est le papa Sublimé qui payera la voiture... je n'ai aucune raison pour lui faire une galanterie... c'est bien assez que j'aie la complaisance de les avertir pour qu'ils n'attendent pas Monfignard. Voilà donc un bal qui ne me coûtera rien, ni gants, ni voiture, et je ne jouerai pas; je danserai: c'est moins dangereux. Ah! si j'avais toujours été aussi raisonnable! »

Et l'on voit paraître le Beau Bardajos, pâle, tremblant.

Adhémar se met à sa toilette. En peu de temps il a revêtu le costume de marin. Il se regarde dans une glace, et, se trouvant convenablement habillé, se dispose à partir, lorsque tout à coup un de ses boutons de bretelle casse, et c'est par derrière, c'est-à-dire un bouton indispensable.

« Voilà qui est amusant! se dit le jeune homme. Cependant, c'est encore heureux qu'il casse à présent. Voyons, je ne veux pas sortir comme cela. Si j'allais prier madame Trouillade... oh! ma foi, non, le mari est trop ennuyeux: il voudrait encore accommoder mon lièvre... Quel être assommant de prétentions! La voisine d'au-dessous me rendrait bien ce service; mais cela pourrait la déranger. Elle est peut-être encore avec son magnifique amant, ou avec un autre: car j'en ai vu entrer d'autres, qui ne sont pas aussi recherchés dans leur toilette; mais on les reçoit avec plus de plaisir sans doute, car on les reçoit en cachette. Allons, je vais recoudre mon bouton moi-même: je sais très bien coudre un bouton; il s'agit seulement de trouver une aiguille et du fil. »

Adhémar se met à fouiller dans le tiroir de la commode. Il parvient à trouver un peloton de fil; mais il lui faut une aiguille. Il a déjà visité plusieurs tiroirs sans trouver l'étui qu'il cherche, lorsque, en cherchant dans son secrétaire, ses regards tombent sur un petit portefeuille en maroquin rouge.

Il s'arrête; ses yeux contemplent le portefeuille; il hésite, sa main s'avance lentement; on dirait qu'il craint d'y toucher. Enfin, et comme ne pouvant plus résister au désir qu'il éprouve, il saisit vivement le portefeuille, l'ouvre, et, tirant un petit médaillon qui est dans une des poches, se met à considérer un portrait de femme.

Absorbé dans la contemplation du portrait qu'il a sous les yeux, le jeune homme semble ne pouvoir se lasser de regarder cette peinture, qui retrace les traits d'une femme jeune et belle. Mais un profond soupir s'échappe de sa poitrine, un nuage de tristesse couvre son visage, ses yeux deviennent humides, et il se laisse aller sur un siége en murmurant:

« Mon Dieu!... et je ne puis plus embrasser que son image! »

En disant cela, il couvrait de baisers le portrait qu'il venait de porter à ses lèvres.

Mais tout à coup, et comme s'il eût pris une ferme résolution, court au portefeuille, il y remet le portrait, le ferme et le replace dans le secrétaire, en se disant:

« C'est fini; je ne le regarderai plus: car enfin cela ne sert à rien, et je ne puis plus revenir sur le passé... Tâchons de coudre mon bouton... Ah! voilà ce maudit étui enfin... Ah! mon Dieu!... une seule aiguille, et qui est bien fine... est-ce que je pourrai jamais coudre avec cela?... Il le faut bien, pourtant. »

Adhémar tient l'aiguille, il prend du fil, mais il ne peut parvenir à le faire entrer dans le trou de l'aiguille; il s'impatiente, jure, tempête; enfin, n'y tenant plus, il s'écrie:

« C'est épouvantable de faire des aiguilles si petites et du fil si gros!... c'est à se damner... Il faut absolument avoir recours à mademoiselle Azéma... »

Et, sans se donner le temps de prendre sa bougie, le jeune homme descend son escalier rapidement, tenant à la main son aiguille et son fil.

Au moment où il approche de la porte de la jeune actrice, il lui semble entendre les pas de quelqu'un qui descend avec précaution l'étage au-dessous. La lampe de bronze placée au premier n'éclairait plus au quatrième, mais, sans s'occuper des personnes qui sont dans l'escalier, Adhémar sonne chez Azéma.

La jeune actrice ne tarde pas à paraître dans un joli déshabillé de nuit, et Adhémar entre chez elle comme un fou en lui disant :

— Ah ! ma voisine, je vous en prie, ayez pitié de moi... Je ne peux pas parvenir à l'enfiler... le trou est trop petit... comment faire entrer cela dedans ?... Ah ! je suis bien malheureux !...

Azéma rit comme une folle en écoutant le jeune homme, mais elle commence par fermer la porte du carré, et lui dit ensuite :

— Ah ! çà ! voisin... vous venez me dire de drôles de choses !... Est-ce le costume marin qui vous inspire tout ça ?...

— Mon Dieu ! mademoiselle, je vous demande pardon ; je me suis peut-être mal expliqué... Tenez, c'est mon aiguille que je ne puis pas enfiler ; voilà un quart d'heure que j'essaie en vain... Cependant il me faut bien recoudre le bouton de ma bretelle, qui est cassée... voilà pourquoi je me suis permis de m'adresser à vous.

— Ah ! c'est autre chose, reprend Azéma en riant encore. Pauvre jeune homme qui ne peut pas enfiler son aiguille !... Je conçois ça... Les hommes ne sont pas forts pour ces sortes d'enfilade ; heureusement, nous sommes là, nous autres... on nous trouve toujours dans les moments difficiles !... Voyons, jeune marin, donnez-moi votre aiguille et votre fil !... Tenez... une... deux... ça y est ! ça me connaît, ça ; je n'ai qu'à y mettre la main, ça entre tout de suite. Voyons, maintenant, où est votre bouton ?

— Comment ! vous auriez la bonté de me le coudre ?

— Tiens, cette bêtise ! il m'a donné deux perdreaux et je ne lui coudrais pas un bouton ! Allons, tournez-vous... Du reste, je vous prie de croire, monsieur, que je vous le coudrais également si vous ne m'aviez rien donné... Je suis très obligeante, moi !... Tenez-vous un peu tranquille, par exemple, ou vous vous ferez piquer.

— Ma voisine, vous me rendez un grand service... Je craignais de vous déranger en venant sonner si tard...

— Bah ! pourquoi donc... vous me croyez donc toujours occupée... mais heureusement on est libre quelquefois... Ne remuez donc pas... J'ai renvoyé mon fier Andaloux... Je ne sais pas ce qu'il avait ce soir, mais il ne voulait pas se décider à s'en aller ; il devient jaloux comme un vieux Rodrigue ; il m'ennuie considérablement cet homme...

— Pourquoi le voyez-vous ?

— Ah ! mon voisin, pour un homme d'esprit, vous me faites là une question bien *obtuse*. Est-ce vous qui me donneriez des cachemires et des châles de velours ?... Est-ce que la femme, et surtout la femme de théâtre, n'a pas toujours besoin d'un protecteur ?... Tenez-vous donc !...

— C'est juste, voisine, mais comme vous ne devez pas en manquer...

— Oh ! laissez donc !... oui, des rats qui vous mènent dîner à quarante sous par tête ; mais de ceux qui savent faire rouler l'argent, on n'en trouve pas encore à remuer à la pelle. Malgré cela, quand un homme m'ennuie, toutes les considérations d'intérêt ne m'empêcheraient pas de l'envoyer promener...

— Vous me faites songer, voisine, que tout à l'heure, pendant que je sonnais, j'ai cru entendre quelqu'un descendre doucement l'escalier au-dessous.

— Je gage que c'est Bardajos !

— Bardajos ! quel nom !... C'est donc un Espagnol, ce monsieur ?

— Oui, il se dit Andaloux... pur race... mais je le soupçonne d'être né à Nanterre ou au Pecq ; il sera resté dans l'escalier à guetter... il est jaloux de vous ; les deux perdreaux que vous m'avez donnés ne lui sortent pas de la tête... Si je savais que ce fût lui...

— Que feriez-vous ?

— Je ne sais pas, mais je voudrais lui donner une bonne leçon... C'est fini, vous êtes recousu...

— Grand merci, mademoiselle Azéma.

Et Adhémar, reprenant le chemin de la porte, se dispose à s'éloigner ; la jeune actrice prend une bougie, se place devant lui, lui fait une petite mine fort drôle, et se met à rire en disant :

— Il paraît que vous n'avez plus besoin de moi... mes services ne vous sont plus nécessaires.

— Non, ma voisine... je suis très heureux que vous ayez bien voulu...

— C'est bon !... c'est assez !... allez danser, jeune marin... C'est égal, on me contait tant de choses de la marine anglaise ! Je vois qu'elle n'est pas si redoutable qu'on le dit.

Et tout en continuant de rire, mademoiselle Azémar a ouvert sa porte. Adhémar, quoique intérieurement piqué des plaisanteries de sa voisine et comprenant qu'il aurait pu la mieux remercier de sa complaisance, va remonter chez lui, lorsque la jeune actrice l'arrête par le bras, en lui disant à voix basse :

— Attendez !... on vient de marcher... de fermer une porte au-dessous... Je gage que c'est Bardajos... Venez... descendez un peu avec moi.

— Que voulez-vous faire ?

— Venez toujours... j'ai mon idée.

Mademoiselle Azéma descend avec Adhémar, en ayant soin de dire très haut :

— Amusez-vous bien au bal, mon voisin. Mais pourquoi donc portez-vous une paire de pistolets ?

Adhémar, qui comprend l'intention de sa voisine, répond :

— Je rentrerai sans doute fort tard ; on n'est pas toujours certain de trouver des voitures, et ma foi, il est bon de prendre des précautions, il y a tant de voleurs à Paris.

— C'est bien vrai, mon voisin, il y a beaucoup de brigands cette année ; on ne voit que des assassinats dans la *Gazette des Tribunaux !* Aussi, quand je couche seule, j'ai soin de bien fermer mes portes... et de me vérouiller.

Tout en parlant ainsi, Azéma, qui descendait la première et tenait à la main sa bougie allumée, regardait dans l'escalier, et n'apercevait personne. Mais tout à coup elle s'arrête devant une porte pratiquée dans le milieu de l'étage au-dessous d'elle, et fait un signe de tête à Adhémar, en murmurant bien bas :

— Il est là !

— Comment ! dans vos anglaises ?

— Justement... Il m'aura chippé ma clef... Chut !

Recommençant à élever la voix, Azéma s'écrie :

— Est-ce qu'ils sont chargés vos pistolets, mon voisin ?

— Sans doute ; sans cela à quoi servirait de les emporter ?

— Vous avez raison : je deviens stupide. Ils sont bien jolis !...

Et Azéma cogne la clef de chez elle contre un petit poignard de marin que portait Adhémar, afin d'imiter le son de deux armes qui se choquent. Puis tout à coup elle s'appuie contre la porte de l'endroit secret, et s'écrie d'un ton d'effroi :

— Ah ! mon voisin ! Ah ! mon Dieu ! avez-vous entendu ?

— Quoi donc, mademoiselle ?

— Du bruit là-dedans... Je suis certaine qu'il y a quelqu'un là...

— Vous croyez... Cependant ce cabinet est le vôtre, vous en avez seule la clef ?

— Justement, et tout à l'heure, chez moi, je l'ai cherchée en vain. On me l'aura prise pour me voler.

— Comment, mademoiselle, vous croyez qu'on a l'intention de vous voler ce que vous mettez là-dedans ! répond Adhémar en riant.

— Non ! non ! mais on aura pris cette clef afin d'avoir un endroit pour se cacher dans la maison, où, une fois introduit, on pourra attendre la nuit pour venir me voler... m'égorger peut-être. Oh ! je ne me coucherai pas sans savoir qui est là.

Azéma frappe contre la porte en disant :

— Si c'est quelqu'un de la maison, répondez, sortez, qu'on vous voie enfin.

On ne fait aucune réponse.

— Vous voyez bien que c'est un voleur qui est là, dit Azéma, sans cela il répondrait.

— Voulez-vous que j'enfonce cette porte ? dit Adhémar.

— Non, attendez... j'imagine un meilleur moyen ; mettez un de vos pistolets devant le trou de la serrure et tirez... Si vous tuez le voleur, ce sera bien fait.

— Vous avez une excellente idée, voisine, et je vais l'exécuter.

Azéma venait de cogner avec force sa clef contre le trou de la serrure, lorsqu'une voix se fait entendre, en criant :

— Arrêtez ! arrêtez, ne tirez pas !

Au même instant la porte du lieu secret s'ouvre, et l'on voit paraître le beau Bardajos, pâle, tremblant, qui avait mis sa culotte bas, pour se donner l'air occupé dans la retraite qu'il avait choisie, et, dans sa frayeur, n'avait pas songé à se r'habiller.

En voyant son superbe amoureux dans cette situation, Azéma éprouve un si violent accès de rire, qu'elle ne se soutient plus et est obligée de s'asseoir sur les marches de l'escalier. Adhémar ne peut s'empêcher de rire comme elle ; tandis que Bardajos, les regardant alternativement tous les deux et n'apercevant pas l'ombre d'un pistolet, commence à deviner qu'on s'est moqué de lui.

— Ah ! monsieur, dit la jeune actrice, c'est vous qui êtes là !... Ah ! ah ! ah ! vous choisissez de drôles de cachettes !

— Mademoiselle... je vous assure que mon intention...

— Monsieur, voulez-vous bien commencer par vous culotter ; il me semble que votre tenue est trop décolletée.

— Ah! pardon, pardon, je ne vous voyais pas!

— Oui, mais je vois beaucoup, moi, ceci est par trop écossais Ah! Monsieur, pour espionner ma conduite vous faites de ces choses là!... C'est joli!... c'est musqué!

Bardajos s'empresse de rentrer un moment dans sa cachette pour r'habiller. Adhémar, souhaitant le bonsoir à la jeune actrice, rentre chez lui; puis, ayant achevé de prendre tout ce qui lui est essaire, il part enfin pour aller chercher la famille Sublimé qui eure à sa porte.

n redescendant l'escalier, il n'y trouve plus ni Azéma ni Barda-; il suppose que l'Andaloux est occupé à faire sa paix avec sa itresse

CHAPITRE IV.

LA FAMILLE SUBLIMÉ. — NOUVELLE MANIÈRE DE MONTER EN VOITURE.

Faisons connaissance avec les personnes qui demeurent à côté d'Adhémar.

Monsieur Dardanus Sublimé est un homme de cinquante ans, petit, maigre, fluet, vilain et ridicule; ridicule, parce que n'ayant jamais rien eu pour plaire, il a toujours été coquet comme une femme et qu'en vieillissant ses prétentions ont été en augmentant. Il a de petits yeux fauves, un petit nez pincé, et une bouche très plate qui sourit sans cesse, mais sans s'ouvrir, pour ne pas laisser voir une absence presque totale de dents. Il a une perruque blonde extrêmement bien faite, et si bien soignée et bouclée qu'il est impossible de ne point s'apercevoir que c'est une perruque, enfin il se met du rouge au vinaigre et passe deux heures de la journée à faire ses ongles.

Monsieur Sublimé a fait plusieurs entreprises dans sa vie, et toutes qui ont réussi; il y a des gens que la fortune va trouver sans que l'on puisse comprendre ce qu'elle récompense en eux; mais la fortune ne montre pas souvent beaucoup de discernement dans le choix de ses favoris. Après avoir amassé trente mille francs de rentes dans les affaires, M. Sublimé n'a plus songé qu'à passer doucement sa vie en soignant sa chère personne et se passant toutes les petites fantaisies qui lui venaient à l'esprit. Car, outre le soin minutieux qu'il donne à sa toilette, M. Sublimé est encore un homme à manies, poussant quelquefois ses caprices jusqu'à l'extravagance.

Ainsi, pendant quelque temps ce monsieur s'était pris de belle passion pour les oiseaux; et il n'y avait pas une pièce de son appartement où l'on ne trouvât des cages ornées de leurs habitants. M. Sublimé en plaçait sur chaque meuble; de tel côté qu'on se tournât, on apercevait des serins, des chardonnerets, des mésanges, des loriots, des perroquets, il était rare que le maître de la maison rentrât chez lui sans apporter un nouvel oiseau. Madame Sublimé était au désespoir; son appartement était devenu une volière; il en avait l'odeur et la propreté; heureusement pour elle une petite perruche parfaitement bien privée et incapable de faire la moindre méchanceté à qui que ce soit, eut un jour la fantaisie de goûter au nez de M. Sublimé; avec son joli petit bec elle lui en emporta un morceau qu'il fut impossible de remplacer. A dater de ce moment, Dardanus Sublimé fit jeter tous ses oiseaux à la porte et ressentit pour la gente volatille autant d'aversion qu'il lui avait témoigné de préférence.

Le goût des oiseaux fut remplacé par celui des plâtres. M. Sublimé devint admirateur de bustes, de statuettes; il lui fallut avoir toutes les Vénus, tous les Apollons; son appartement devint un magasin de mouleur. On voyait des plâtres sur tous les meubles. Quelquefois même, en ouvrant une armoire, à la place d'un pot de confiture, on trouvait un groupe de baigneuses; en croyant atteindre un sac de pruneaux on mettait la main sur les trois Grâces; enfin, au lieu d'un pain de sucre, on prenait le buste de *Lord Byron* ou de *Taglioni*.

Les plâtres ne sentaient pas mauvais comme les oiseaux, mais ils salissaient les meubles et donnaient à l'appartement un aspect d'atelier qui n'était nullement élégant. Lorsque madame Sublimé se plaignait à son époux de voir son domicile envahi par des statuettes, M. Sublimé promenait ses regards sur tous ses plâtres et s'écriait :

— Comment, madame, vous ne trouvez pas cela joli!... admirable!... vous êtes bien difficile, madame!... tenez, examinez *Vénus*... regardez *Laocoon*... hein... n'est-ce pas ravissant?... et cet *Hercule* qui triomphe de l'hydre, et ce gros *Silène*, couronné de pampres et de raisins, il me semble à moi que tout cela ne peut qu'embellir un appartement.

Un accident survint qui fit plus que toutes les remontrances de madame Sublimé; un soir que Dardanus était devant une armoire à glace, fort occupé à se frotter les joues avec un cosmétique qui devait l'empêcher d'avoir la patte d'oie, plusieurs plâtres que l'on avait nichés sur le sommet de l'armoire se détachèrent et tombèrent sur la tête de M. Sublimé. Une *Vénus* lui fit une énorme bosse au front, un *Mercure* lui déchira l'oreille, et une *Hébé* lui pocha l'œil.

Le petit homme jeta les hauts cris, manqua de se trouver mal, et, en revenant à lui, ordonna à sa domestique de jeter tous les plâtres par la fenêtre.

La domestique ne se fit pas prier : sa maîtresse l'aida dans cette expédition et le lendemain l'appartement de madame Sublimé ne ressemblait plus à un atelier de mouleur.

On pouvait espérer qu'après ces deux accidents M. Sublimé se livrerait moins à ses passions, ou montrerait plus de prudence dans ses goûts. Pendant quelque temps, en effet, le petit monsieur se contenta de s'occuper de sa personne; mais comme il fallait absolument qu'il donnât dans un excès quelconque, et qu'il ne pouvait pas faire d'excès sur lui, il ne tarda pas à se prendre d'un grand amour pour les pendules et les boîtes à musique. Bientôt la cheminée eut trois pendules; il en plaça dans toutes les pièces de son logement, et ne se contenta pas d'en mettre sur les cheminées; sa demeure, qui avait été une volière et un atelier de mouleur, devint une boutique d'horloger, enrichie en sus de petites boîtes à carillon dont quelques-unes jouaient pendant cinq minutes sans interruption.

Cette dernière manie offrait à la vérité un coup d'œil moins désagréable, et madame Sublimé avait fini par prendre son parti et s'habituer à vivre au milieu des pendules. Le plus grand désagrément qu'elle y trouvait était de ne jamais savoir l'heure au juste; en effet, les pendules sonnaient bien rarement ensemble. Quand midi venait de se faire entendre à l'une d'elles, on l'entendait ensuite sonner à une autre, puis dans une autre pièce, puis encore plus loin, et quelquefois pendant dix minutes il fallait entendre sonner midi. C'était la même chose pour toutes les heures.

L'épouse de Dardanus Sublimé avait bien aussi sa part d'originalité : c'était une grande femme assez bien faite, aux traits forts et masculins, pourvue d'un grand nez en bec à corbin et de deux yeux à fleur de tête qu'elle roulait constamment autour d'elle avec beaucoup de majesté. Cette dame avait de la prétention au savoir, à l'érudition; elle avait essayé d'apprendre le grec et le latin et cherchait toujours dans la conversation à faire parade de ses connaissances. Elle se moquait des travers de son mari qu'elle regardait du reste comme lui étant très inférieur, et, sans cesse occupée de lectures et d'un ouvrage qu'elle avait depuis quinze ans l'intention de composer, elle aurait trouvé indigne d'elle de se mêler des détails de son ménage.

De cette union si tristement assortie étaient nés deux enfants : une fille, mademoiselle Idalie, qui avait alors dix-sept ans, qui était déjà presque aussi grande que sa mère, qui avait d'assez jolis traits et de la physionomie, mais un air hardi, moqueur, et rien de ce qui fait le charme, la beauté d'une jeune personne; on l'aurait plutôt prise pour une veuve.

Puis monsieur Eudoxe, qui avait huit ans; c'était le petit prodige dont monsieur Bourdichon avait parlé à Adhémar. Ce ne pouvait pas être pour sa beauté qu'on appelait ce petit garçon un prodige, car il était beaucoup plus laid que son père, quoique ayant le nez aussi fort et encore plus aquilin que madame sa mère. Mais Eudoxe parlait de tout, il se mêlait de toutes les conversations; dans un salon il faisait plus de bruit que dix personnes; à la promenade il gesticulait sans cesse en se jetant dans vos jambes; à table il se grisait comme un homme; au spectacle, il parlait si haut qu'il fallait le faire sortir; de tout cela, madame Sublimé avait conclu que son fils était nécessairement un prodige.

Maintenant prenons la famille Sublimé au moment où elle fait sa toilette pour aller au bal costumé de madame Bourdichon.

Madame Sublimé avait choisi le costume de Sapho; elle se croyait déjà beaucoup de ressemblance avec la célèbre Lesbienne, non pas au physique, puisque Sapho était petite et noire de peau, mais comme pouvant aussi passer pour une dixième muse.

M. Dardanus Sublimé, après avoir longtemps cherché quel costume lui serait le plus avantageux, s'était décidé à se mettre en roué du temps de Louis XIII. Mademoiselle Idalie s'habillait en camargo, et le petit prodige avait absolument voulu être en polichinelle, quoique sa mère lui eût plus d'une fois objecté que ce costume commun n'était pas digne de lui.

Le coiffeur que l'on attendait à huit heures n'était pas arrivé à neuf; les dames, à moitié habillées, se dépitaient en se promenant de chambre en chambre. M. Sublimé avait beau leur dire :

— Il n'est que huit heures et demie.

— Oui, répondait Idalie en ricanant, il y a trois quarts d'heure que la demie a sonné aux pendules du salon et de la salle à manger.

— Celles de ma chambre à coucher vont mieux, disait M. Sublimé en ajustant sur sa tête une immense perruque à boucles retombant sur son front et ses tempes, ce qui lui donnait l'air d'un vieux saule pleureur.

— Comme c'est agréable d'avoir trente-six pendules! murmurait madame Sublimé. On ne peut jamais savoir l'heure qu'il est.

— Patience! ma chère amie... elles se régleront toutes au pas ensemble... comme un régiment de grenadiers.

— Oh! moi je suis tout de suite coiffé! disait Eudoxe en s'essayant dans le salon à faire le grand écart comme le polichinelle... J'ai une perruque de coton... Oh! oh!... ça me fait une tête de mouton... Tra, la, la, la...

— Eudoxe! ne dansez pas comme cela, cher ami! s'écriait la maman en voyant avec effroi ce que son fils essayait de faire. Vous pouvez vous donner un écart!... Vous savez combien cette danse est dangereuse pour les hommes!... Il y a *periculum in mora!*

— Bah! bah!... C'est des bêtises, moi je veux danser la polichinelle ce soir au bal... Vous verrez comme je la danserai!

— C'est-à-dire que tu déchireras ta culotte en faisant les grands écarts! dit Idalie, et je prévois ce que nous verrons.

— Mes bottes jaunes... mes bottes à entonnoir... où sont-elles? s'écrie M. Sublimé, en courant comme un fou dans l'appartement.

— Eh, mon Dieu! monsieur, je ne les ai pas prises, moi! vous ne supposez pas, je pense, que Sapho veuille mettre des bottes à entonnoir.

— Je ne vous dis pas cela; mais où sont les bottines de mon costume?...

— J'ai vu ma bonne les prendre, dit Eudoxe.

— Ah! mon Dieu! pourvu qu'elle n'aille pas les cirer... Ce serait du joli!... Mes bottes jaunes, Marie; ne cirez pas mes bottes moyen âge...

Et M. Sublimé court à la cuisine.

Et Idalie court partout en cherchant des épingles.

Et madame Sublimé fouille dans tous ses tiroirs, bouleverse tous ses chiffons pour trouver du taffetas noir et se faire des mouches.

Et le petit prodige met également tout sens dessus dessous en s'écriant :

— Ma pratique... Où a-t-on mis ma pratique? je veux m'exercer à parler comme les polichinelles... Je danse déjà comme eux... Tenez...

Et M. Eudoxe faisait un écart sans s'inquiéter s'il rencontrerait les jambes de sa mère ou de sa sœur, et Idalie se sauvait de lui en disant :

— Si tu fais des écarts comme ça dans le bal, ce sera bien amusant pour les dames près desquelles tu te trouveras.

Enfin le coiffeur arrive. Ces dames le grondent, mais bien doucement, et comme si elles craignaient de le fâcher. C'est un homme si précieux qu'un coiffeur! A voir combien l'on a de peine à obtenir que ces messieurs soient chez vous à l'heure où on les désire, je me suis demandé pourquoi tant de gens, qui ne peuvent pas trouver de place et d'ouvrage, ne se mettent pas immédiatement coiffeurs.

C'est par madame Sublimé que l'artiste en cheveux commence, et celle-ci lui confie sa tête en lui disant :

— Je suis déguisée en Sapho... Vous voyez... Une femme de Lesbos, il me faut une coiffure analogue au personnage... Vous comprenez...

— Soyez tranquille! Et l'artiste, avec un aplomb imperturbable, coiffe madame Sublimé à la chinoise.

— Qu'est-ce qui me noue ma fraise par derrière? dit Dardanus en arrivant et présentant son cou à son épouse.

— Ah! monsieur, laissez-moi tranquille... Vous voyez bien qu'on me coiffe en Sapho... Faites-vous attacher cela par votre fille.

— Idalie, veux-tu m'attacher ma fraise?

— Papa, je retrousse les manches de ma robe... Je n'ai pas le temps... Si je ne couds pas cela, ça ne tiendra pas en dansant... adressez-vous à Marie.

— Marie!.. Marie!.. venez donc m'attacher ma fraise moyen âge...

— Monsieur, j'ai les mains sales, moi, laissez-moi donc finir ma vaisselle... On m'a donné des commissions toute la soirée, je ne finis à rien...

— Dis donc, Eudoxe, est-ce que tu ne pourrais pas, toi, me nouer cette fraise derrière le cou?.. Avec mon habit, je ne peux pas lever les bras.

Pour toute réponse, monsieur Eudoxe fait un écart et essaie de danser en se tenant baissé sur ses genoux.

Enfin madame Sublimé est coiffée, elle passe devant une glace, se regarde, se sourit et dit :

— Je suis fort bien... Oui, je suis fort bien... Mais je croyais que la femme grecque portait des bandeaux...

— Du tout! du tout! répond l'artiste, l'année dernière, cette possible, mais cette année, voilà comment on coiffe toutes les *Saphos.* Voyons, mademoiselle, à votre tour,

Pendant que l'on pose sur la tête de mademoiselle Idalie la perruque poudrée d'un camargo, M. Sublimé, qui est parvenu à s'attacher lui-même sa fraise, s'approche d'une petite boîte à musique placé sur un meuble, pousse un ressort et regarde le coiffeur d'un air malin, tandis que l'on entend sortir de la boîte l'air de la valse de *Robin des Bois.*

Le coiffeur, tout entier à son art, ne semble pas faire attention à cette musique en miniature qui s'exécute sur le coin d'une console, mais Dardanus va pousser l'artiste en lui disant :

— Hein! qu'est-ce que vous dites de cela?

— Quoi donc? répond le coiffeur en attachant une épingle noire.

— Comment quoi?... Est-ce que vous n'entendez pas la musique?

— Ah! si fait, c'est une serinette.

— Une serinette! vous n'y êtes pas du tout! les serinettes ne jouent pas toutes seules : il faut tourner une manivelle, comme à un orgue des rues, mais ceci, vous voyez bien que personne n'y touche.

— Je voudrais bien des épingles.

— Tenez, l'air change, c'est une marche à présent.

— Mon Dieu, papa, laissez-donc monsieur me coiffer : avec votre musique, vous serez cause que mon chignon ne sera pas bien poudré, mon petit chapeau bien placé.

— Soyez tranquille, mademoiselle, je certifie que vous serez très bien, au contraire, mais il me manque des épingles.

— Maman, donne-nous des épingles.

Madame Sublimé se regardait dans une glace : elle se trouvait fort bien, et cependant elle cherchait dans sa mémoire si elle avait vu des Saphos coiffées à la chinoise.

Pendant quelle tâche de trouver des épingles pour sa fille, M. Sublimé va pousser le coiffeur, en lui disant à demi-voix :

— L'air change, voici la romance du Chaperon-Rouge.

Mademoiselle Idalie frappe du pied avec impatience, et le coiffeur se contente de répondre :

— Des épingles, des épingles!

Tout à coup les pendules commencent à sonner dix heures unes vont ensemble, les autres partent un peu plus tard; tout fait un tintamarre de sonneries qui ne finit pas.

Le coiffeur qui a enfin obtenu des épingles, s'écrie :

— Tiens! vous avez un carillon, une samaritaine, ici!

— Eh! mon Dieu! ce sont nos pendules, dit madame Sublimé. Quand elles sonnent à peu près ensemble, c'est à n'y pas tenir; mais voilà dix heures, et je ne vois pas arriver monsieur Monfignard qui devait venir nous prendre; il est bien l'heure de partir. Quand Idalie sera coiffée, nous partirons. Vous êtes prêt, monsieur Sublimé?

— Oui; mais ces petites bottes jaunes me gênent horriblement, je ne sais pas si je pourrai marcher avec.

— Il est bien temps de vous apercevoir de cela.

— Mademoiselle, dit le coiffeur, en attachant le petit chapeau sur la tête d'Idalie, le voulez-vous bien en arrière?

— Dame! oui... vous savez bien... que ce soit gentil.

M. Sublimé va de nouveau pousser le bras du coiffeur, en lui disant :

— L'air change encore, c'est une sauteuse à présent.

— Papa, vous êtes vraiment terrible. Laissez-donc monsieur tranquille, avec votre musique, vous voulez donc que je sois coiffée de travers?

— Non, mais je suis bien aise de lui faire remarquer que cela oue quatre airs, et tout entiers, j'en ai une autre qui en joue cinq.

On sonne. Le petit Eudoxe se jette par terre en voulant faire un grand écart, et madame Sublimé s'écrie :

— Voilà M. Monfignard; c'est bien heureux, *tarde venientibus.*

Avant que Sapho n'ait achevé sa citation, on voit paraître Adhémar dans son costume de marin anglais.

— Bonjour, Monfignard, crie le petit Eudoxe, en faisant avec sa pratique la voix de polichinelle; comme tu es bien déguisé, je ne te reconnais pas!

— Mais c'est M. Adhémar Marilly, dit Dardanus en tâchant de sortir sa bouche de dessous sa fraise, qui, à chaque instant, remontait jusqu'à son nez.

— Eh! oui, vraiment, s'écrie madame Sublimé en faisant au nouveau venu un sourire des plus gracieux tandis qu'en entendant nommer Adhémar, mademoiselle Idalie s'était mise à sautiller avec impatience sur sa chaise, et à trémousser sur ses jambes, en disant bas au coiffeur :

— Oh! arrangez-moi bien, faites-moi bien belle, et dépêchez-vous, hein!

— J'allais dire, j'avais même commencé à dire : *Tarde venientibus*, croyant que c'était M. Monfignard, qui devait venir nous chercher; mais cela ne s'applique pas à vous, monsieur Adhémar, car nous ne nous attendions pas au plaisir de vous voir ce soir.

— Madame, répond Adhémar en saluant toute la famille, j'ai rencontré ce soir M. Bourdichon qui revenait de la chasse, M. Monfignard qui a chassé avec lui, s'est senti trop fatigué pour aller au bal, et, comme vous auriez pu l'attendre, je me suis chargé de venir à sa place.

— Ah! cela est bien aimable de votre part.... Alors vous viendrez au bal avec nous!

— Si cela ne vous contrarie pas.

— Au contraire, dit Idalie, qui semble ne plus tenir sur sa chaise; nous aimons bien mieux cela; M. Monfignard ne danse pas, au lieu que vous...

— Vous voilà coiffée, mademoiselle.

Idalie se lève et court à une glace; tout en se regardant, elle jette aussi les yeux sur le jeune homme qui vient d'arriver. On voit qu'elle attend un compliment; mais au moment où Adhémar va s'approcher d'elle, M. Sublimé prend tout doucement le bras du marin anglais, et le conduisant devant une commode sur laquelle est une autre boîte à musique dont il vient de pousser le ressort, lui dit :

— En avez-vous entendu quelquefois qui aient un son d'harmonica comme celle-ci?

— C'est charmant! c'est délicieux! répond Adhémar tandis que mademoiselle Idalie frappe du pied avec dépit, et quitte la place en murmurant :

— Un de ces jours, je jetterai toutes les musiques par la fenêtre. Soyez donc bien coiffée pour qu'on n'y fasse pas attention.

— Je viens d'ordonner que l'on cherche une voiture, dit madame Sublimé; ce ne sera pas long, la place est en face de nous.

— Mais avez-vous dit une voiture à deux chevaux! demande M. Dardanus, en allant à son tour se mirer; nous ne tiendrions pas dans une petite citadine...

— Mon Dieu, monsieur, vous me croyez donc bien peu mathématicienne, pour me faire une semblable question!... Vous savez pourtant que je m'occupe d'un ouvrage classique dans lequel je veux prouver que les femmes sont plus aptes que les hommes pour les sciences occultes... Monsieur Adhémar, comment trouvez-vous mon costume de Sapho?

— Fort distingué, madame, et il est impossible de le mieux porter.

— Ah! vous me flattez.

— Seulement, si j'osais me permettre une réflexion.

— Oh! parlez... vous me ferez plaisir...

— La coiffure chinoise ne me semble pas être celle qui convient au costume.

— N'est-ce pas?... c'est ce que j'avais pensé aussi... Ces coiffeurs sont des entêtés... est-ce qu'il est parti?.. Marie... Marie... il faut courir après le coiffeur.

Madame Sublimé court sur l'escalier en appelant sa bonne; alors Idalie s'approche d'Adhémar en lui disant :

— Vous venez de faire une belle chose... voilà maman qui va vouloir se faire recoiffer... Nous ne partirons pas avant minuit.

— Oh! que c'est bête d'avoir dit ça! s'écrie le petit Eudoxe en ôtant sa pratique de sa bouche.

M. Sublimé ne disait rien; il tâchait d'allonger ses pieds dans ses bottes moyen âge, de faire descendre sa fraise qui revenait toujours sur sa bouche, et prêtait l'oreille à la petite musique.

— Vous avez raison... j'ai dit une sottise, répond Adhémar; mais je vais réparer cela.

Madame Sublimé revient en disant :

— Marie est partie pour chercher la voiture; mais quand elle reviendra, je la ferai courir chez le coiffeur.

— Pardon, madame, je viens de faire une réflexion, dit Adhémar; je me rappelle maintenant avoir vu une gravure représentant *Sapho* au moment où elle allait faire le *saut de Leucade;* et alors elle était coiffée absolument comme vous voilà; probablement qu'avant de se précipiter dans la mer Ionnienne, la célèbre Lesbienne avait retroussé ses cheveux à la chinoise pour qu'ils ne lui allassent pas dans les yeux.

— Vraiment! s'écrie madame Sublimé d'un air enchanté, vous avez vu cela en gravure... oh! alors je reste ainsi... *Sapho* au moment où elle fait le saut de Leucade! c'est l'instant de sa vie le plus intéressant; je suis charmée que le coiffeur ait eu cette idée ingénieuse

— La voiture est en bas, dit la domestique en paraissant à la porte.

— Partons... partons.

— Suis-je bien, mesdames? demande Dardanus en se posant devant son épouse et sa fille.

— Oui, oui, très bien.

— C'est que ma fraise remonte toujours, cela me gêne.

— Ça se fera... ça descendra en dansant.

— Ah! mes gants... mes gants...

— Ah! mon mouchoir...

— Ah! mon bouquet...

— Attendez donc..,et mon éventail, moi, une Camaro ne peut pas se passer d'éventail.

— C'est cela, on attend toujours au dernier moment... Eudoxe, as-tu tout ce qu'il te faut?

— Oui! oui... oui!.. prrristi!... Messieurs, mesdames...

— Allons, il a déjà sa pratique dans sa bouche... quel enfant terrible. Prends garde de l'avaler, au moins.

— Soyez trrrranquilles... messieurs, mesdames!

— Comment allez-vous faire pour arriver jusqu'à la voiture, dit la bonne, vous savez qu'il faut traverser le boulevard... il y a une crotte horrible... d'autant plus que le bitume est cassé devant chez-nous, et il n'est pas encore remis.

— Voilà le désagrément qu'il y a à demeurer sur le boulevard, dit M. Sublimé, les voitures ne peuvent pas approcher de votre porte. Moi, d'abord, avec mes bottines jaunes à entonnoir je ne puis pas marcher dans la boue.

— Et nous donc!...

— Moi qui ai des souliers de satin.

— Et moi des cothurnes.

— Moi, j'ai des bottes vernies, dit Adhémar, et à la rigueur, en faisant bien attention où je pose mon pied, j'espère arriver sans encombre jusqu'à la voiture.

Tout en discourant ainsi, la famille est arrivée sous la porte. On examine le terrain, on mesure des yeux l'étendue à parcourir, et les dames s'écrient :

— Il est impossible que nous marchions là-dedans.

— Si je n'étais pas obligé de faire moi-même attention à ne pas me crotter, certainement, mesdames, je vous porterais jusqu'à la voiture, dit Adhémar. Mais il me semble que le cocher, qui n'a rien à gâter, peut fort bien vous rendre ce service.

— Vous avez raison, dit madame Sublimé, il faut que le cocher nous transporte dans ses bras... voyons, appelons-le... pourvu qu'il soit assez fort, cet homme...

— Moi, je vais toujours passer le petit, dit la bonne. Et prenant Polichinelle dans ses bras, Marie traverse le boulevard et dépose l'enfant dans la voiture, en disant au cocher :

— Allez donc là-bas... on a besoin de vous.

— Comment... de quoi?

— Allez donc qu'on vous dit.

Le cocher était un petit homme assez robuste; mais il exhalait une odeur de vin qui n'était ni agréable ni rassurante pour les personnes qui devaient se faire porter par lui.

— Pourrez-vous bien me portez jusqu'à votre voiture? dit madame Sublimé, en s'adressant à leur Automédon, qui venait d'arriver devant la porte.

— Vous, ma petite mère... ah! je crois ben; vous! et douze avec... j'en ai porté des femmes dans ma vie... Et de toutes les manières!

— C'est bon nous ne vous demandons pas tout cela...; mais, c'est qu'il faudrait prendre garde de ne pas me chiffonner...

— Soyez donc tranquille, on vous prendra comme il faut... et par où il faut... On sait ce que c'est qu'une femme!... On ira en douceur!...

Et le cocher, se baïssant, s'apprête déjà à enlever Sapho par les jambes, lorsque celle-ci fait un bond en arrière, en s'écriant avec effroi :

— Ah! Dieu, cocher, vous sentez le vin d'une manière dégoûtante.

— Eh bien! qu'est-ce qu'elle veut donc que je sente, cette dame? le vin, il me semble que ça n'est pas désagrable, ce goût-là... Ha ça, voyons, faut-il vous porter oui ou non... Ça commence à m'embêter, tout ça.

— Maman, laissez-vous donc enlever, dit tout bas Idalie à sa mère, ce sera sitôt fait.

— Mais cet homme a l'air un peu gris, s'il allait me laisser tomber sur le boulevard.

— Non, tous les cochers sentent le vin et ils ne sont pas gris pour cela.

— Venez donc, messieurs, mesdames! crie Polichinelle qui est dans la voiture.

Madame Sublimé se décide et dit au cocher :

— Allons, portez-moi, mais tenez-moi bien surtout.

Le cocher, que tous ces délais impatientent, s'empresse d'enlever Sapho dans ses bras, et glissant une de ses mains sous la tunique grecque, empoigne madame Sublimé par le derrière, et l'emporte ainsi jusqu'à la voiture, sans que Sapho, tremblante d'effroi, songe à se plaindre de la manière dont elle a été tenue.

— Et d'un! dit le cocher en déposant la dame dans son fiacre; eh ben! est-ce que j'ai bronché? est-ce que je ne vous tenais pas ferme?

— Si..., si, très ferme, trop ferme même; allons, dépêchons, à ma fille maintenant, et tâchez de la tenir... par un autre endroit.

Le cocher ne s'amuse pas à écouter Sapho, il est déjà près de la jeune fille en camargo; celle-ci ne fait pas toutes les façons de sa mère, elle se laisse prendre, enlever et arrive dans la voiture sans adresser le plus léger reproche à son porteur. Adhémar, qui vient de traverser le boulevard en marchant avec beaucoup de précaution sur la pointe de ses bottes, monte à son tour dans la voiture et le cocher se dispose à fermer la portière lorsqu'on lui dit :

— Eh bien! attendez donc, et le roué de Louis XIII qui est là-bas sous la porte; est-ce que vous ne voyez pas qu'il est avec nous, allez donc le chercher, il vous appelle.

— Comment, cette vieille mascarade qui est là-bas... est-ce qu'il faut porter ça aussi? Ha ça! mais vous auriez bien pu prendre un commissionnaire pour tout cela.

Cependant le cocher est allé vers M. Sublimé, et il se dispose à l'enlever en lui disant :

— J'espère que ça me vaudra un fameux pour-boire tous ces fardeaux là!

Mais Dardanus ne se laisse pas prendre les jambes, il craint qu'en étant emporté de cette façon ses bottes à entonnoir ne deviennent des bottes collantes; pour ne pas être chiffonné, il préfère monter sur le dos du cocher et être porté comme les enfants à *bon vinaigre*.

— Sur le dos si vous voulez, ça m'est égal, dit le cocher. Allons, grimpez et tenez-vous bien, parce que comme ça, ça ne me regarde plus.

Le cocher se baisse, monsieur Sublimé monte sur son dos, il l'empoigne par le cou, et son porteur se dispose à le traverser. Les personnes qui sont sur le boulevard, rient beaucoup en voyant passer le roué de Louis XIII, sur le dos d'un cocher; celles qui sont dans la voiture ne peuvent s'empêcher de rire aussi de la figure que fait Dardanus avec son déguisement moyen âge, et tremblant d'être jeté sur le boulevard. Cependant le cocher n'a plus que quatre pas à faire pour atteindre la voiture, lorsque le chapeau à grands bords placé sur la perruque de M. Sublimé se détache et tombe à terre.

— Mon chapeau! s'écrie Dardanus en faisant un mouvement pour le retenir. Le cocher, qui voit le chapeau devant lui, croit pouvoir aisément le ramasser; il se baisse, mais le pied lui glisse, le poids qu'il a sur le dos l'entraîne, il tombe, et roule dans la crotte avec le roué de Louis XIII.

On jette des cris de tous côtés :

— J'étais sûre que cela arriverait à mon mari, dit Sapho, il ne sait se tenir à rien.

— Ma foi! c'est pas ma faute, dit le cocher en se relevant, si vous n'aviez pas laissé tomber votre chapeau, tout ça ne serait pas arrivé.

— Etes-vous blessé papa? crie Idalie.

— Non, je ne suis pas blessé, dit M. Sublimé en se relevant et cherchant à ôter sa fraise, qui est montée sur ses yeux et lui fait un bandeau; mais me voila propre, plein de boue des pieds à la tête; cocher vous êtes un imbécile.

— Qu'est-ce que c'est? dites-donc; croyez-vous que ça m'amuse de vous porter tous comme des paquets? est-ce que vous vous imaginez que c'est compris dans la course ça? est-ce que je suis tombé exprès, moi? c'est vous qui êtes cause que je me suis presque cassé le nez.

— Allons, Dardanus, puisque vous n'êtes pas blessé, il faut bien prendre son parti; vous allez changer de costume, et vous viendrez ensuite nous retrouver au bal... partons, cocher, rue Richelieu; vous savez le numéro, monsieur Adhémar?

— Oui, madame... je lui montrerai la porte.

Le cocher ferme la portière, monte sur son siége, fouette ses chevaux, et la société part pour le bal, laissant le roué de Louis XIII remonter chez lui tout couvert de crotte et jurant de ne plus se faire porter à *bon vinaigre*.

CHAPITRE V.

UN BAL TRAVESTI. — DES PORTRAITS D'APRÈS NATURE. — LA BOUGIE ÉTEINTE.

Il était dix heures et demie, lorsque Adhémar et les personnes qu'il accompagnait arrivèrent chez madame Bourdichon; les quadrilles étaient déjà fort serrés, et les places rares autour des danseurs.

Le bal présentait un coup d'œil piquant et varié; tout le monde était déguisé. Quelques messieurs, s'étant présentés en bourgeois, on les avait affublés d'un bonnet de coton, d'un tablier, et on les avait poudrés d'un côté; ils s'étaient laissé faire de bonne grâce et tenaient fort gaiement leur place au bal, avec leur déguisement improvisé.

Un seul personnage, arrivé aussi en bourgeois, ne s'était décidé qu'avec peine à coiffer le bonnet de coton. C'était un monsieur assez laid cependant pour que rien ne pût gâter sa physionomie, mais de ces hommes prétentieux par les manières, l'esprit et la tenue; qui se croient supérieurs à tous les autres, qui s'arrogent le droit de censurer tout haut ce qui se passe autour d'eux, et que l'on reconnaît toujours pour des sots à leur ton pédant, à leur regard impertinent et à leur tournure raide et compassée.

Celui-ci était un soi-disant homme de lettres; on a tellement profané ce titre depuis quelque temps qu'il ne signifie plus rien : autrefois, pour oser se dire homme de lettres, il fallait avoir fait, non pas un, mais plusieurs ouvrages; il fallait encore que ces ouvrages fussent populaires, ce qui ne veut pas dire communs et canailles comme certaines personnes affectent de le croire, mais ce qui s'entend d'un succès réel, d'un succès qui se répand dans toutes les classes de la société et qui se traduit dans différents idiomes. *Voltaire* et *Jean-Jacques Rousseau* sont extrêmement populaires, et cela ne leur fera aucun tort dans la postérité. Aujourd'hui, nous avons des auteurs dont le bagage dramatique se borne à un tiers, à un quart de vaudeville; des hommes de lettres qui ont fait un feuilleton dont ils ont pris le sujet dans un roman; d'autres qui n'ont fait qu'un livre dont l'épicier a converti les feuilles en cornets. A la vérité, ils se sont fait ou se sont fait faire dans les journaux de longs articles où l'on a dit que le succès de leur ouvrage allait faire époque dans les fastes de la littérature; que dès leur premier pas dans la carrière ils éclipsaient toutes les renommées. Mais le public sait à quoi s'en tenir sur les louanges à tant la ligne, ou sur les articles de coterie, dans lesquels chacun s'encense à qui mieux mieux. Au milieu de ce chaos, le talent réel marche et poursuit sa route; il sait bien que plus il y a de succès et plus il y aura d'envieux non parmi les gens de mérite, car ceux-là ne sont jamais jaloux des succès d'un autre, mais parmi ces soi-disant hommes de lettres qui, de dépit de n'avoir rien pu faire, se croient bien dangereux parce qu'ils aboyent après tous ceux dont la renommée les désole.

L'homme de lettres, qui était vexé de porter sur sa tête un bonnet de coton, avait fait trois ou quatre essais de vaudevilles qui avaient été refusés à bon droit de tous les théâtres. Depuis ce temps, ce monsieur avait pris les vaudevilles en haine; il vomissait feu et flamme contre les vaudevillistes; il ne concevait pas que le gouvernement permît aux directeurs de théâtres de jouer des vaudevilles; et quant aux auteurs qui faisaient ce genre de pièces et se permettaient d'y avoir du succès, et de gagner de l'argent, il les vouait à l'exécration publique, et assurait que beaucoup de gens, au bagne, étaient moins coupables qu'eux. C'était en parlant de la sorte que ce monsieur se croyait un critique profond et judicieux; une autre de ses occupations consistait à chercher des fautes grammaticales dans les ouvrages en vogue. Pour cela, il passait son temps à parcourir des traités d'orthographe, des essais sur les difficultés de la langue française; et, comme parmi tous les ouvrages que l'on a écrits sur ce sujet, on en trouve rarement deux qui soient du même avis, notre Aristarque faisait un bond de joie lorsqu'il croyait avoir rencontré une faute; il allait crier partout:

— Vous trouvez cela bon! ce n'est pas écrit en français. Il y a: Je vous forcerai bien *de* continuer votre besogne, et il fallait écrire: Je vous forcerai bien *à* continuer votre besogne.

Et on lui répondait:

— Plusieurs ouvrages sur la langue française veulent que l'on dise: forcé *de;* vous prétendez, vous, qu'on doit dire forcé *à*. D'après cela, l'auteur fera très bien de mettre comme bon lui semblera: c'est toujours la fable du *Meunier, son Fils et l'Ane*. Mais, en général, les gens qui ne peuvent rien créer, se font puristes; ils ne tiennent pas compte des pensées que souvent ils ne comprennent pas, ou, s'ils les entendent louer, ils cherchent bien vite s'ils ne pourraient pas y trouver quelque chose à reprendre. L'envie se cache sous toutes les formes.

M. Malentrain, c'est le nom de l'homme de lettres, avait été sur le point de se retirer, lorsqu'on lui avait fait connaître la consigne; il avait prétendu qu'elle ne devait pas lui être appliquée. Il s'étonnait qu'on le traitât comme les autres personnes de la société; il avait fait demander M. Bourdichon, et on lui avait répondu:

— Monsieur est allé se costumer, il n'est pas encore au salon.

Alors il avait fait appeler madame, et la maîtresse du logis, apprenant que quelqu'un faisait du bruit à la porte de ses appartements, était accourue, croyant qu'il s'agissait d'une plaisanterie autorisée par le carnaval; mais, en voyant l'homme de lettre repousser le bonnet de coton et le tablier qu'on lui présentait, madame Bourdichon, avec son sourire aimable et sa voix argentine, lui avait répondu:

— J'en suis fâchée, monsieur Malentrain, mais c'est une mesure générale.

— Comment, madame, un bonnet de coton... à moi!

Cet *à moi!* fut prononcé d'une manière si emphatique, que la jeune dame ne put retenir un éclat de rire, en disant:

— Je vous assure que cela vous ira fort bien... mais si vous préférez un autre costume... allez en prendre un, et revenez travesti.

M. Malentrain avait murmuré, s'était éloigné d'un air courroucé, en jurant qu'il ne se laisserait pas affubler en marmiton. Mais pendant ce temps, la maîtresse du logis, qui avait autre chose à faire que d'écouter les discours de ce monsieur, était rentrée dans ses salons. L'homme de lettres avait alors descendu quelques marches de l'escalier; s'apercevant que personne ne songeait à le retenir, il s'était arrêté, avait réfléchi que le bal devait être suivi d'un souper, que, généralement, Bourdichon faisait très bien les choses, et que, par son entêtement, il allait se priver d'une occasion de satisfaire sa gourmandise.

Le résultat de ces réflexions fut de remonter au bal, de se laisser mettre le bonnet, la poudre, le tablier, et de se promener ensuite d'un air de mauvaise humeur dans les salons avec la ferme résolution de critiquer tout ce qu'il verrait.

Ce n'est pas une petite affaire pour une maîtresse de maison, que de recevoir deux cents personnes, de trouver un mot aimable à dire à ceux qui arrivent, de placer les dames, de répondre aux compliments des hommes, de veiller à ce que rien ne manque à la fête, et de pouvoir trouver encore le moment de causer avec ceux qui, parmi cette foule, ont quelques droits à nos préférences. Mathilde (c'était le nom que ses amies donnaient à l'épouse du gros chasseur) s'acquittait parfaitement de ses devoirs de maîtresse de maison; elle avait cette affabilité, cette aisance qui sait, dans un salon, mettre à leur aise les personnes timides ou embarrassées; elle avait cette gaieté qui se communique et cet esprit aimable qui fait croire aux autres qu'ils en ont.

M. Bourdichon aurait dû depuis longtemps faire avec sa femme les honneurs de son bal; mais revenu fort tard de la chasse, le gros monsieur était allé dans sa chambre se déguiser, et, soit que le costume fût difficile à mettre, soit qu'il n'allât pas encore bien, M. Bourdichon, qui avait défendu que l'on vînt le déranger, n'avait pas encore paru au bal.

Au milieu de tous ces personnages travestis qui encombraient les salons, on remarquait un homme très grand, très maigre, très osseux, dont la figure jaune et allongée aurait pu, à la rigueur, passer pour un masque, et qui avait une veste de chasse, une casquette de cuir, dont l'avance était prodigieuse, des guêtres qui montaient jusqu'à mi-cuisse, et, sur le dos, une carnassière dans laquelle on apercevait deux véritables lapins.

C'était M. Carcassonne, qui avait suivi le conseil d'Adhémar, et, au lieu de se déguiser, avait conservé ses habits de chasse. Afin que son aspect produisît plus d'effet, le grand chasseur avait absolument voulu emporter sa carnassière avec les deux lapins qu'il était si fier d'avoir tués; enfin, pour que rien ne manquât à son costume, il tenait sous son bras une grande canardière, mais à laquelle il n'y avait ni cheminée, ni batterie, ni chien.

L'épouse de M. Carcassonne était une petite femme de vingt-sept à vingt-huit ans, bien faite, bien tournée, point jolie de figure, mais gracieuse, avenante, et dont les petits yeux avaient une expression qui pouvait presque tenir lieu de beauté. Le défaut de cette dame était de parler sans cesse, de mentir constamment, de ne pas pouvoir ouvrir la bouche sans dire une gasconnade, de ne jamais raconter un fait sans l'amplifier ou le dénaturer entièrement. Mais, comme son babil était amusant, et que dans ses mensonges il n'y avait jamais de méchancetés pour ses amis, on aimait assez à causer avec madame Carcassonne, que, dans la société, on avait surnommée madame *de Blaganvile*.

Le grand chasseur était tellement habitué à entendre sa femme dire des choses de son invention, qu'il avait fini par se persuader que c'étaient des vérités; aussi se serait-il bien gardé de jamais contredire les récits de son épouse, et était-il toujours prêt à affirmer l'exactitude des faits dont il n'avait aucune connaissance.

Madame Bourdichon est venue au devant des personnes qu'Adhémar tâche de faire placer dans un des salons où l'on danse. Mathilde adresse un aimable sourire au jeune homme, et le remercie de s'être fait le cavalier de ces dames. De son côté, Adhémar repose avec plaisir ses regards sur la maîtresse de la maison. Depuis dix-huit mois à peu près qu'il allait chez le gros chasseur, et se trouvait dans le monde avec sa femme, il n'y avait eu entre lui et cette dame d'autre intimité que celle que permet la société. Adhémar trouvait Mathilde fort bien; il aimait beaucoup à causer avec elle, et pourtant n'avait jamais songé à lui faire la cour. De son côté, madame Bourdichon, qui avait une réputation sans tache, était aimable avec tout le monde, et ne s'apercevait peut-être pas elle-même que son sourire était plus doux pour Adhémar que pour les autres. Il y a des préférences que nous éprouvons, et auxquelles nous cédons sans nous en être rendu compte. Il y a des sentiments qui dorment ainsi au fond de notre cœur, ne se révélant que par une secrète sympathie, et quelquefois ne se déclarant jamais, faute d'occasion.

Sapho regardait autour d'elle pour voir l'effet que produisait son costume: elle était étonnée que tout le monde ne fût pas en émoi, que l'on ne se foulât pas pour la voir. Elle s'était même figuré que la danse serait suspendue par son entrée dans le bal.

Un peu mortifiée de ce que l'on passât devant elle sans jeter des cris de surprise et d'admiration, madame Sublimé dit à madame Bourdichon:

— Comment me trouvez-vous?

— Très bien... votre costume est remarquable.

— C'est Sapho faisant le saut de Leucade, la coiffure l'indique... mais tout le monde ne sait pas cela, et c'est fâcheux.

— Mais où donc est M. Sublimé?

— Il va venir; en voulant monter en voiture... un accident l'a retenu. Il fait si mauvais temps... et nous demeurons sur le boulevard, il a fallu nous faire porter jusqu'à la voiture par le cocher... et M. Sublimé est tombé dans la crotte.

— Ah! mon Dieu.

— Oh! ce n'est rien... c'est sa faute; il avait voulu monter sur le dos du cocher comme les enfants. Il est rentré pour changer de costume, il va venir.

— Comme c'est contrariant.

— C'est-à-dire que c'est fort heureux.

— Comment?

— Oui, fort heureux que cela ne me soit pas arrivé à moi... mon costume de Sapho eût été perdu... et puis la frayeur... certainement je n'aurais pas pu venir au bal... Tiens, voilà madame Carcassonne... elle est en laitière... c'est assez gentil, mais c'est bien commun ce costume-là, et ça lui va horriblement.

Madame Carcassonne vient s'asseoir près de madame Sublimé en lui disant :

— Bonsoir, madame... vous avez un costume ravissant.

— Vous trouvez... oui, c'est assez hors ligne... Le vôtre est très joli et il vous va comme un ange.

— Mademoiselle Idalie est délicieuse en Camargo ; mais qu'est-ce que je viens d'apprendre par M. Adhémar, M. Sublimé a roulé sur le boulevard au moment de monter en voiture ?

— Oui, madame.

— Il m'est arrivé quelque chose dans ce genre-là... mais de bien plus extraordinaire... nous devions aller au bal... ah ! il faut vous dire d'abord que nous demeurions alors dans une rue... très boueuse... la rue... je ne sais plus son nom, mais ça ne fait rien ; nous étions logés à un entresol... très peu élevé. Au moment d'aller au bal, il faisait un temps affreux ; il avait plu toute la journée, deux pieds de crotte dans la rue, et un trottoir qui empêchait d'approcher de notre porte. J'avais un costume délirant, j'étais en bayadère, une étoffe toute lamée d'or et d'argent... des perles partout... des plumes... mon costume m'avait coûté douze cents francs. Moi je dis : il est impossible que j'aille à pied jusqu'à la voiture... et si on me porte on me chiffonnera. Quand on a un costume de quinze cents francs, on n'aime pas à arriver chiffonné, c'est assez naturel. Comment donc faire pour arriver dans la voiture ! Tout à coup en regardant par la fenêtre je m'écrie : Mais nous ne sommes pas haut... la voiture n'est pas loin, si nous mettions une planche qui, de la fenêtre, irait poser jusqu'à l'entrée de la portière, nous n'aurions qu'à nous laisser glisser là-dessus, ce serait comme une petite montagne russe. On trouve mon idée charmante... Il y avait justement chez nous des planches énormes... qui servaient... je ne sais plus à quoi ; mais ça ne fait rien. On en pose une... Nous avions ma petite sœur avec nous. Je me mets la première sur la planche, pour donner l'exemple ; je me laisse glisser... me voilà dans le fiacre ; ma sœur glisse... elle est en voiture ; restait mon mari... il se met à cheval sur la planche... Il va glisser... crac, la planche casse... Vous croyez peut-être qu'il est tombé.

— Est-ce qu'il serait resté en l'air ? demanda Idalie en souriant.

— Non, mais je ne sais comment il a fait, il s'est donné un élan et il est arrivé juste sur le marchepied de la voiture... n'est-ce pas ? Carcassonne... dis-donc, Carcassonne, te rappelles-tu cette fois où nous sommes montés en fiacre par la fenêtre ?

Le grand chasseur, qui se promenait autour de la danse et venait de s'arrêter devant sa femme, se frotte le menton en murmurant :

— Ah ! oui... par la fenêtre... oui, avec une échelle.

— Eh ! non... sur une planche, en nous laissant glisser...

— Ah ! oui... oui... sur une planche, je me souviens très bien. Ça nous est arrivé souvent.

— Comment, c'est M. Carcassonne qui est là, demande madame Sublimé. Oh ! mais je ne l'aurais pas reconnu... quel singulier déguisement.

— Il est en chasseur... c'est son costume de chasse... il en arrivait aujourd'hui, il l'a gardé...

— Oh ! c'est fort original... ça me semble très exact... *per fas et nefas*... je crois même qu'il a du gibier dans sa carnassière.

— Certainement il a douze lapins.

— Douze lapins.

— Il en a tué une trentaine à la chasse...

— Diable ! il est adroit.

— Oui, dit M. Carcassonne, qui n'a pas entendu les dernières paroles de sa femme, mais qui voit qu'on regarde son gibier. Oui ; ce sont de vrais lapins... les deux que j'ai tués dans ma chasse avec Bourdichon.

— Ah ! tu n'en as que deux... je croyais que tu en avais tué trente, dit la petite femme du chasseur. On m'envoie tant de gibier... de perdreaux, de faisans, que je me perds dans tout ça. Je ne sais que faire de tout ce qu'on m'envoie. Toujours manger du faisan, ça devient fatigant ; aussi, dernièrement, j'en ai donné deux à mon portier.

M. Malentrain, qui passe alors près du grand chasseur, se pince le nez, fait la grimace et s'éloigne vivement en disant :

— Je ne sais pas ce que ce monsieur porte dans sa gibecière, mais cela sent très mauvais ! Il y a des gens qui, pour produire de l'effet, empoisonneraient tout un salon... comme ce monsieur, là-bas, qui a un costume en toile à torchon... et des écailles attachées après, c'est peut-être gracieux ?

— Ah ! monsieur, votre fusil me fait peur ! dit une dame en passant près de M. Carcassonne.

— Madame, n'ayez aucune crainte, il n'a pas de batterie... certainement je ne serais pas venu en société avec une arme dangereuse... J'ai vu tant d'exemples d'événements funestes arrivés en jouant avec des armes à feu... moi-même il m'est arrivé... oui... j'ai manqué tuer... ai-je manqué tuer... c'était en hiver... aye ! voilà un petit polichinelle qui me donne d'horribles coups de pieds...

— Votre mari n'achève donc pas les histoires qu'il commence ? dit un jeune homme à madame Carcassonne...

— Mon mari ne finit jamais, répond la petite dame en riant. Moi, j'y suis habituée ! ça ne me surprend plus... Ah ! une valse... j'adore la valse, je valserais trois heures de suite sans m'arrêter.

Le monsieur qui causait avec la femme du grand chasseur, déclare qu'il n'ose pas valser avec une dame qui va trois heures sans s'ar-

Bourdichon et son ami Carcassone.

rêter. Un jeune Turc plus hardi s'offre pour la valse; on l'accepte, et le couple disparaît en tournant.

— Madame Carcassonne valse fort bien, dit une dame à Sapho, près de laquelle elle était assise. Celle-ci répond d'un air moqueur :

— Oui... Mais... si j'étais son mari, je trouverais qu'elle s'abandonne un peu trop en valsant... Tenez... voyez-donc, son valseur en fait tout ce qu'il veut !

— Elle a beaucoup de grâce.

— Ah ! Dieu, si je valsais comme cela, M. Sublimé n'est cependant pas jaloux, mais il serait capable de plaider en séparation... Eudoxe ! Eudoxe ! viens donc ici, vilain enfant... il va faire le grand écart au milieu de valseurs... il se fera mutiler !

— C'est à vous, ce petit garçon, madame ?

— Oui, madame, un enfant étonnant en tout, j'ose le dire... il a tant d'esprit que j'en suis effrayée !

Mademoiselle Idalie avait de l'humeur de ne point valser; mais sa mère le lui a défendu; elle s'en dédommage en critiquant tous ceux qui passent devant elle. Tout à coup, un grand tumulte, des éclats de rire, la foule qui se précipite vers le même salon, annoncent l'arrivée de quelque mascarade singulière. Bientôt, en effet, un énorme tigre paraît et se mêle parmi les valseurs en faisant mille tours, mille contorsions, et essayant de saisir des dames pour les faire tourner avec lui. La présence du tigre qui veut faire des niches à tout le monde, qui se roule par terre, fait des culbutes et essaie d'en faire faire aux autres, met tout le bal en émoi. On veut deviner quelle est la personne qui a pris ce déguisement; chacun forme ses conjectures, et M. Malentrain dit tout haut :

— En tout cas, c'est bien un déguisement de bête !... aller se mettre en tigre !... comme c'est spirituel... comme on doit être bien à son aise là-dessous !

— Est-ce que ce serait papa, cette bête-là ? dit le petit Eudoxe en accourant près de sa mère.

Le poids qu'il a sur le dos l'entraîne, il tombe dans la crotte avec le roué de Louis XIII. — Page 14.

— M. Sublimé se mettre en tigre ! répond Sapho en secouant la tête d'un air sardonique. Oh ! non... il est incapable d'avoir de ces idées-là... je connais trop sa frigidité ! si c'était en joueur de serinette, à la bonne heure.

— Allons, chasseur, disent plusieurs personnes à M. Carcassonne : Voici le moment de montrer votre adresse... vous avez votre fusil, abattez ce tigre-là.

— C'est vrai, mon ami, toi qui es si adroit, dit madame Carcassonne à son mari... Allons, distingue-toi... une chasse au tigre... ce n'est pas nouveau pour toi... figurez-vous, mesdames, qu'en Afrique où il a été, mon mari en a tué une fois dix... dont il m'a envoyé les peaux... j'en ai fait des cadeaux à toutes mes amies... je n'en ai même pas gardé pour moi.

Pendant que madame Carcassonne lâchait des gasconnades aux personnes qui l'entouraient, la société avait formé un grand cercle au milieu duquel était le tigre; on y avait poussé le grand chasseur, et, cet homme, habitué à tuer de véritables tigres en Afrique, semblait presque effrayé en se trouvant face à face avec une personne couverte de la peau de cet animal.

Le tigre se tenait assis sur son derrière, suivant des yeux tous les mouvements de Carcassonne; et avec ses pattes de devant, faisant mine de le griffer s'il approchait. Le grand chasseur tenait son fusil plutôt comme pour se défendre que pour attaquer, tout en tournant autour du tigre, et la société riait autant de la figure de M. Carcassonne que des agaceries que lui faisait l'animal.

— Est-ce que cela va durer longtemps comme ça ? dit M. Malentrain en montrant sa tête au-dessus de celle d'une dame. Il me semble qu'on devrait chasser en même temps le tigre et le chasseur.

Piqué des plaisanteries qu'on lui adresse et se rappelant qu'il n'a affaire qu'à un masque, M. Carcassonne s'arme d'une belle résolution, et marche droit sur le tigre; mais celui-ci se dressant sur ses pattes de derrière, enlace le grand chasseur et le fait bientôt rouler avec lui sur le parquet.

M. Carcassonne commençait à pousser des gémissemens plaintifs, en jurant qu'il avait affaire à une véritable bête, lorsque des cris perçants partent de l'entrée d'un salon voisin et sont accompagnés par une voix de polichinelle.

L'atten[illegible] se porte aussitôt de [illegible], et chacun, laissant le tigre se rouler sur le parquet avec le grand chasseur, veut savoir quelle scène joue le polichinelle pour occasionner les cris qui effrayent la société.

C'était le petit prodige Eudoxe qui, en voulant chanter et parler continuellement, venait d'avaler sa *pratique*, et se roulait devant madame sa mère en ouvrant la bouche et criant qu'il étranglait; Sapho, effrayée de l'état de son fils, poussait des cris perçants, mademoiselle Idalie allait de son frère à sa mère, et au milieu de tout cela le petit garçon répétait toujours : « Je l'ai avalée... je l'ai dans la gorge ! » avec la voix Polichinelle il produisait un effet comique qui faisait croire à beaucoup de personnes que la scène n'était pas vraiment sérieuse.

Cependant madame Sublimé venait de se trouver mal, lorsqu'un jeune homme qui voit que l'accident peut devenir grave, saisit une paire de pincette et, ouvrant la bouche au petit prodige, parvient à lui retirer la pratique de la gorge. L'enfant étant sauvé, la frayeur générale se calme, il ne s'agit plus que de rappeler à elle l'infortunée Sapho. Au milieu du trouble, de la confusion, madame Bourdichon écarte la foule et sort vivement du salon en s'écriant :

— Ah ! mon flacon de sels... je cours le chercher. Et Adhémar suit la maîtresse de la maison, dans la seule intention d'avoir plus vite le flacon, et de secourir plus promptement madame Sublimé.

Mathilde a pris une bougie dans une pièce qu'elle a traversée, puis elle en traverse deux autres avant d'arriver dans sa chambre ;

coucher. Cette partie des appartements, n'ayant pas été livrée à la société, n'était pas éclairée et personne n'y pénétrait.

Mathilde marchait très vite, ne s'apercevant pas que quelqu'un la suivait; ce n'est que lorsqu'elle est arrivée dans la chambre à coucher qu'elle entend la voix d'Adhémar qui lui dit :

— Mon Dieu, madame... si j'avais pu vous éviter cette peine... si j'avais su où était ce flacon...

— Comment, vous êtes là, monsieur? dit la jeune dame avec un sentiment de surprise, qui du reste n'annonçait pas qu'elle fût fâchée d'avoir été accompagnée par Adhémar.

— Oui, madame... j'aurais voulu pouvoir vous être bon à quelque chose...

— Je viens chercher mon flacon de sels... je croyais l'avoir laissé sur mon étagère... Il n'y est pas... où donc l'ais-je mis?... Ah! il suffit que l'on soit pressé, pour que l'on ne trouve pas les choses.

Et madame Bourdichon, posant la bougie sur la table, ouvre les tiroirs de sa commode et bouleverse tout ce qui est dedans, espérant trouver son flacon. Cependant, Adhémar va prendre la lumière et revient éclairer la jeune femme, qui se dépite en retournant des fichus, des rubans, des dentelles, et répète :

— Mon Dieu! il n'y est pas... mais où donc l'ai-je mis?

La commode ayant été visitée en vain, Mathilde va regarder sur sa cheminée, puis elle ouvre une armoire remplie aussi d'objets de toilette; enfin elle revient à son étagère... Tout à coup Adhémar croit apercevoir le flacon caché par une rocaille de porcelaine, il avance sa bougie pour mieux voir; en ce moment la jeune dame avançait le bras pour saisir le flacon; le bras heurte violemment le flambeau qui s'échappe de la main qui le tenait et tombe à terre. La lumière s'éteint, et madame Bourdichon se trouve avec Adhémar dans une complète obscurité.

— Ah! je suis bien maladroit! dit Adhémar. Si c'est ainsi que je vous suis utile...

— Ce n'est pas votre faute, c'est la mienne... Du reste... j'ai le flacon.

— Mais pour sortir d'ici, j'ai peur de faire encore quelque gaucherie... si j'allais me jeter dans votre étagère...

Donnez-moi la main, je vous conduirai...

Adhémar avance ses mains et rencontre bientôt celle qu'on lui présente. Il s'en empare, et tout en la tenant dans les siennes, sent comme un frémissement parcourir tout son être. En se trouvant ainsi seuls dans l'obscurité, un trouble soudain venait de s'emparer de ces deux personnes; mais ce trouble avait quelque chose de doux et d'enivrant, et chacune d'elle semblait le savourer au lieu de chercher à s'en défendre.

— Eh bien... vous ne venez pas? dit enfin Mathilde, dont la main est toujours dans celle d'Adhémar, qui, peu à peu, la presse tendrement.

— Ah! pardonnez-moi... c'est que... je me trouve si bien ici!... Ah! tous les plaisirs que l'on goûte à votre bal n'approchent pas de celui que j'éprouve en cet instant.

— Vraiment... Il fallait donc que nous fussions sans lumière pour que vous me disiez cela...

— Ah! madame... Il y a des choses que l'on pense longtemps... mais que l'on n'ose pas dire... on les renferme dans son cœur... parce qu'on craint de fâcher celle à qui on les adresserait... Plus un sentiment est vrai, et plus il est timide...

— Timide! vous n'avez pas la réputation de l'être!...

— Je vaux peut-être mieux que ma réputation...

— Mais il faut retourner avec la société... et ce flacon... on nous attend...

— Quoi! déjà... est-ce que vous êtes fâchée que je vous aie suivie?

— Oh! oui, très-fâchée... je vous en veux à la mort!

Mais la voix qui disait cela avait quelque chose de si tendre et faisait percer une émotion si vive que le jeune homme loin d'être effrayé de ces paroles, presse de nouveau la main qui lui est abandonnée, et cette fois une légère pression a répondu à la sienne : de part d'une femme, c'est tout un aveu.

Dans l'ivresse qu'il éprouve, Adhémar va porter à ses lèvres la main de Mathilde, lorsque celle-ci, craignant peut-être que son émotion ne devînt trop dangereuse, dégage vivement sa main de celle du jeune homme et s'enfuit, en lui disant :

— Oh! venez, venez, de grâce; si nous restions plus longtemps, on remarquerait mon absence... et puis, j'ai peur de vous et j'ai peur de moi!

Mathilde est partie avant qu'Adhémar ait eu le temps de se retirer. Il se décide aussi à rejoindre la société, mais comme il se sent heureux! quel plaisir il va goûter en se retrouvant près de madame Bourdichon! Il a suffi de quelques minutes dans l'obscurité pour produire tout cela! Un amour nouveau est toujours si vif, il semble bien plus doux que ceux qui l'ont précédé!

Lorsque Mathilde rentre dans les salons, Sapho avait repris ses sens, le petit Eudoxe recommençait à faire le grand écart et voulait remettre *la pratique* dans sa bouche; mademoiselle Idalie semblait de fort mauvaise humeur. Enfin le combat du tigre et du chasseur avait cessé, parce qu'en se roulant à terre, la tête de l'animal s'était détachée et on avait reconnu dans le tigre le maître de la maison, monsieur Bourdichon, qui, dès qu'il aperçoit sa femme va au devant d'elle, en lui disant

— C'était moi, ma chère amie, tu ne m'avais pas reconnu, hein? ah! ah! ah! ai-je fait peur à ce pauvre Carcassonne!

— Oui, oui, mon ami, vous étiez parfaitement déguisé! répond la jeune dame qui est préoccupée de tout autre chose que de son mari, et dont les yeux semblent maintenant chercher sans cesse quelqu'un.

— Un maître de maison se travestir en quadrupède! murmure M. Malentrain en se promenant dans les salons. C'est un joli costume pour recevoir son monde! je ne m'étonne pas qu'on force ceux qui arrivent à mettre un bonnet de coton et un tablier! Quand l'amphytrion est ridicule, il veut que tous les autres le soient.

— Un jour, dit madame Carcassonne en s'adressant à madame Sublimé, je suis allée à un bal travesti où tout le monde était en singe, c'était extrêmement gai.

— En singe! les femmes aussi?

— Certainement, mais elles avaient de petites cottes en feuillage.

— Oh! jamais je n'aurais consenti à me montrer comme cela... Ah! quelle horreur.

— Eh bien! eh bien! est-ce qu'on ne danse pas! s'écrie M. Bourdichon, l'orchestre donne le signal... qui est-ce qui danse avec moi... Sapho! ah! Sapho!... vous ne pouvez pas me refuser.

Madame Sublimé se demandait si elle ne compromettrait pas sa dignité en dansant avec un tigre; mais comme elle s'ennuyait de faire tapisserie, elle se laisse entraîner par le maître de la maison. De son côté, Adhémar qui se trouvait, à chaque instant, auprès de Mathilde, s'est approché d'elle en lui présentant sa main: celle-ci lui donne aussitôt la sienne et ils vont se placer à un quadrille, tandis que mademoiselle Idalie dit à madame Carcassonne avec un accent de colère :

— Comment trouvez-vous M. Adhémar! il m'avait invitée pour la première contredanse, avant le combat du tigre... C'est celle-ci, on n'en a pas dansé depuis, et le voilà qui fait danser madame Bourdichon!... C'est fort malhonnête!...

La petite dame répond en mangeant une glace :

— Il ne faut pas vous fâcher de cela... les hommes sont si distraits... Vous ne prenez pas de glace.

— Non... je ne veux rien.

— Elles sont excellentes... Une fois, moi, j'ai été cause de deux duels dans un bal... pour une contredanse... j'avais oublié que j'avais promis à deux officiers... Elle sent bien la vanille... Pour la même contredanse... et voilà que je me laisse emmener par un autre. Ah! voilà Carcassonne qui est au moins à sa sixième... Alors les deux officiers viennent me trouver à la danse... Ils me disent des mots piquants... Voilà un monsieur là-bas... Je l'ai remarqué, il va se poser contre les portes pour guetter l'entrée des plateaux, il saisit quelque chose, l'avale et va se mettre à une autre porte où il en fait autant, il n'a pas fait d'autre manége pendant toute la soirée...

— Eh bien vos officiers?...

— Morts, ma chère amie!... ils se sont embrochés tous les deux avec leur épée... J'en ai fait une maladie dans laquelle je voyais des épées dans tout ce que je mangeais... Carcassonne, tâche donc de m'avoir un peu de punch.

Pendant le quadrille où le tigre et Sapho déploient toutes leurs grâces, Adhémar et Mathilde se livrent à ce bonheur si doux que l'on éprouve lorsque, pour la première fois, on est compris de l'objet que l'on aime et que l'on a la certitude d'être payé de retour. Alors, il suffit d'un mot, d'un regard, d'un serrement de main pour s'entendre, et le plaisir que l'on éprouve est d'autant plus vif qu'on le goûte au milieu de la foule qui n'y voit rien ou qui du moins a l'air de ne rien voir.

Cette contredanse a paru bien courte à ces deux personnes qui maintenant s'entendent si bien.

— Danserai-je l'autre avec vous? dit tout bas Adhémar à la fin du quadrille.

— C'est impossible; répond Mathilde, tant de personnes m'ont invitée, il ne faut pas que je montre une préférence... Mais au souper... si cela vous fait plaisir d'être près de moi..

Adhémar n'avait pas besoin de répondre ; il a pressé avec joie la main qu'il tenait et l'on s'est hâté de s'éloigner de lui, pour paraître s'occuper du reste de la société.

— Carcassonne, mon cher ami, voilà plusieurs personnes qui se plaignent de ce que tu empoisonnes ! dit Bourdichon en allant au grand chasseur occupé à guetter un plateau de punch. Maintenant que je te parle, je suis tout à fait de leur avis... va bien vite ôter ta carnassière... Débarrasse-toi promptement de ton gibier, ou nous serons obligés de te mettre à la porte.

— Mais ce sont les lapins que j'ai tués...

— Oui !... Oh ! je sais bien que tu as tué deux lapins en quatre jours... répond Bourdichon en riant : écoutez, messieurs, j'ai été témoin du fait : le premier était poursuivi par mon chien... Il a passé entre les jambes de Carcassonne qui a eu peur, qui a trébuché et qui en tombant a écrasé le lapin sous lui ; voilà pour le premier : quant au second, Carcassonne en s'approchant d'un buisson a fait tout à coup un saut de joie en s'écriant : « Un lapin ! un lapin !... » — Eh bien ! lui dis-je de loin, tire-le donc ; mais hâte-toi, sinon, il est probable qu'il ne t'attendra pas. Mais mon gaillard s'est mis à se moucher et à prendre du tabac ; après quoi il s'est enfin décidé à tirer son coup de fusil sur le lapin qui n'avait garde de bouger, vu qu'il avait été probablement blessé la veille, et qu'il était mort depuis longtemps, lorsque Carcassonne lui a lâché son coup de fusil... Et voilà comme notre ami a tué deux lapins.

Le grand chasseur n'a pas attendu la fin du récit de Bourdichon ; il est allé déposer son carnier, et revient se mettre à guetter les plateaux de pâtisseries et les rafraîchissements, qu'il chasse beaucoup plus adroitement que les lapins.

Madame Sublimé commençait à témoigner quelque surprise de ne point voir arriver son mari, lorsque le bruit d'un accident qui vient d'avoir lieu dans l'escalier arrive jusqu'à la société.

— Qu'y-a-t-il donc ? demande madame Bourdichon avec inquiétude.

— Ce n'est rien, madame, presque rien, répond un jeune homme habillé en paillasse : c'est un marquis qui vient de dégringoler dans votre escalier... au moment où il entrait au bal... Quelques égratignures au nez... quelques bosses au front, voilà tout... Mais le pauvre marquis fait une mine si piteuse...

— Ah ! mon Dieu ! je gage que c'est encore Dardanus qui s'est laissé cheoir ! s'écrie madame Sublimé ; Eudoxe, va donc t'assurer du fait.

C'était, en effet, à M. Sublimé que venait d'arriver l'événement dans l'escalier. Après sa malheureuse chute sur le boulevard, le mari de Sapho était remonté chez lui, s'était déshabillé tout en écoutant sonner ses pendules, puis il avait appelé sa bonne, et lui avait dit de courir chercher un coiffeur et un habit de marquis. Tout cela avait pris beaucoup de temps. Pendant que le coiffeur le poudrait à blanc, Dardanus avait absolument voulu lui faire entendre tous les airs d'une boîte à musique qui en jouait six. Enfin sa perruque posée, le marquis avait chaussé des souliers à talons rouges qui le grandissaient de deux pouces ; et, tout en achevant de s'habiller, il ne cessait de répéter :

— Je suis fort content d'avoir été obligé de changer de costume ; je suis bien mieux en marquis qu'en roué moyen âge... Ce dernier costume me grandit beaucoup.

— Oui ; mais prenez garde de tomber, monsieur, dit la bonne. Avec vos talons si haut, il me semble que vous n'êtes pas du tout solide sur vos jambes.

— Sois tranquille, Marie, un marquis marche légèrement, il voltige... il papillonne... il touche à peine la terre... Va me chercher une voiture... Cette fois, cependant, je ne me ferai pas porter par le cocher.

La voiture était arrivé ; M. Sublimé, en mettant cinq minutes pour traverser le boulevard, était parvenu jusqu'à la portière sans se laisser tomber. Il était descendu sans encombre dans la cour de M. Bourdichon ; enfin, il montait l'escalier, et touchait à la dernière marche du premier étage, d'où les sons de l'orchestre parvenaient jusqu'à lui, lorsque électrisé peut-être par la musique, le marquis avait voulu s'élancer plus vivement sur le carré ; c'est alors que le pied lui avait manqué et qu'il avait redescendu malgré lui plusieurs marches de l'escalier.

On avait ramassé M. le marquis, et il était assis dans la première pièce d'entrée, où chacun s'empressait de s'informer de son état, et, si l'on n'eût craint qu'il ne fût blessé, on n'aurait pu s'empêcher de rire en le regardant : car, dans sa dégringolade, sa belle perruque s'était retournée, de façon que la queue se trouvait sur son oreille gauche, tandis qu'une des ailes de pigeon lui cachait le visage. Le dérangement de sa coiffure était ce qui affligeait le plus Dardanus, qui répondait à tous ceux qui l'entouraient :

— Je ne me suis pas fait le moindre mal... il n'y a que ma perruque qui a souffert... je voudrais bien un coiffeur.

— Un coiffeur ! s'écrie M. Bourdichon en s'approchant du pauvre marquis, tenez, mon cher ami, voici comment nous coiffons nos danseurs.

En disant cela, Bourdichon enfonce un bonnet de coton sur la tête de M. Sublimé, puis, prenant le bras d'Adhémar, qui restait là près de Malthide dans l'espoir que celle-ci aurait encore besoin d'aller chercher un flacon pour secourir le marquis, le gros amphytrion entraîne le jeune homme dans un salon où sont dressées des tables de jeu, là, il s'écrie :

— Allons, messieurs, une bouillotte ! moi j'ai déjà bien assez dansé... je suis en nage, d'ailleurs ces dames ne manquent pas de cavalier... il faut varier ses plaisirs... vous voici quatre joueurs solides... Dalbrun... Ledoucet... M. Marilly et moi... Vite ! vite ! en place... nous n'avons pas trop de temps avant le souper.

En venant au bal, Adhémar s'était bien promis de ne pas jouer ; mais lorsqu'il avait pris cette bonne résolution, il n'avait pas un nouvel amour en tête ; il n'était pas le préféré d'une jolie femme dont la conquête flattait autant son amour-propre que son cœur. Maintenant, bercé par les plus douces espérances, que lui importe de perdre un peu d'or ! on est toujours assez riche quand on est heureux ; et allez donc demander de la sagesse à quelqu'un qui est tout à l'ivresse d'une nouvelle passion ! D'ailleurs, c'est M. Bourdichon qui lui propose de faire sa partie, et il serait maladroit de refuser quelque chose au mari quand on veut être bien avec la femme.

Adhémar se place donc à une table de bouillotte ; il joue avec le Tigre, un Turc et un Débardeur. Le jeu ne tarde pas à s'animer ; Adhémar a bientôt perdu ce qu'il a sur lui ; mais la bourse de Bourdichon lui est ouverte ; on est toujours empressé de prêter aux gens que l'on croit riches, et d'ailleurs jamais Marilly n'avait été en retard pour acquitter une dette de jeu.

Le son de la musique, la chaleur, le punch, tout se réunissait pour animer les danseurs et les joueurs. Mais Adhémar perdait son argent avec un sang-froid, une indifférence qui faisait l'admiration de la galerie ; c'est que parmi les personnes qui tournaient autour de la table à laquelle il jouait, il apercevait souvent Mathilde, celle-ci trouvant toujours quelques nouveaux prétextes pour venir rôder près de la bouillotte. Alors ses yeux s'arrêtaient sur Adhémar, et celui-ci pouvait-il être attentif à son jeu lorsque tout son être suivait cette femme, lorsqu'il épiait chacun de ses gestes, de ses regards.

— Vous n'êtes pas heureux ce soir, monsieur Marilly ! dit le Turc en attirant à lui l'or que le jeune homme vient de perdre d'un coup.

— Pas heureux ! répond Adhémar, qui voit alors Mathilde le regarder tendrement. Oh ! pardonnez-moi ! je me trouve très heureux ce soir !...

— C'est différent ! si vous vous trouvez heureux de perdre !... chacun a son idée.

— C'est que M. Marilly est fort beau joueur, dit l'époux de Mathilde : Oh ! quant à cela, je n'en connais pas beaucoup qui supportent la mauvaise chance avec autant de calme ! Moi, quand je perds un peu longtemps... je ne suis pas de mauvaise humeur, et pourtant ça m'impatiente.

— Non, il n'est pas de mauvaise humeur ! murmure l'homme de lettres qui regardait alors jouer à la bouillotte ; mais il devient pourpre, son nez enfle et les yeux lui sortent de la tête.

— Vous ne jouez pas, vous, monsieur ? demanda madame Carcassonne à M. Malentrain.

— Moi ! madame, oh ! jamais ! je déteste les cartes ! je ne comprends pas comment il y a des personnes qui passent leur soirée à une table de jeu ! Est-ce qu'il y a là-dedans quelque chose pour l'esprit ?

Le jeune homme déguisé en Turc, et qui est à la bouillotte, dit alors assez haut pour être entendu de l'homme de lettres :

— Et moi, je ne comprends pas ces gens qui, dans un salon, se font tout haut les censeurs des autres. Que l'on n'aime pas les cartes, c'est très bien, rien ne vous oblige à les aimer ; mais que, placé près d'une table de jeu, on fasse une sortie contre ceux qui jouent qu'on cherche à leur faire entendre qu'ils sont des imbéciles, parce qu'ils trouvent du plaisir à tenir des cartes, c'est montrer à la fois qu'on ne sait pas vivre, et qu'on n'est soi-même qu'un sot. Si ce monsieur n'est pas maître d'école, il a manqué sa vocation, il devrait porter une férule en sautoir.

Tout le monde rit de ce que vient de dire le jeune turc, excepté M. Malentrain, qui sort de la pièce où l'on joue, en murmurant :

— Il fait une chaleur étouffante ici : on a besoin de prendre

— Moi, dit madame Carcassonne, j'aimerais beaucoup à jouer, mais mon mari ne le veut pas... Il est vrai que je suis très malheureuse; en deux fois j'ai perdu cinq cents francs; pour une femme, c'est beaucoup!

— C'est cinq francs qu'elle veut dire! murmure une dame qui avait entendu la femme du grand chasseur.

Adhémar continuait d'avoir une mauvaise chance; il aurait volontiers quitté la partie; mais il craignait que l'on ne devinât qu'il n'avait pas le moyen de perdre, et la vanité, l'amour-propre le clouait à cette place, que la raison et la sagesse auraient dû lui faire abandonner depuis longtemps : *O vanitas, vanitatum!*... C'est toujours le mobile de toutes les actions de ceux qui vont dans le monde.

Heureusement l'annonce du souper fait cesser toutes les parties.

— Allons, messieurs, la main aux dames! dit Mathilde en entrant dans la pièce où l'on jouait.

— Oh! bien volontiers! s'écrie Adhémar en se levant; monsieur Bourdichon, je vous dois soixante-cinq napoléons...

— C'est bien! c'est bien! mon cher ami, j'en ai d'autres à votre service, si vous voulez votre revanche.

— Non, j'en ai assez pour ce soir.

Tout en engageant les hommes à aller servir de cavaliers aux dames pour les conduire dans la salle où l'on soupait, madame Bourdichon avait trouvé moyen de n'accepter le bras de personne. A ceux qui s'offraient pour la conduire, elle désignait bien vite une dame, en leur disant :

— Oh! tenez... allez donc donner la main à cette dame... là-bas... oh! vous serez bien aimable!

Et par cette manœuvre toute naturelle, Mathilde se trouva libre encore lorsque Adhémar vint à elle, et à celui-ci elle ne dit pas d'aller conduire une autre dame, mais elle lui présenta cette main qu'il demandait, avec un de ces regards où les femmes mettent toute leur âme, de ces regards qui rendent presque fous ceux qui n'ont pas l'habitude de ces douces faveurs, et qui font encore tant de plaisir à ceux qui y sont accoutumés.

Le souper était magnifique. Deux pièces fort grandes, que pour le bal on avait pu réunir, formaient une salle immense. Toutes les dames et la moitié des hommes étaient assis à table. Ceux qui ne jouissaient pas de cette faveur se consolaient en pensant que leur tour viendrait. M. Malentrain était du nombre de ces derniers; mais comme il était très vexé qu'on ne l'eût pas placé un des premiers avec les dames, il critiquait l'ordonnance du souper, la manière dont les plats étaient placés, la profusion, surtout, de candelabres et de fleurs qui couvraient la table, et terminait toujours ses discours en murmurant :

— Ah çà! mais... est-ce qu'ils n'auront pas bientôt fini, ils ne nous laisseront que les os de volaille et la croûte des pâtés... ce sera gracieux!

Adhémar ne savait pas s'il soupait ni ce qu'il mangeait; il ne savait qu'une chose, c'est qu'il était à côté de Mathilde, qu'il pouvait frôler doucement son genou contre le sien, quelquefois prendre sa main, la presser tendrement, puis lui dire tout bas :

— Quand vous reverrai-je?... quand donc pourrai-je vous parler sans témoin, vous dire combien je vous aime?... Oh! je vous en prie, accordez-moi un rendez-vous... Chez vous on n'est jamais sûr de vous trouver seule... Demain... demain... sortirez-vous? oh! dites-moi donc que vous sortirez.

Mathilde était vivement émue, elle répondait parfois :

— Non... c'est impossible! Mais sa voix était tremblante, et on voyait qu'elle avait bien de la peine à résister aux prières de son voisin.

— Le souper va finir, je ne pourrais pas toujours être près de vous, dit bientôt Adhémar; si vous ne m'accordez pas un rendez-vous maintenant, c'est que vous n'avez aucune pitié de mes tourments... c'est que vous n'avez voulu que vous jouer de moi, en me laissant croire que vous aviez pour moi... un peu d'amitié... Alors je vais partir bien vite, et je ne reviendrai jamais... parce que je veux surmonter un amour qui ferait mon malheur.

« Que vous êtes cruel! » balbutie Mathilde en posant sa main sur celle du jeune homme.

— Eh bien!... demain... à deux heures... je me promènerai aux Tuileries, sur la terrasse du bord de l'eau.

Adhémar n'en demande pas davantage, il est ivre de joie.

On se lève de table; Mathilde lui dit tout bas de ne pas rester près d'elle, il obéit sans murmure; maintenant qu'il est certain de son bonheur, il se soumet à tout ce qu'elle exige. On retourne à la danse; il invite mademoiselle Idalie, il fait danser Sapho. Dans sa joie, il ferait danser M. Carcassonne avec ses deux lapins. Enfin, pendant le reste de la nuit, il se livre à la joie la plus folle, et chacun admire sa gaieté, dont Mathilde seule connaît le véritable motif.

Puis lorsque est venue l'heure de partir, madame Sublimé s'aperçoit seulement que son mari n'est pas resté au bal; Dardanus s'en était allé par désespoir d'avoir retourné sa perruque. La famille Sublimé réclame encore de la complaisance d'Adhémar de vouloir bien la reconduire, et le jeune homme qui, ce soir-là, n'a rien à refuser à personne, parce que Mathilde lui a accordé un rendez-vous, se fait encore le cavalier de Sapho et de ses enfants. Il emporte dans ses bras Polichinelle qui s'était endormi dans un coin, et le jette dans une voiture où il fait monter madame Sublimé et sa fille, puis il y monte aussi; mais au moment où il va dire l'adresse au commissionnaire qui a baissé le marche-pied de la portière, la réverbération d'une lanterne frappe le visage de cet homme, et Adhémar demeure tout saisi en croyant reconnaître la figure du chiffonnier qu'il a rencontré le soir même sur les bords du canal.

— Eh bien! dit mademoiselle Idalie en riant, je crois que monsieur Adhémar ne se souvient plus de notre adresse.

— Ah! pardon! pardon! répond Adhémar en avançant la tête hors de la portière; et tout en criant l'adresse au cocher, ses yeux cherchaient le commissionnaire auquel il voulait donner quelque monnaie; mais déjà ce monsieur avait disparu.

CHAPITRE VI

DEUX DAMES QUI ONT FROID.

Adhémar, quoique très fatigué, a fort mal dormi, on goûte difficilement le repos lorsqu'une passion nouvelle nous agite, quand une foule de souvenirs, d'espérances se pressent dans notre tête; alors on trouve les heures trop longues, on voudrait pouvoir hâter la marche du temps; le bon moyen de hâter sa marche serait pourtant de dormir, et c'est justement ce que l'on ne fait pas.

Au milieu des pensées d'amour, de plaisir qui berçaient le jeune homme, il y avait parfois des réflexions moins gaies qui venaient se jeter au milieu du tableau comme pour lui faire des ombres.

« J'ai perdu sept napoléons que j'avais sur moi, se dit Adhémar, et j'en dois soixante-cinq à Bourdichon... près de quinze cents francs de perdus au jeu... Dans ma position, cela n'a pas le sens commun... Je m'étais promis de ne plus jouer. Mais hier pouvais-je faire autrement... non, c'était impossible. Je n'ai plus un sou chez moi... Demain, il me faut de l'argent... on ne va pas à un rendez-vous le gousset vide... J'irai demain matin chez mon agent de change. Je vendrai cent francs de rente, je paierai Bourdichon, et il me restera plus de six cents francs... Ah! diable, c'est l'époque de mon terme... et puis je crois que j'ai promis de l'argent à mon tailleur... Oh! c'est égal, il me restera de quoi faire figure pendant quelque temps... ensuite j'économiserai. Aimé de Mathilde, je serai heureux! j'oublierai que j'aurais pu l'être davantage!... oui, j'oublierai entièrement le passé!... Quelle charmante femme!... Dire que je l'adorais, sans m'en douter... Il a fallu une occasion pour faire éclater ma flamme... C'est toujours comme cela dans la vie... les occasions amènent tout... C'est sans doute cela que l'on appelle aussi le hasard!... Je la verrai demain... à deux heures, aux Tuileries... pourvu qu'elle ne manque pas... Oh! non... cette femme-là n'est pas une coquette... elle n'a pas voulu se jouer de moi... elle viendra... Quelle heure est-il?... six heures du matin... et pas encore jour... Si je pouvais dormir... »

Le jeune homme ferme les yeux et tâche de goûter un peu de sommeil; mais bientôt d'autres souvenirs viennent l'agiter et font travailler son imagination. Il revoit ce chiffonnier, ce commissionnaire dont les traits l'ont si vivement frappé; et, tout en se tournant et se retournant sur son lit pour chercher le repos, il se dit :

« Toujours cet homme... que me veut-il donc?... Dans tous les pays que j'ai parcourus, en revenant d'Italie, je l'ai trouvé sur mon passage... N'importe sous quel costume, il m'apparaît; je reconnais ce teint basané, ces traits fortement prononcés, et ces yeux noirs et perçants!... Que lui ai-je donc fait à cet homme pour qu'il me poursuive ainsi partout ? Déjà plusieurs fois j'ai essayé de le rejoindre, de le questionner... mais on dirait qu'il lit dans ma pensée ; il disparaît au moment où je voudrais l'atteindre. Moi, qui ne suis pas romanesque, je suis forcé de convenir qu'il y en a beaucoup dans ce qui m'arrive depuis quelque temps. Quelquefois j'ai eu l'idée que ce personnage mystérieux n'agissait que sous les ordres d'une autre personne... Mais non... pour me faire suivre ainsi, pour faire épier mes démarches... ma conduite... il faudrait qu'elle s'occupât encore de moi... et alors c'est que je ne lui serais pas entièrement indifférent. Non... elle me l'a trop bien dit : désormais, je ne suis plus rien pour elle. Allons, chassons ces souvenirs... dormons et rêvons à Mathilde...

A force de fermer les yeux et de chercher le sommeil, Adhémar était parvenu à s'assoupir un peu sur les neuf heures du matin, lorsque des coups frappés avec force à la porte lui font ouvrir les yeux ; il se lève, passe une robe de chambre et court ouvrir. Une jeune femme fort bien mise, mais qui semble vouloir cacher sa figure avec un mouchoir, quoiqu'elle ait déjà sur la tête un chapeau et un voile, entre précipitamment chez Adhémar, court sans s'arrêter jusque dans la chambre à coucher, et là seulement se laisse aller sur une chaise, et, jetant de côté son chapeau, son voile et son châle, permet au jeune homme de voir son visage. Adhémar reste tout saisi en voyant la personne avec laquelle il s'est promené la veille sur les bords du canal.

— Emmeline !...

— Oui... c'est moi... tu ne m'attendais pas ! hein...

— Non... sans doute... tu ne devais venir que demain il me semble...

— Oh ! oui... me voilà... me voilà pour toujours... Tiens, regarde comme il m'a arrangée ce vilain monstre !... Il m'a battue... griffée... abîmée... égratignée... C'est pour cela que je cachais ma figure... car je dois être hideuse à voir... O mon Dieu, mon Dieu ! que je suis malheureuse !...

En disant ces mots, mademoiselle Emmeline se met à pleurer, et Adhemar, s'approchant d'elle, examine son visage et y voit en effet plusieurs marques de meurtrissure, de coups d'ongles, et enfin les traces évidentes d'une conversation avec accompagnements de gestes.

— Pauvre Emmeline !... quoi ! il serait possible !... on s'est porté sur vous à de tels excès...

— Il me semble que c'est assez visible...

— Et qui donc cela ?

— Parbleu, ce monstre... cette horreur de Réginald ! et quel autre que lui se serait permis de me frapper...

— C'est affreux... mais comment donc cela est-il venu ?... A propos de quoi cette scène ?

— Je vais te conter tout cela... Donne-moi un peu d'eau et du sucre... avec de la fleur d'orange si tu en as...

— Oui, oui... pauvre Emmeline... Je suis tout saisi de vous voir comme cela ! Tiens, bois.

La jeune femme avale le verre d'eau sucrée d'un seul trait, puis commence son récit, qu'elle entremêle de sanglots et de gémissements. :

— Hier au soir... tu sais que je suis restée longtemps à me promener avec toi... trop longtemps, car Réginald avait eu la méchanceté de ne pas s'endormir. Quand je suis rentrée, il m'a dit d'un ton brusque : « D'où venez-vous ? » Moi je lui réponds : « De chez ma mercière... chercher du fil d'Écosse ! — Ah ! et on est deux heures dehors pour aller ici à côté !... Je ne donne pas là-dedans ! » Je lui réponds : « Quand on est jaloux d'une femme, on ne la quitte pas presque tous les jours comme vous le faites, on lui tient compagnie et on tâche de lui procurer de l'agrément. » C'est bon, il ne répond plus rien, il se tourne et s'endort ; moi je lis assez tard ; enfin je me couche sans qu'il s'éveille et je m'endors aussi. Mais ce matin, ne voilà-t-il pas que monsieur, qui ordinairement se lève fort tard, s'avise de s'éveiller et de se lever sans faire de bruit, puis se met à fouiller dans ma toilette. Je présume qu'il avait commencé à y fouiller hier au soir, et que mon retour l'avait empêché de continuer... Par malheur, j'avais gardé ta dernière lettre...

— Ah ! c'est cela !... je vous ai pourtant dit cent fois : Ne gardez jamais de lettres !... on peut les trouver, cela vous causerait des désagréments.

— Oui, mon Dieu, je sais bien que vous m'avez dit cela ; aussi je les brûle toujours... Mais celle-là était si gentille... je voulais la relire ; au reste, ce n'est pas vous que ça compromet... Elle n'était pas signée.

— J'aimerais beaucoup mieux qu'elle le fût et que vous n'eussiez pas été battue.

— Enfin il trouve ta lettre, et la lit ; il devient rouge comme un coq, et il s'approche du lit en bondissant comme un chat furieux. Moi, tu penses bien que je n'étais pas rassurée, je me doutais de ce qu'il avait lu et je cherchais dans ma tête si je pourrais lui faire une histoire. Il me met la lettre sous le nez en me disant : « Qu'est-ce que ça ?... » Je me suis rappelée que ta lettre n'était pas datée, et, comme elle n'était pas venue par la poste, j'ai sur-le-champ trouvé un subterfuge, et j'ai répondu avec assez de sang-froid : « Ça... cette vieille lettre !... mon Dieu, il y a bien longtemps qu'elle est là. » Il m'a dit que je mentais, et m'a demandé enfin de qui était cette lettre. Je lui ai dit que je l'avais reçue avant de le connaître, et que je ne me souvenais plus par qui elle m'avait été envoyée. Il s'est emporté, m'a appelée menteuse, en m'ordonnant de lui dire de qui était cette lettre : j'ai refusé. Alors !... il a eu l'infamie de me frapper !... J'ai crié... je lui ai jeté à la tête tout ce que j'ai trouvé sous ma main ; il est revenu sur moi encore plus en colère... Il m'a déchiré le visage avec ses ongles, en me disant qu'il saurait bien m'empêcher de faire des conquêtes... Enfin, si Madeleine n'était pas arrivée, je crois qu'il m'aurait défigurée !...

— Pauvre petite femme !... comment un homme peut-il s'oublier à ce point... frapper une faible créature... comme si c'était un moyen de se faire aimer !...

— Je suis bien vilaine, n'est-ce pas ?... j'ai le nez écorché, et puis un coup sous l'œil, c'est tout bleu !

— Oh ! ce n'est rien... vous n'en êtes pas moins jolie, et, à mes yeux, vous n'en êtes que plus intéressante ; je suis si désolé d'être la cause de tout cela...

— Oh ! mon Dieu, c'est ma faute... j'aurais dû brûler la lettre... Au reste, depuis longtemps Réginald ne cherchait qu'un prétexte pour me traiter ainsi. S'il voulait me quitter, je comprendrais fort bien cela ; mais croyez-vous, mon ami, qu'après m'avoir arrangée ainsi, quand je lui eus dit que j'allais m'en aller de chez lui, il s'est écrié : « Avise-toi de t'en aller !... je te le défends, et si tu as ce malheur-là je saurai bien te retrouver, et je te tuerai, toi et celui avec qui je te verrai. » Voilà ce qu'il a osé me dire. Mais vous pensez bien que dès qu'il a été sorti, cela ne m'a pas empêchée de m'en aller bien vite. Demeurer encore avec cet homme-là ! oh ! j'aimerais mieux mourir !... Je suis venue ici... car je n'avais que vous pour appui. Je me suis dit : Il ne me repoussera pas... il ne me maltraitera jamais, lui... il est bon... il m'aime... il me gardera avec lui, toujours ! toujours !... et je serai bien plus heureuse qu'avec ce méchant Réginald que je ne puis plus souffrir depuis que c'est vous qui avez tout mon amour.

Adhémar reste quelques instants sans répondre : ce qui lui arrive en ce moment ne lui cause pas un grand plaisir. A l'instant où Emmeline a frappé chez lui, il était si loin de penser à elle ; on pourrait même croire que le souvenir de cette jeune femme était alors entièrement banni de son cœur ; depuis la veille, une autre était venue occuper la place qu'elle y tenait, ou du moins avait-elle dû se ranger beaucoup et n'en plus garder qu'une petite, pour laisser la tendre Mathilde y régner à son aise.

Tout en écoutant Emmeline, le jeune homme s'était donc plus d'une fois rappelé qu'il avait, dans la journée, un rendez-vous aux Tuileries, auquel il eût été désespéré de manquer ; mais le nouveau sentiment qui captivait le cœur d'Adhémar ne pouvait pas non plus le rendre insensible aux chagrins de son autre maîtresse, chagrin dont il pouvait d'ailleurs se regarder en partie comme l'auteur. Cependant, la proposition de venir pour toujours demeurer avec lui ne souriait nullement au jeune homme, qui, en toute autre circonstance, l'eût refusée parce qu'il en comprenait tous les inconvénients ; mais, en ce moment, Emmeline venait d'être battue... positivement battue à cause de lui, et il n'était pas possible de lui refuser l'hospitalité.

Au milieu de toutes ces réflexions qui se croisent dans sa tête, Adhémar ne trouve rien de mieux à faire que de préparer un second verre d'eau sucrée, qu'il présente à Emmeline ; mais celle-ci repousse le verre en lui disant :

— Merci, mon ami... je n'ai plus soif... Je vous ai éveillé en sursaut... vous dormiez bien, vous !... Mais que vois-je sur cette chaise.. un costume de marin... Vous avez donc été au bal masqué, cette nuit ?

— Oui... oui... je suis allé à un bal travesti chez un de mes amis.

— Et hier au soir vous ne m'en avez pas parlé. Vous m'avez assuré que vous alliez rentrer et vous coucher de bonne heure.

— C'était bien mon intention ; mais j'ai rencontré le monsieur qui donnait le bal, et il m'a tant prié de ne point manquer au sien...

— Et ce lièvre... qui vous a donné cela ?

— C'est ce même monsieur : il revenait de la chasse, il m'a donné ce lièvre.

— Quelle histoire me faites-vous-là?... Ce monsieur qui revenait ; la chasse... et qui donnait un bal le soir... Vous me dites des ensonges!...

— Voilà bien les femmes! quand on leur dit la vérité, elles ne :ulent jamais la croire; quand on leur ment, elles se laissent bien lus facilement persuader. Je vous répète que je suis allé au bal iez Bourdichon, qui .evenait de la chasse... Hier, en vous quittant, je ne pensais pas du tout à aller à ce bal... Il n'y a pas de iensonge dans tout cela.

— Ah! c'est que je suis déjà si malheureuse! et si vous me trompiez, vous! ah! je sais bien ce que je ferais...

— Voyons, Emmeline, calmez-vous... remettez-vous..

— C'est ce lièvre qui me chiffonne...

— Est-ce que vous êtes jalouse d'un lièvre, à présent?

— Oh! non; mais... pardon, mon ami, j'ai tort... Mais vous res-z-là sans être habillé... il fait très froid... recouchez-vous, mon ai, vous serez mieux... on gèle chez vous

Adhémar est fort embarrassé; il a des projets pour la journée, et ui ne s'accordent pas avec ce qu'on lui propose. Feignant de ne pas voir entendu ce que la jeune femme vient de lui dire, il s'approche elle et examine d'un air attendri toutes les meurtrissures de son isage, en murmurant :

— Pauvre petite!... égratigner... frapper une femme si mi-ionne... si gentille... Cela te fait-il encore mal là?...

— Non.

— Et là?

— Un peu... Mon nez est enflé, hein?

— Non... du moins, cela ne paraît pas...

— Oh! mais, de mon côté, je lui ai fait porter de mes marques... lui ai jeté une tasse et une soucoupe à la tête... il a cru être orgne! Je suis bien fâchée qu'il ne le soit pas... Mais vous avez oid, mon ami... vous tremblez...

— Moi, je vous assure que non... Est-ce qu'il vous a frappée là, us l'œil... c'est bleu?

— Certainement... je suis bien vilaine, n'est-ce pas?

— Vous ne pouvez pas l'être.

— Si, je suis à faire peur, j'en suis sûre... et je vois bien que je ous fais cet effet-là.

— A moi!... par exemple!... et pourquoi me dites-vous cela?

— Ah!... parce que...

— Achevez donc...

Emmeline ne répond pas; mais elle porte de nouveau son mouchoir sur ses yeux, et Adhémar l'entoure déjà de ses bras pour la onsoler, lorsqu'on frappe plusieurs coups à la porte.

Le jeune homme éprouve plus de surprise que d'humeur de cette ouvelle visite; mais Emmeline devint pâle et tremblante, et elle est rête à se trouver mal en balbutiant :

— Ah! mon Dieu! c'est lui... Ah! je suis sûre que c'est lui!

— Quoi donc, ma chère amie? et qui lui?...

— Réginald... Il m'aura suivie... guettée! Oh! mon ami, je suis erdue!... il me tuera... il te tuera aussi!

— N'aie donc pas peur... est-ce qu'on tue les gens comme cela... 'abord, je te prie de croire que je le jetterais par la fenêtre avant u'il ait porté la main sur toi... D'ailleurs, de quel droit?... ce n'est as ton mari, après tout...

— Oh! c'est égal... n'ouvre pas, je t'en prie.

— Si, je veux ouvrir, car je ne crois pas que ce soit M. Réinald...

— Alors, cache-moi... oh! cache-moi!...

Emmeline, épouvantée et persuadée que c'est son jaloux qui appe à la porte, court comme une folle à travers la chambre; elle uvre les armoires, les tiroirs, les meubles, essaie de s'y fourrer, et e pouvant y parvenir, se répand en plaintes, en lamentations. Pendant ce temps on continue de frapper; on y joint la sonnette, qui t tirée avec violence. Emmeline sent à chaque minute s'augmenter son effroi, et, n'apercevant point d'autre cachette, elle se précipite dans le lit d'Adhémar, se fourre à la hâte sous les couvertures, us les oreillers, lui crie de jeter sur elle tous ses vêtements de bal même les coussins de sa causeuse, puis elle se pelotonne sous ut cela de manière à ce qu'il serait difficile de deviner que le lit t habité.

— Mais vous allez étouffer! lui dit Adhémar, qui ne l'aperçoit lus dans son lit.

— Non, non... j'ai de l'air par les pieds... je suis au fond... Cachez bien mon chapeau, mon châle.

— Soyez tranquille.

Le chapeau et le châle étant mis à l'abri des regards indiscrets, Adhémar va ouvrir la porte, et il voit entrer chez lui sa voisine d'au-dessous, mademoiselle Azéma, dans un petit négligé du matin tout à fait leste et provoquant.

— Bonjour, mon petit voisin! dit la jeune actrice en entrant dans l'appartement et pénétrant sur-le-champ dans la chambre à coucher, tandis qu'Adhémar referme la porte du carré et boutonne sa robe de chambre du haut en bas pour s'assurer contre les coups de vent.

— Je ne serais pas montée si matin, parce que, sachant que vous avez été cette nuit au bal, je vous aurais cru encore endormi; mais notre voisin, M. Trouillade, m'a affirmé qu'il vous avait déjà entendu ouvrir votre porte ce matin; alors je me suis risquée.

Tout en disant cela, mademoiselle Azéma jetait ses regards curieux dans l'appartement.

— Asseyez-vous donc, ma voisine, dit Adhémar en s'empressant de présenter un fauteuil à la jeune actrice, qui semblait avoir l'intention de s'asseoir sur le lit.

— Merci, mon voisin, vous n'avez pas encore de feu... il ne fait pas très chaud chez vous...

— C'est que... je viens seulement de me lever... mais je vais en faire.

— Est-ce que ce n'est pas la portière qui monte vous en allumer tous les matins?

Oui, c'est-à-dire... quand je l'appelle.

— Moi, je me sers de la respectable madame Coquenard depuis que je suis sans bonne... c'est elle qui est mon groom, ma femme de chambre, mon nègre... mais je reprendrai une caméristo... au théâtre, je ne peux pas m'en passer... on a toujours des paquets à porter. Mais ce n'est pas tout ça! je suis venue pour quelque chose, comme vous pensez bien. Je n'ai pas comme vous une aiguille à faire enfiler; il s'agit de mieux que ça : j'ai été extrêmement sensible aux deux perdreaux que vous m'avez donnés hier!...

— Ah! ma voisine! est-ce que vous allez encore me parler de cela?...

— C'est pour en venir à une autre chose; un perdreau mène loin quelquefois... Vous êtes pourtant cause que j'ai eu une scène terrible avec Bardajos!

— Ah! à propos, comment cela s'est-il terminé?... Ce monsieur semblait, en effet, contrarié d'avoir été surpris dans une certaine cachette...

— Oui, il les choisit bien ses cachettes... Du reste, quand j'ai vu qu'il voulait se fâcher, j'ai crié plus fort que lui... alors il a pensé qu'il avait tort; c'est un vieux moyen, mais qui réussit toujours. Bref, Bardajos s'est mis à mes genoux, où il a imploré son pardon... et il m'a promis une fort jolie parure en émeraude, à condition que je ne causerais plus avec vous... Il est très jaloux de vous... mon Andaloux.

— Et vous avez promis de ne plus causer avec moi?

— Tiens! je crois bien!... pour une parure en émeraude, je promets tout ce qu'on veut; mais quand il s'agit de tenir, c'est une autre affaire... Mon voisin, je viens vous offrir de déjeuner avec vous... de manger les perdreaux ensemble... pas chez moi... je ne serais pas tranquille, mais ici... à condition que vous ferez du feu, par exemple, car il fait horriblement froid chez vous. Eh bien, voyons, cela vous va-t-il?

— Ma voisine, certainement votre proposition est très aimable... mais... ce matin, j'ai un rendez-vous... et...

— Est-ce qu'on a des rendez-vous de si bonne heure!... Vous irez après déjeuner. La respectable Coquenard nous fera rôtir les deux bêtes; avec un peu de poisson, un peu de salade, un peu de biscuits et du champagne, nous déjeunerons sans cérémonie... hein... acceptez-vous?

— Je ne le puis pas, ma voisine.

Mademoiselle Azéma se lève d'un air piqué et fait quelques pas dans la chambre en murmurant :

— C'est étonnant comme vous êtes gentil!... Il paraît que vous vous êtes trop amusé cette nuit... Ah! fichtre, qu'il fait froid chez vous!... Allons, je m'en vais, je vous laisse... Et moi qui avais la bêtise de croire que ma proposition vous serait agréable!... Ça m'apprendra à être moins présomptueuse une autre fois... Je suis très vexée... Je vais faire jeter vos perdreaux par la fenêtre... Vous riez... ah! monsieur se moque de moi!... je le mérite bien, au fait.

— Ah! ma voisine... j'espère que vous ne me croyez pas capable de me moquer de vous... votre offre est bien aimable, et sans une circonstance impérieuse...

— Oh! oui, une circonstance impérieuse! nous savons ce que

c'est!... Oh! c'est que vous ne me connaissez pas, moi! j'ai une drôle de tête! il suffit que Bardajos me défende de vous parler pour que j'en aie une envie démesurée!... pour que je me sois promis de...

La sonnette, violemment agitée, interrompt Azéma au milieu de sa phrase. Adhémar semble assez surpris de cette nouvelle visite, et sa jeune voisine change de couleur et perd tout son enjouement, elle regarde le jeune homme d'un air effaré en balbutiant :

— C'est chez vous qu'on sonne?...

— Oui, oui, c'est chez moi.

— Ah! mon Dieu! quelle idée...

— Quoi donc?... qu'avez-vous?

— J'ai! j'ai... cet imbécille de Bardajos est bien capable de m'avoir suivie... épiée... il aura été chez moi... j'ai fait la bêtise de laisser ma clef sur ma porte... il se sera douté que je ne n'étais pas loin... il vient me relancer ici...

— Ma foi! tant pis! je me moque de ce monsieur.

— Oh! mais moi je tiens à la parure d'émeraude qu'il m'a promise... s'il me trouve ici je ne l'aurai pas...

— Que voulez-vous faire?...

— N'ouvrez pas.

— Impossible, on aura dit que j'y étais...

— Au fait, si c'est lui, il attendrait sur le carré... Dreling, dreling!... sonne, sonne, animal... je vais me cacher...

— Je n'ai pas de cachette...

— Oh! si... tiens, dans votre lit... il y a une masse d'effets dessus... on ne m'y verra pas...

— Non, non, ma voisine, pas dans mon lit... je vous en prie...

Mais mademoiselle Azéma n'écoute pas Adhémar; elle est déjà au lit, elle parvient, non sans peine à trouver la couverture, elle se glisse dessous en murmurant

— On est bien mieux là que sur une chaise!

Et bientôt sa tête comme sa personne disparaît entièrement sous les couvertures.

Adhémar reste un moment comme pétrifié; bientôt Azéma pousse un cri et ressort sa tête hors du lit en disant :

— Ah! il y en a déjà une dedans!... le monstre! je ne m'étonne plus s'il ne voulait pas me donner à déjeuner... c'est égal... nous ne bougerons pas... car il me paraît que la personne qui est là a aussi peur que moi d'être trouvée ici. Allez, ouvrez... c'est fait.

Et la jeune actrice a de nouveau disparu dans le lit. Alors Adhémar se dirige vers la porte et va ouvrir en se disant :

« Ma foi! au petit bonheur! »

CHARITRE VII.

REMÈDE CONTRE LES MAUX DE NERFS. — ADHÉMAR N'EST PLUS RENTIER.

C'était monsieur Trouillade, le chanteur à roulades, demeurant sur le même carré qu'Adhémar, qui sonnait à la porte de son voisin, accompagnant le bruit de la sonnette de grands éclats de voix avec points d'orgue plus ou moins prolongés, et s'interrompant pour menacer son fils que l'on entendait déjà crier et pleurer depuis qu'il faisait jour.

En toute autre circonstance, Adhémar aurait sur-le-champ congédié l'importun voisin, mais, en ce moment, espérant que son arrivée le tirera de la position embarrassante où il se trouve, le jeune homme le reçoit presque avec plaisir.

Monsieur Trouillade était en fort petite tenue, il avait un pantalon à pied en flanelle qui avait été blanche, mais qui était devenue jaune à force d'être lavée. Une veste de molleton de même étoffe, mais la veste et le pantalon ayant chacun de leur côté raccourci au blanchissage, il leur était devenu impossible de se rejoindre, surtout sur le grand corps de leur propriétaire; il existait donc entre le pantalon et la veste une lacune qui était comblée par la chemise que monsieur Trouillade faisait bouffer autour de son corps, en la tirant hors de sa culotte, quelquefois même d'une manière imprudente. Mais l'artiste trouvait que cela donnait à son négligé quelque chose d'Espagnol, et depuis que l'on avait fait sa statuette dans le rôle de Figaro, il se persuadait devoir toujours conserver l'aspect de ce personnage.

— Bonjour, mon cher voisin, dit M. Trouillade, en entrant chez Adhémar. J'espère que je ne vous dérange pas... Attends, Lycoris... attends, drôle... je vais aller à toi tout à l'heure... Ah! tu n'es pas content de ton déjeuner... tròm dè Dious!... je souhaite que tu en aies toujours de pareils... une aile de volaille à la Marengo et une poignée d'olives!... je crois que c'est bien suffisant pour un enfant menu!...

— Il me semble que votre fils crie dès qu'il a les yeux ouverts, dit Adhémar en retournant dans sa chambre à coucher, suivi de son voisin.

— Oh! c'est une habitude que je lui ai fait contracter depuis qu'il est revenu de nourrice; toujours dans l'intérêt de sa voix, de ses poumons. Le petit drôle ne sera pas poitrinaire, je vous en réponds... je veux qu'il chante *Robert-le-Diable* à douze ans, comme feu Lays chantait *Anacréon chez Polycrate*... j'ai l'air d'un père barbare, mais je lui ménage un avenir un peu doré, à cet enfant-là... Tiens, vous avez encore votre lièvre...

Les yeux de monsieur Trouillade venaient de se porter sur la fenêtre. La veille, Adhémar avait accroché le lièvre à l'espagnolette, et depuis, il n'avait pas songé à le placer en dehors de la croisée.

— Est ce que vous pensiez que je l'avais mangé cette nuit, dit Adhémar en souriant, et portant ses regards sur son lit où tout est dans la plus parfaite immobilité.

— Non, non... mais si vous le gardiez trop longtemps... il fait chaud chez vous!

— Vous trouvez? vous êtes le premier qui disiez cela. Mais, au fait, voisin, qu'avez-vous à me demander, à me dire?

— Quelque chose de très important pour moi... je voulais vous appeler hier au soir... mais vous étiez pressé... ce matin, ma femme m'a dit : — Va bien vite chez notre aimable voisin, monsieur Marilly, il aime les arts, les artistes... et puis, il est riche... il ne regarde pas à l'argent, lui! ce n'est pas un tire-liard comme tant de gens du grand monde!..

— Enfin, mon voisin, supprimons les compliments, je vous en prie.

— Oh Dious! les compliments! jamais, avec moi, je les exècre... la vérité! toujours la pure vérité. M'y voici : je vous dirai donc que, cédant aux vives sollicitations de plusieurs directeurs, agents dramatiques et régisseurs de la province et de l'étranger qui désirent m'entendre à tout prix; j'ai consenti à donner une représentation à mon bénéfice... j'avais pensé d'abord à louer la salle Chantereine ou celle de la rue de Lancry, mais tout cela aurait été trop petit...

— Vous avez demandé l'Odéon?

— Non, j'ai retenu la salle de Ruel... Vous savez... le petit village de Ruel près de Malmaison; il y a là une salle délicieuse... et que l'autorité s'est empressée de mettre à ma disposition. Il me reste une loge de face. Hier, plus de cinquante personnes sont venues se jeter à mes pieds pour obtenir encore des loges! mais je les ai refusées, car je vous gardais celle-là; ma femme m'avait dit : Mets cette loge de côté pour notre cher voisin monsieur Marilly... Il sera flatté de l'entendre... Et on m'en aurait offert mille francs que je ne l'aurais pas donnée... la voici... c'est pour après-demain... et je pense que...

Avant qu'Adhémar ait eu le temps de répondre à son voisin, un grand mouvement s'opère sur le lit du côté de la tête; la couverture, un oreiller, un traversin sont jetés de côté, et Azéma sort de dessous tout cela en s'écriant :

— Je'spère qu'en voilà de la blague!... Ah! ah! monsieur Trouillade n'est pas Gascon pour rien!

Le chanteur à roulades est demeuré tout saisi à cette apparition inattendue; il ouvre cependant la bouche pour répondre à la jeune actrice, lorsqu'un autre mouvement s'opère dans le lit : cette fois, c'est du côté des pieds que l'on rejette tout en l'air : couvertures, habillements, coussins, et la pauvre Emmeline, à demi suffoquée, met sa tête à l'air en murmurant :

— Ah! il n'y a pas moyen de résister plus longtemps... je me sens mourir!...

— Deux femmes!... deux dans votre lit, voisin! s'écrie Trouillade en apercevant Emmeline. Diable! je vous en fais mon compliment... vous êtes un petit Sardanapale! il est vrai que moi une certaine fois, j'en avais quatre... sans compter les chats!

— Eh! monsieur Trouillade, il ne s'agit pas de vous... Cette jeune femme a perdu connaissance !... s'écrie Adhémar en courant à Emmeline, aidez-moi à la secourir...

— Calmez-vous, dit Azéma qui a sauté hors du lit et soutient déjà la tête d'Emmeline, qu'elle dégage de son fichu et dont elle cherche à dégraffer la robe. Ce ne sera rien, l'excès de la chaleur... Dame! elle mettait de l'entêtement à rester là-dedans... Moi, quand j'ai été certaine que ce n'était que mon camarade Trouillade, je me suis donné de l'air...

— Mais elle ne revient pas à elle... Emmeline!... chère Emmeline... voyez donc, ses membres se raidissent... ses veines se gonflent...

— En effet... je crains que ce ne soit une attaque de nerfs...

Oui! oui! c'est une attaque de nerfs! s'écrie Trouillade, je m'y connais!... ma femme en a souvent... c'est depuis qu'au théâtre, on lui a tant jeté de bouquets, de couronnes... il n'y a rien de mauvais comme cela pour les nerfs... aussi, moi, j'ai défendu qu'on me jette rien... je suis très nerveux aussi... je serais capable d'avoir des syncopes!

Azéma et Adhémar ne s'amusaient pas à écouter ce que disait Trouillade; la première avait trouvé des ciseaux sur la cheminée, et elle déshabillait Emmeline en coupant cordons, lacets et tout ce qui retenait la robe et le corset; Adhémar courait de tous côtés dans sa chambre; il cherchait de l'eau, du sucre, du vinaigre, tandis que la jeune actrice lui criait:

— De l'éther... des sels... ou au moins de l'eau de fleur d'oranger, cela vaudrait mieux, en avez-vous?

— Mon Dieu, non!... je ne crois pas.... mais si, j'en avais l'autre jour...

— Attendez... attendez! je sais ce qu'il faut donner à cette jeune dame pour la faire revenir, dit Trouillade, en prenant un air doctoral, ne vous inquiétez pas... je vais lui chercher cela... vous verrez qu'elle reviendra tout de suite...

— Alors, courez donc, mon voisin..... dépêchez-vous, je vous en prie.

— Je vais chercher ce qu'il lui faut... heureusement j'en ai chez moi... Oh! j'en ai toujours, je suis un homme de précaution!

Le voisin est enfin sorti pour aller prendre chez lui ce qui doit calmer les nerfs d'Emmeline. Mais à force de chercher de tous côtés, Adhémar a trouvé de l'eau de fleur d'oranger. Azéma en verse quelques gouttes sur du sucre et parvient à en faire prendre à la malade, qui semble déjà se trouver mieux.

— Elle est bien gentille! dit Azéma en considérant Emmeline, ah! mauvais sujet... je comprends bien que mon déjeuner ne vous séduisait pas... mais pourquoi avoir ouvert... pourquoi s'était-elle cachée aussi...

— Ah! tout cela serait trop long à vous raconter...

— C'est juste, et d'ailleurs cela ne me regarde pas... mais elle a sur son visage des marques... comme des coups d'ongles, des égratignures... Pauvre petite femme! oh! je suis bien sûr que ce n'est pas vous qui lui avez fait cela... et je comprends maintenant pourquoi elle se cachait... Sapristi! si Bardajos ou tout autre se permettait jamais de détériorer mon physique!... je jure bien qu'il ne s'en irait que sur une patte! Tenez, elle va mieux... les couleurs reviennent... tant mieux, car je n'ai pas grande confiance dans ce que le voisin va apporter; encore un fameux craqueur que celui-là! avec sa représentation à bénéfice à Ruel!... Il est joli le théâtre de Ruel!... on ne peut pas tenir trois en scène... Farceur de Trouillade! si celui-là chante jamais à l'Opéra, je retiens la salle!

Le retour du voisin met fin aux réflexions de la jeune actrice; M. Trouillade entre d'un air triomphant, tenant dans sa main droite quelque chose qu'il ne montre pas encore: il s'approche du lit, repousse Azéma et Adhémar de l'air d'un opérateur qui craint qu'on le trouble dans l'exercice de son art; puis approchant sa main droite du nez de la malade, tandis qu'avec la gauche il lui soulève doucement la tête, il fait respirer à Emmeline une énorme gousse d'ail.

— Qu'est-ce que c'est que cela! s'écrie Adhémar, vous lui mettez un oignon sous le nez?

— Un oignon! c'est bien pis vraiment! dit Azéma; ne sentez-vous pas que c'est de l'ail qu'il vient d'apporter.

— Laissez-moi donc faire! répond Trouillade en continuant son opération. Quand je vous dis que c'est d'un effet immanquable!... Tenez... voyez... elle s'agite... elle ouvre les yeux.

Emmeline, dont la paleur était moins effrayante, s'agitait en effet sur son lit, mais de sa main elle semblait vouloir repousser ce qu'on lui faisait sentir, et bientôt elle balbutie:

— Otez... ôtez-moi cela, je vous en prie... cela me fait horriblement mal au cœur... cela me rend plus malade.

Adhémar voyant que Trouillade s'obstine à tenir sa gousse d'ail contre les narines d'Emmeline, le saisit par le milieu du corps et lui fait faire une pirouette en lui disant:

— Mais ôtez-vous donc... vous voyez bien que cette odeur lui déplaît!

C'était le petit Eudoxe qui, en voulant chanter et parler continuellement, venait d'avaler sa pratique. — Page 17.

— Eh! vous voyez bien aussi que cela vient de la faire revenir! dit Trouillade en se mirant dans la glace et se posant comme sa statuette. Est-ce qu'il faut toujours écouter les femmes, quand elles disent: Otez-moi cela!...

— Ma foi, dit Azéma, je ne sais pas si c'est votre gousse d'ail qui a fait revenir madame; mais, en tous cas, si j'ai quelque jour des attaques de nerfs en votre présence, je vous prie, mon cher camarade, de ne point faire usage de votre spécifique pour me faire revenir... ça m'empesterait trop!

— Très joli! très joli! murmure Trouillade en allant caresser le lièvre, elle n'aime pas l'ail, et je l'ai connue ne dînant qu'avec des saucissons de trois sous qui en étaient parfumés... Mais alors on n'avait pas un entreteneur Andaloux! et on attachait ses souliers avec des ficelles! Pécaille... va!... quand tu sauras tes rôles, toi, je chanterai faux alors!

Adhémar a replacé Emmeline convenablement sur son lit, Azéma a trouvé un flacon d'eau de Portugal sur la cheminée, et elle en répand dans la chambre avec profusion pour chasser l'odeur de l'ail; la jeune malade se sent mieux, et commence à sourire à Adhémar qui lui témoigne tout le chagrin qu'il vient d'éprouver en la voyant privée de connaissance. Pendant ce temps, le chanteur à roulade a sorti de sa poche un petit papier rose qu'il pose sur la cheminée, en disant:

— Voici la loge, monsieur Marilly... je la mets là... sous le chandelier... non, diable, on pourrait répandre de la bougie dessus... Je la mets sous ce verre... non, je vais la mettre dans ce vase, elle y sera plus en sûreté.

Adhémar ne répond pas à son voisin, car, tout occupé d'Emmeline, il ne l'écoute pas, et n'a fait aucune attention à ce qu'il vient de dire. Il se penche vers Emmeline, lui prend la main et la presse dans la sienne, en murmurant:

— Comment vous trouvez-vous à présent?

— Un peu mieux... cependant, j'ai encore bien mal au cœur...

— C'est l'ail de notre voisin Trouillade qui est la cause de cela! dit Azéma en riant!

— L'ail, faire mal au cœur! jamais! dit... Trouillade, cela préserve de la peste; il faut que ce soit une autre cause... qui... que...

Tout en parlant, Trouillade vient de porter ses regards du côté du lièvre qui est toujours pendu à l'espagnolette; alors, comme frappé d'une idée subite, il se claque le front, et tire sa chemise en bouffante; en s'écriant:

— La cause!... eh! mon Dieu! nous la cherchions, la cause, la voilà..... trom dè Dious! elle est évidente... je la sens d'ici! c'est ce lièvre... ce malheureux lièvre qui sent fort et dont l'odeur porte au cœur de madame... et tant qu'il sera là, son malaise ne se passera pas... attendez, madame, je vais vous débarrasser de cette malheureuse bête... je suis désolé de n'avoir pas songé à cela plus tôt...

En disant ces mots, Trouillade court au lièvre, le décroche, et disparaît avec, en criant:

— Soyez tranquille, madame, vous ne le sentirez plus.

On entend le voisin sortir et refermer sur lui la porte du carré. Azéma s'est jetée sur un fauteuil, et elle rit aux éclats, en s'écriant:

— En voilà une sortie!... Il ne l'a pas manqué celle-là; il n'en fera jamais de si belle au théâtre! Ah! scélérat de Figaro! comme il fait bien le lièvre!... Qu'en dites-vous, mon voisin?

— Ma foi! je dis que j'aime autant que le lièvre lui ait fourni l'occasion de s'en aller... Je ne suis pas du midi, et je n'aime pas l'ail. Du reste, mon lièvre ne pouvait pas lui échapper; car, hier au soir, il avait déjà jeté son dévolu sur lui.

— Les pauvres gens! il ne sont pas heureux, reprend Azéma en se levant, je les plaindrais davantage, s'il avait moins d'amour-propre, et si sa femme était moins coquette... Et puis c'est sa manière d'élever son fils que je ne pardonne pas à Trouillade: non content de le faire crier sans cesse, il lui donne à peine à manger; le soir, il dit au petit garçon: Si tu veux te coucher sans souper, je te donnerai un sou. L'espoir de s'acheter quelque friandise avec un sou fait que l'enfant accepte; mais le lendemain matin, son père ne manque pas de lui dire: Si tu veux avoir à déjeuner, tu me donneras un sou. Alors le petit Lycoris, qui meurt de faim et veut déjeuner, rend le sou qu'il a reçu la veille et le père a trouvé le moyen de supprimer un repas à son fils. Mais pardon, je babille, et je ne pense pas que je vous ennuie. Madame n'a plus besoin de mes services, je redescends chez moi... si quelquefois vous vous trouviez encore indisposée et que je puisse vous être utile, appelez-moi, ne vous gênez pas... je monterai tout de suite. Au revoir, mon voisin.

Il reste tout saisi devant son voisin. — Page 36.

La jeune actrice fait un gracieux salut à Emmeline, adresse un sourire à Adhémar, et s'éloigne en fredonnant un air de contredanse.

— C'est une fort bonne personne, fort gaie et que je crois très obligeante, dit Adhémar en regardant aller sa voisine.

— Oui, répond Emmeline, en fixant ses yeux sur ceux du jeune homme, mais elle venait déjeuner avec vous, et je n'aime pas cela...

— Elle venait me proposer.. mais si vous avez, comme je l'espère, entendu notre conversation, vous devez être certaine qu'il n'existe aucune relation intime entre nous.

— Si cela n'est pas encore, d'après la visite que cette demoiselle vous faisait ce matin, je pense que cela ne tardera guère.

— Ah! Emmeline, vous êtes cruelle, vous pensez tout de suite des choses...

— Il me semble que, quand une femme vient offrir à monsieur de déjeuner chez lui, en tête-à-tête... on sait bien ce que cela veut dire... Pourquoi aussi lui avez-vous donné des perdreaux à cette... demoiselle?...

— Mon Dieu!... le hasard... je l'ai rencontrée dans l'escalier hier au soir, comme je remontais avec mon gibier.

— Voyez-vous, vous m'aviez bien parlé d'un lièvre tout à l'heure, mais vous n'aviez eu garde de me parler des perdreaux!...

— Eh mon Dieu! ma chère amie, j'ai bien autre chose dans la tête

— Elle a l'air terriblement hardie, cette... Azéma... Ah! si elle ne m'avait pas découverte dans le lit, j'y aurais étouffé plutôt que de me montrer.

— Vous auriez fait là quelque chose de bien adroit!

— Eh bien! que faites-vous donc? vous vous habillez?

— Sans doute; il me semble qu'il est temps. Mon Dieu! onze heures et demie passées...

— Est-ce que vous allez sortir?

— Oui... J'ai affaire ce matin... une affaire indispensable...

— Je veux me lever... Je veux sortir avec vous... Pourquoi donc m'a-t-on déshabillée?

En parlant ainsi, Emmeline s'était soulevée à demi, et cherchait à couvrir sa poitrine; mais Adhémar court à elle, et lui dit d'un ton bien doux :

— Ma chère Emmeline, je vais chez mon agent de change... car je n'ai pas un sou ici... J'ai perdu hier au jeu ce que j'avais encore, et il faut de l'argent, il m'en faut ce matin même : car vous savez qu'on ne vit pas sans argent. Et d'ailleurs j'ai une dette de jeu à acquitter, et cela doit se payer dans les vingt-quatre heures...

— Ah! que c'est vilain de jouer... Combien avez-vous perdu?

— Qu'importe c'est fait... Mais vous voyez bien qu'il faut que je sorte, et que je ne puis pas vous emmener avec moi.

— C'est bien amusant. Mais au moins, vous ne serez pas longtemps...

— Je me dépêcherai... J'ai encore une course ou deux à faire ce matin. Je me hâterai.

— Une course ou deux... Et où cela?... chez qui?... pourquoi?...

— Mon Dieu, ma chère Emmeline, ce serait trop long à vous conter... Ne pourrais-je donc faire un pas sans que vous me demandiez où je vais... N'avez-vous donc pas assez de confiance en moi pour être tranquille ?...

— Oh! non je n'en ai guère... D'abord, je vous préviens que je suis très jalouse des gens que j'aime. Réginald sortait toute la journée, cela m'était bien égal, je ne l'aimais pas; mais vous... oh! cela ne se passerait pas de même... Si vous ne m'emmeniez pas, je vous suivrais... et je saurais... et je saurais bien si vous me trompiez.....

— Allons, ma bonne amie, calmez-vous, vous venez d'être malade... la scène de ce matin a dû aussi bouleverser vos sens... Vous avez besoin de repos... tâchez de dormir, cela vous fera du bien.

— C'est cela! dormir... oh! non... je vais pleurer plutôt jusqu'à ce que vous soyez revenu.

— Ce serait bien spirituel! Mon Dieu! il n'y a donc pas de femme raisonnable.

— Allons... ne vous fâchez pas... je serai sage... je ne dormirai pas... mais je penserai à vous... Je me dirai : je suis chez lui, avec lui; il va revenir; désormais nous ne nous quitterons plus, je me trouverai bien heureuse.

Adhémar ne répond rien; il se hâte de terminer sa toilette; il prend son inscription dans son secrétaire, la met dans son portefeuille en poussant un soupir... puis il regarde sa pendule... midi va bientôt sonner, il n'y a pas de temps à perdre. Il court embrasser Emmeline, qui l'a suivi des yeux dans la chambre, et ne perd pas un seul de ses mouvements.

— Adieu, ma bonne amie.

— Adieu... Oh! ça me contrarie bien que vous sortiez...

— Je vous ai dit que je ne pouvais pas faire autrement,.. Adieu...

— Adhémar!...

Adhémar, qui était contre la porte, s'arrête et regarde Emmeline. Celle-ci lui fait signe de revenir.

— Que me voulez-vous?

— Que vous m'embrassiez encore... ce n'est pas assez d'une fois.

Adhémar embrasse de nouveau sa maîtresse, mais un peu vivement; puis il sort de sa chambre à coucher; au moment où il ouvre la porte de son carré il entend encore la voix d'Emmeline

— Adhémar!... Adhémar!...

— Qu'est-ce que c'est répond le jeune homme sans revenir cette fois dans la chambre à coucher.

— Vous vous dépêcherez, mon ami...

— Oh! oui!... oui!... sacrebleu! oui!...

Et après cette réponse un peu énergique. Adhémar sort vivement et descend son escalier quatre à quatre, de crainte de s'entendre appeler encore. Arrivé dans la rue, il marche à la hâte vers une place de cabriolets, en se disant :

« Dans quel guêpier me suis-je fourré! Voilà une petite femme... bien gentille, certainement, mais dont je croyais faire une simple connaissance... de ces liaisons que l'on rompt quand on veut... car enfin je n'éprouve pas pour elle une grande passion. Eh bien, il faut que celui avec qui elle était la batte... soi-disant à cause de moi... enfin elle me tombe sur les bras... au moment où il m'est indispensable de vivre avec la plus stricte économie!... Je ne puis pourtant pas repousser cette jeune femme, qui serait maintenant sans ressources... et si du moins elle me promettait une société douce, aimable... Mais il n'y a pas trois heures qu'elle est chez moi, et déjà elle voudrait m'empêcher de sortir, et elle prétend que je lui rende compte de mes moindres actions!... O mon Dieu!... ce que nous sommes convenus d'appeler du bonheur, nous autres hommes à bonnes fortunes, ne serait-ce en effet qu'une longue agitation trompeuse, ne laissant dans notre cœur que la déception et les regrets! Enfin, j'ai essayé de me distraire, et maintenant il faut suivre le torrent! D'ailleurs, Malthilde est charmante... je l'aime véritablement, celle-là! »

Adhémar ne se souvient pas qu'il en a dit autant chaque fois qu'il a formé une liaison nouvelle.

Sachant bien que son agent de change lui remettra de l'argent avant même d'avoir opéré sur son inscription, Adhémar est monté dans un cabriolet pour se faire conduire chez celui qui est devenu son banquier. Chemin faisant, il se dit : « Vendre cent francs de rente, ce n'est pas assez maintenant!... Je ne garderai point Emmeline avec moi; non, car je ne serais plus libre, et c'est bien le moins que je conserve ma liberté!... elle me coûte assez cher! mais je mettrai cette jeune femme dans un petit logement que je meublerai... Pour tout cela je puis bien compter que mille francs ne seront pas de trop... Ensuite, il faudra qu'elle vive... et moi aussi... Retourner à chaque instant chez mon agent de change pour vendre des lambeaux de rente... cela m'ennuie. Si je vendais tout... ma foi, j'en ai bien envie... au moins j'en aurai pour longtemps devant moi... A la vérité, quand ce sera dépensé, il ne me restera plus absolument rien..., oui, mais sachant que je n'ai plus d'autre ressource, je serai plus économe. D'ailleurs que sait-on! on dit qu'avec de l'argent on fait de l'argent. Je toucherai une quarantaine de mille francs... je pourrai essayer quelque spéculation... Ma foi, c'est décidé, je vais tout vendre.

Adhémar est enchanté de son idée. Il entre chez son agent de change de l'air radieux d'un homme qui a fait une excellente affaire, et lui remet son inscription en lui disant :

— Je vends tout.

— Vous pensez donc que cela baissera, lui dit-on, et vous voulez ensuite racheter.

Adhémar laisse échapper un demi-sourire en murmurant :

— Hum!... peut-être... j'ai d'autres projets!...

— Vous savez où il faut aller signer à la Bourse.

— Oui, oui! oh; je connais le chemin. En attendant, veuillez me remettre toujours cinq mille francs.

On donne à Adhémar la somme qu'il demande, il remonte dans son cabriolet en se disant :

— Irai-je chez Bourdichon d'abord... C'est que je n'ai pas déjeuné, et au milieu de tout cela je meurs de faim! car hier au souper j'étais trop amoureux pour manger... je suis encore très amoureux certainement... mais un amant qui n'a rien pris depuis la veille et qui va à un rendez-vous... à un premier rendez-vous surtout... ce serait dangereux!... Je sais bien que je puis proposer à Mathilde de déjeuner avec moi, mais il n'est pas sûr qu'elle accepte, et puis les femmes ne nous pardonnent de manger que quand nous avons épuisé toutes les autres conversations... Allons déjeuner.

Adhémar se fait conduire au café de Paris : il dit à son cocher de l'attendre, et il déjeune comme quelqu'un qui veut réparer le temps perdu, et tout en faisant disparaître des rognons et des côtelettes, il se dit :

Cette pauvre Emmeline qui m'attend!... elle n'a pas déjeuné non plus... et chez moi il n'y a rien... Ah! si... la moitié d'un pot de gelée de pomme... mais elle est malade... elle a eu une attaque de nerfs, elle ne doit pas avoir faim. D'ailleurs, ce n'est pas ma faute; mais si j'allais la trouver maintenant, elle ne me laisserait plus repartir, et je ne voudrais pas pour tout au monde manquer mon rendez-vous avec madame Bourdichon. Il faut donc me résoudre à laisser Emmeline se passer de déjeuner... mais, par exemple, je lui ferai faire un petit dîner fin, bien gentil, bien friand pour réparer cela... Voyons l'heure... une heure et demie... faisons-nous conduire aux Tuileries : il faut toujours arriver le premier... à un premier rendez-vous.

CHAPITRE VIII.

CONTINUATION D'ÉCONOMIE.

Les vieux arbres ont dû voir bien des choses! ah! s'ils pouvaient écrire leurs mémoires, nous retracer les faits qui se sont passés sous leur ombrage, nous dire les conversations qu'ils ont entendues, nous répéter les doux aveux, les tendres serments dont ils furent à la fois les protecteurs et les témoins!... mais ils sont muets!... muets comme le désert!... c'est pour cela, sans doute, qu'on leur confie tant de choses, et qu'on va même jusqu'à graver sur leur écorce des chiffres amoureux et des cœurs enflammés!... L'arbre est fidèle, lui!... le chiffre est encore là, lorsque souvent les amours sont passés.

Adhémar allait et venait depuis quelque temps sous ces vieux et beaux marronniers, près desquels Mathilde lui avait promis de venir se promener. Au mois de janvier les arbres sont dépouillés de leur feuillage; il était tombé dans la matinée une petite neige fine et très froide, ce que l'on appelle du givre; à défaut de verdure, les branches d'arbres étaient recouvertes de cette neige gelée et brillante qui scintille au soleil et donne au paysage un aspect qui offre aussi du charme. C'est une parure d'hiver, la nature a des parures pour toutes les saisons.

« Si elle ne venait pas! se disait Adhémar en consultant sa montre. Ah! décidément je suis fou de cette femme-là... c'est fini, je n'en aimerai plus d'autres... je romprai tout doucement avec Emmeline. Elle est si jalouse, si exigeante!... en lui fournissant quelques motifs elle rompra la première... et je serai tout à Mathilde... oh! oui... mais... pour cela il faut qu'elle vienne... il faut qu'elle me cède... si ce n'était qu'une coquette... si elle n'avait voulu que se jouer de moi... je crois que j'en mourrais de chagrin!... c'est singulier comme cet amour est venu vite... hier je ne pensais pas à Mathilde... mais où avais-je donc les yeux... ah! il fallait une occasion... je suis sûr que nous avons dans le fond du cœur une foule de choses... perdues faute d'occasion! »

A chaque femme qui paraissait dans l'éloignement Adhémar éprouvait un tressaillement de plaisir et s'efforçait de reconnaître la personne qu'il attendait; comme il avait la vue courte, son incertitude et son espoir se prolongeaient jusqu'à ce que l'on fût assez près de lui, pour que toute illusion fût impossible. Alors, il éprouvait un mouvement de dépit, de colère, puis, se rappelant sa faction de la veille sur les bords du canal, il se disait :

« Je devrais y être accoutumé!... que de fois, dans ma vie, ne me suis-je pas trouvé dans cette situation!... et pourtant cela me produit toujours autant d'effet! Mes désirs, mes craintes, mes espérances sont aussi vives, c'est que j'ai aimé toutes les femmes que j'ai connues, c'est que toutes les fois que j'ai éprouvé une passion nouvelle, il m'a semblé qu'elle était plus forte que les autres... est-ce un malheur d'être ainsi fait? est-ce que cela ne vaut pas mieux que d'être blasé sur l'amour, comme tant d'autres jeunes gens qui, à vingt-cinq ans, ne croyent plus à rien!... »

La vue d'une dame de la taille de Mathilde, et qui marche à la hâte vers l'endroit où est Adhémar, met un terme aux réflexions de notre amoureux. Il fait quelques pas vers cette dame. Un chapeau sur lequel est jeté un demi-voile, cache une partie de son visage, mais à sa tournure, à son élégance, et surtout à l'agitation de sa marche, Adhémar a reconnu Mathilde, et cette fois il ne s'est pas trompé.

Madame Bourdichon est vivement émue, elle tremble; à peine si elle peut parler en apercevant Adhémar, qui vient à elle, en lui disant:

— Vous voilà enfin!... ah! je commençais à désespérer!...

— Oui... je vous ai fait attendre, n'est-ce pas... ce n'est pas ma faute... mais je ne sais pas ce que j'ai... plus j'approchais et plus je me sentais tremblante... je ne pouvais plus marcher... j'ai cru que je n'arriverais jamais jusqu'ici!...

— Prenez mon bras... appuyez-vous dessus...

— Votre bras... mais... ah! oui... si des personnes de connaissance nous apercevaient, je serai censée vous avoir rencontré...

Adhémar tient ce bras qu'il presse amoureusement sous le sien, pendant quelques instants on marche au hasard; seulement on choisit de préférence les allées désertes; on change de direction dès que l'on aperçoit du monde s'approcher; on ne se dit presque rien encore, mais on se regarde, et on parle si bien avec les yeux!

Cependant les femmes tiennent presque toujours à justifier leur conduite, et lorsqu'elles font une faute, quand elles cèdent à une faiblesse, elles veulent prouver qu'on les a pour ainsi dire rendues excusables de la commettre. Cette tactique est du reste commune aux deux sexes : écoutez un homme marié faisant la cour à une dame, il ne manquera pas de lui dire :

« Si je ne suis pas fidèle à ma femme, ce n'est vraiment pas de sa faute, mais il y a une incompatibilité complète dans nos humeurs... elle me contrarie en tout, me querelle sans cesse... Pour avoir la paix, je suis obligé de la chercher hors de chez moi. »

Ou bien : « Ma femme est très douce, très bonne, mais un caractère apathique... ne comprenant pas les passions... ne se doutant pas de ce que c'est que l'amour, et moi j'ai un cœur qui a besoin de s'épancher. »

Ou bien : « Ma femme est très jolie, certainement... mais toujours malade, passant sa vie à se soigner. Que diable voulez-vous moi, je me porte fort bien. »

Et une foule d'autres choses dans le même genre. Les dames mettent plus de finesse, plus de tact, elles ont bien plus de motifs donner, et en général dans ce qu'elles disent il y a plus de vérité que chez ces messieurs.

— Ma conduite doit vous paraître bien blâmable, dit enfin Mathilde en baissant les yeux, et je suis sûre que vous me confondez déjà avec toutes ces femmes pour qui leurs devoirs ne sont rien.. qui ne suivent d'autres guides que leur amour pour le plaisir.

— Que dites-vous là! répond Adhémar en pressant plus fortement le bras qui est sous le sien. D'abord ce serait bien mal à moi de vous juger ainsi... Ensuite, j'ai assez d'amour-propre pour penser que j'ai pu vous inspirer un sentiment que vous n'accorderiez pas légèrement à d'autres... Ai-je tort?

— Oh! non... tenez, écoutez-moi... je suis bien aise que vous lisiez dans mon âme, que vous me connaissiez telle que je suis. Il y a dans le fond de mon cœur un besoin d'aimer, en même temps qu'une crainte et une timidité extrêmes... c'est-à-dire que j'aurais pu aimer toute ma vie quelqu'un et ne jamais le lui laisser voir, si ce quelqu'un ne m'avait pas aussi témoigné... quelque préférence. Je ne suis pas expansive peut-être; mais mon cœur n'en est pas moins sensible. Toute jeune, je le ressentais ce besoin d'attachement véritable. Dans le pensionnat où je fus élevée, j'avais trouvé une amie, tout mon bonheur était d'épancher dans son sein mes peines comme mes plaisirs, de lui conter mes pensées les plus secrètes; de son côté, elle aussi me disait tout!... Cette confiance mutuelle, nous nous étions juré qu'elle durerait toujours... même lorsque nous aurions quitté le pensionnat.

— Eh bien! est-ce votre amie ou vous qui n'avez pas tenu parole?

— Oh! ni l'une ni l'autre; nous nous aimions toujours autant, mais les circonstances nous ont séparées. Un homme très riche l'épousa. Il l'adorait, elle ne l'aimait pas; mais ses parents exigèrent ce mariage. De mon côté, je dus épouser M. Bourdichon; c'est un homme fort estimable... mais ai-je besoin de vous dire que ce n'est pas là le mari que mon cœur aurait choisi? Il a quarante ans, j'en ai maintenant vingt-six; cette différence d'âge ne serait rien, s'il y avait quelque sympathie dans nos caractères; mais M. Bourdichon est un homme tout matériel; pourvu qu'il joue, chasse, boive, mange et gagne beaucoup d'argent pour continuer ce genre de vie, il est très heureux... Il a pris une femme pour tenir sa maison et pour... avoir une femme enfin. Il n'est nullement jaloux par sentiment, mais cependant, comme il a beaucoup d'amour-propre, et se moque sans cesse des maris trompés, je suis persuadée qu'il serait furieux de l'être lui-même. Voilà l'homme que ma famille me fit épouser, sans me consulter, sans me demander même si je n'avais aucune répugnance pour celui auquel on enchaînait ma vie. Pendant les premières années de mon mariage, je voyais souvent mon amie, et toutes deux nous nous contions nos peines; elle souffrait de ne pouvoir éprouver aucun amour pour un mari qui l'adorait, et moi j'étais fort triste de ne point rencontrer dans l'époux qu'on m'avait donné un homme qui sût lire dans mon âme et qui comprît mon cœur. Mais bientôt mon amie devint veuve; alors, se trouvant libre et maîtresse d'une grande fortune, elle voulut satisfaire le goût qu'elle avait toujours eu pour les voyages. Quoique plus jeune que moi d'un an, mon amie a bien plus de force dans l'esprit et dans le caractère; c'est une âme fière, hautaine, qui ne pardonne point une offense... Son cœur est sensible à l'excès cependant, mais cette excessive sensibilité la rend plus susceptible qu'une autre; car elle ressent vivement l'action la plus légère... et si jamais elle connaît l'amour, je crains bien que cette passion ne soit pour elle une source de peine. Elle est partie depuis plusieurs années déjà, et son départ a laissé un grand vide dans mon cœur. Elle m'écrivait d'abord fréquemment... ensuite ses lettres devinrent rares, courtes... mystérieuses... Elle m'annonçait un grand événement dont elle devait me faire part; puis, je fus longtemps, bien longtemps sans avoir de ses lettres, et lorsque j'en reçus, elle me marquait seulement qu'elle avait éprouvé de grands chagrins, dont elle me ferait part à son retour. Ces chagrins... ah! je suis bien sûre que c'est l'amour qui les a causés; nous autres femmes, il n'y a que ce sentiment qui nous fasse réellement exister... elle aura aimé à son tour... on l'aura trompée peut-être. Je n'en sais pas plus... Mais maintenant, quand elle reviendra... ah! c'est moi qui aurai bien des choses à lui dire!

Madame Bourdichon a cessé de parler; Adhémar l'a écoutée avec attention; mais pendant qu'elle parlait, il a su diriger leur marche du côté des Champs-Elysées; car le jeune homme espère bien que son tête-à-tête ne se bornera pas à une conversation en plein air.

— Nous ne sommes plus dans les Tuileries ! s'écrie Mathilde, qui vient de jeter les yeux autour d'elle.

— Non... nous sommes aux Champs-Elysées.

— Pourquoi donc m'avez-vous fait quitter les Tuileries ?

— J'ai pensé que, de ce côté, nous risquerions moins de rencontrer du monde...

— Vous croyez...

Tout en disant cela, Adhémar conduisit la jeune dame du côté d'un restaurant où il y avait des cabinets particuliers, mais lorsqu'on n'est plus qu'à quelques pas du traiteur, madame Bourdichon s'arrête en murmurant :

— Où donc me menez-vous ?

— Mais... c'est fort ennuyeux de causer... devant les passants... Nous allons entrer chez ce traiteur.

— Oh ! non ! non ! jamais !

— Pourquoi donc ? Les gens très comme il faut vont dîner là... on n'est nullement remarqué en y allant.

— Et si quelqu'un m'apercevait y entrer avec vous, songez donc que je serais perdue... Et puis, être vue par ce traiteur... ces garçons... oh ! je n'oserais jamais.

— Quelle folie !... personne ne passe en ce moment... Venez donc !...

— Et pour sortir, ensuite... D'ailleurs, qui vous dit que dans la maison je ne rencontrerai pas quelqu'un de connaissance, des amis de mon mari... nous recevons tant de monde; oh ! je mourrais de honte ! Non ! non ! je n'irai pas.

Mathilde s'est exprimée avec tant de résolution, tout en tirant le bras de son conducteur, que celui-ci n'a pas osé lui résister. On continue de marcher, déjà on a laissé le traiteur bien en arrière ; mais Adhémar fait une moue très prononcée, il se pince les lèvres, ne dit plus rien et se contente de faire de longs soupirs.

C'est Mathilde qui rompt le silence, elle le regarde en souriant, et lui dit :

— Vous me boudez donc ?

— Vous bouder !... non.. je n'en ai pas le droit ; mais je puis bien avoir du chagrin...

— Voilà les hommes, aussitôt qu'on leur refuse quelque chose, ces messieurs se fâchent... leur amour-propre s'irrite de trouver la moindre résistance.

— Si vous pensez qu'il n'y a que de l'amour-propre blessé dans mon chagrin, alors, madame, vous avez bien raison de me résister.

— Si je pensais que vous n'éprouvez pas auprès de moi un autre sentiment, croyez-vous, monsieur, que j'aurais consenti à vous donner un rendez-vous ?

— Oh ! pardonnez-moi... tenez, je ne sais ce que je dis... mais, c'est que je vous aime... Pouvez-vous me faire un crime des désirs que j'éprouve... Un homme ne croit à l'amour d'une femme que lorsqu'elle s'est entièrement donnée à lui... Moi, du moins, c'est ma manière de penser. Les plus beaux discours que l'on fait sur l'amour platonique m'ont toujours paru des phrases vides de sens ; la nature nous apprend un tout autre amour, et j'aime mieux les leçons qu'elle nous donne, que la morale de Platon et de tous les sages de la Grèce. Enfin, je vous aime... il me semble que ce mot dit tout ; si vous me résistez, c'est que vous ne partagez pas ce que j'éprouve ! Je sais bien que beaucoup de femmes aiment à reculer le moment de leur défaite... mais... tenez, je crois que celles qui aiment le plus sont celles qui résistent le moins. Est-ce que je vous fâche en vous disant tout cela ?

— Non... car je ne suis point une coquette, car je vous aime aussi, moi, et je ne crains pas de vous le dire.

— Chère Mathilde ! que je suis heureux !

— Mais, si je vous fais le sacrifice de mes devoirs, de mon repos !... du moins, laissez-moi faire tout mon possible pour conserver ma réputation.

— Me croyez-vous capable d'être indiscret ?

— Non... mais il faut aussi être très prudent... Entrer chez ce traiteur, ce serait m'exposer...

— Mais où donc vous voir ?

— Demain matin... j'irai chez vous.

— Chez moi ?

— Oui... eh bien, monsieur, vous ne doutez plus de mon amour, j'espère ?

Adhémar est tout à la fois enchanté et désolé : la proposition de Mathilde le comble de joie; mais il est au supplice en songeant qu'il ne demeure plus seul, qu'il y a une personne qui s'est établie dans son domicile, et qu'il ne peut renvoyer pour le lendemain matin. Au milieu des sensations qui l'agitent, il répond sans trop savoir ce qu'il dit :

— Demain... chez moi... comment, vous viendrez... vraiment ?

— Oui.... puisque je vous le promets.

— Ah ! que vous êtes bonne !... que je suis heureux !... Mais vous n'aurez pas peur... de rencontrer du monde.... dans ma maison...

— Dans une maison particulière, ce serait un bien grand hasard ; et puis on a des motifs à donner... on cherche une couturière... une brodeuse... on vient voir des logements.

— C'est juste... c'est très... mais savez-vous où je demeure ?

— Boulevard Saint-Denis, à ce que vous m'avez dit... A la vérité, il passe bien du monde sur les boulevards; j'aurais préféré un quartier moins fréquenté... une rue un peu solitaire... mais enfin, puisque vous demeurez sur le boulevard...

Adhémar semble frappé d'une idée subite, et il s'écrie :

— Non ! je n'y demeure plus.

— Comment, vous êtes déménagé ?

— C'est-à-dire... je vais déménager : mon logement me déplaisait depuis longtemps, et maintenant... oh ! il me déplaît bien davantage : les Sublimé demeurent porte à porte avec moi sur le boulevard... et ils sont très souvent à leur fenêtre.... ils sont si curieux !...

— Oh ! vous avez raison... ils pourraient me voir entrer dans votre maison...

— C'est pour cela que demain je n'y serai plus.

— Vous avez donc loué ailleurs ?

— A peu près... et je vais aller terminer... et demain j'y serai.

— Dans quel quartier ?

— Dans le... dans... le quartier nouveau... du côté de Notre-Dame-de-Lorette...

— Oh ! tant mieux... justement j'ai quelques amies par là..... ce sera un prétexte si on m'y rencontrait... Et quelle rue ?

— La rue... la rue de... je crois que c'est rue de Navarin... une belle rue... où il passe très peu de monde; au reste, ce soir j'irai chez vous... j'ai un motif : votre mari m'a prêté hier de l'argent au jeu, et j'irai le lui rendre; et en même temps je trouverai moyen de vous dire mon adresse.

— Ce soir... oh ! mais, puisque vous devez venir voir M. Bourdichon, attendez... nous avons aujourd'hui quelques personnes à dîner... pour manger tout ce gibier que l'on a rapporté hier. . je veux que vous en soyez.

— Comment... que je dîne chez vous aujourd'hui ?

— Oui, vous allez venir à la maison dans une demi-heure... j'y serai aussi... je vous inviterai, mon mari en sera enchanté.

— Ah ! c'est impossible... j'ai promis aujourd'hui de dîner... avec... des amis.

— Des amis !... eh bien, monsieur, vous m'en ferez le sacrifice.

— Ce serait avec plaisir ; mais c'est pour une affaire, et...

— Vous parlerez d'affaire avec vos amis une autre fois; aujourd'hui vous dînez chez moi, je le veux... entendez-vous, monsieur... je le veux !

Il n'est pas possible de refuser quelque chose à une femme qui promet de tout nous accorder. Adhémar balbutie enfin :

— Eh bien... je ferai... ce que vous voudrez.

— C'est bien heureux !... En vérité, il faut bien vous prier pour cela.

— C'est que... si vous saviez...

— C'est assez ; je ne veux plus entendre d'autres raisons. Nous voici près de la place de la Concorde... je vais reprendre les Tuileries... Quittez-moi ici, prenez un autre chemin, et, dans une demi-heure, chez moi... n'y manquez pas, surtout, ou, sans cela... demain... point de visite.

— Oh ! vous pouvez être sûre que je serai exact.

Adhémar presse encore la main de Mathilde. Celle-ci lui adresse un regard plein d'amour, puis, s'éloignant avec précipitation, elle a bientôt gagné les Tuileries, et disparaît à ses yeux.

« Cette femme-là me fera faire tout ce qu'elle voudra ! se dit Adhémar. Mais, en ce moment... c'est à en perdre la tête, et je ne sais pas trop comment je m'en tirerai... Allons, je n'ai pas de temps à perdre... Et cette pauvre Emmeline qui... et ce dîner... et un logement... et... demain matin... Enfin, j'ai de l'argent dans ma poche, et avec cela, dans Paris, on fait beaucoup de choses en fort peu de temps. »

Adhémar monte dans un cabriolet, se fait conduire à la Bourse, où il signe la vente de ses rentes, et de là il se rend chez M. Bourdichon.

Le mari de Mathilde faisait des affaires, non pas comme ces escrocs qui embrassent cette profession pour soutirer de l'argent à toutes les dupes qui s'adressent à eux, ou comme ces malheureux qui courent toute une semaine pour proposer l'achat d'une maison qui est depuis quinze jours dans les *Petites Affiches;* M. Bourdichon avait une vingtaine de mille francs de rente, ce qui donnait de la confiance à ses clients et le mettait à même de faire des spéculations que d'autres n'auraient pu entreprendre. En général, pour gagner de l'argent, il ne faut qu'en avoir.

Adhémar a demandé M. Bourdichon. On l'introduit dans le cabinet où l'homme d'affaires recevait ses clients. Le gros chasseur est maintenant enveloppé dans une bonne robe de chambre, et nonchalamment couché dans un immense fauteuil à la Voltaire. Il est en train de lire un journal, lorsqu'on lui annonce M. Marilly.

— Eh! bonjour, mon cher ami, s'écrie Bourdichon en se frottant les yeux. Ma foi, vous arrivez bien. Je lisais un journal; mais j'avais beaucoup de peine à ne pas m'endormir. Quand on a passé la nuit... Je n'ai dormi que quatre heures... Et vous?

— A peu près autant.

— Mais mon bal était bien, n'est-ce pas?... On s'est amusé?

— Beaucoup; c'était charmant.

— Et mon déguisement, hein?... j'espère qu'il était drôle. Mais je vous avoue que je ne le mettrai pas souvent: on étouffe sous cette peau de tigre et avec cette tête... ce masque... Cela m'a horriblement fatigué... Mais on a bien ri!... Ce pauvre Carcassonne, qui avait peur de moi; le diable m'emporte, je crois qu'il me prenait pour une bête véritable... Sa femme n'en pouvait plus... Elle est gentille, sa femme... eh! eh! fort gentille... fort éveillée... et notre ami Carcassonne pourrait bien... ah! ah! ah! ça m'amuserait qu'il le fût.

— Monsieur Bourdichon, je viens acquitter une dette... Voici ce que vous m'avez prêté hier.

— J'espère que vous n'êtes pas venu pour cela.

—Non; mais les dettes de jeu doivent pourtant se payer promptement.

— Oh! entre amis, ce n'est plus comme avec des étrangers. Au reste, quelques napoléons de plus ou de moins, je sais que cela vous est bien égal... Vous êtes riche, vous! Oh! vous ne faites pas votre embarras... comme Monfignard, par exemple!... qui se croit en droit de prendre partout la meilleure place, parce qu'il a une douzaine de mille francs de rente. Pour un garçon, c'est fort gentil, j'en conviens; mais je gage bien que vous avez plus que cela...

— Moi... mais je vous assure que je ne suis pas riche.

— Allons, allons, vous ne voulez pas dire ce que vous avez; je vous approuve, moi, vous avez raison .. D'abord, on est bien moins exposé à s'entendre emprunter de l'argent... C'est égal, j'étais bien drôle en tigre... Je me promenais à quatre pattes; c'est un déguisement commode pour voir les jambes des dames... J'ai pincé le mollet de la petite madame Dumillet... Son mari s'en est aperçu... Il est devenu rouge comme un coq!.. C'est un grand benêt qui est très jaloux de sa femme!... Et malgré cela, j'ai bien peur... Oh! oh! oh! ces malheureux maris...

M. Bourdichon était encore en train de rire des plaisanteries qu'il se permettait sur les maris, lorsqu'on ouvre la porte de son cabinet, et Mathilde paraît. Elle feint la surprise en apercevant Adhémar.

— Ah! mon Dieu! je vous dérange, messieurs; vous parliez d'affaires, peut-être. Je croyais mon mari seul dans son cabinet.

— Entre donc! entre donc! crie M. Bourdichon à sa femme; tu ne nous déranges pas. Marilly est venu pour m'apporter de l'argent du jeu d'hier. Oh! c'est un débiteur d'une exactitude rare... Mais je te croyais sortie, ma chère amie...

— Je suis allée faire quelques emplettes; je viens de rentrer... Le bal vous a-t-il fatigué, monsieur Adhémar?

— Non, madame; je serais prêt à recommencer... Je n'avais jamais passé de soirée si agréable.

— Oh! c'est un intrépide, lui... Moi, je suis fort content de être mis en tigre...

— Mon ami, je venais vous demander... Ne m'avez-vous pas dit hier que vous aviez aujourd'hui du monde à dîner?... Vos chasseurs, je crois.

— Oui, ma chère amie, oui; j'ai invité Carcassonne et sa femme, ainsi que Monfignard... Ah! parbleu, mon cher monsieur Marilly, vous seriez bien aimable d'être des nôtres... Un dîner de gibier, ça vous va-t-il?

— Vous êtes trop bon, mais...

— Ah! monsieur, je me joins à mon mari: c'est un dîner tout à fait sans cérémonie; et, en acceptant, vous nous prouverez vous nous permettez de vous traiter comme un ami.

— Madame, j'accepte alors, car ce titre m'est bien doux.

— Ah! bravo! voilà qui est parlé... Nous rirons, nous dirons des bêtises... La petite madame Carcassonne les aime beaucoup, les bêtises... eh! eh! eh!

— Mais, j'ai plusieurs courses à faire, je vous demande la permission de vous quitter jusqu'au dîner.

— Allez, allez!... point de gêne... d'ailleurs, vous avez le temps: nous ne dînons qu'à six heures et demie.

— Mon ami, c'est à six heures...

— Oh! les femmes sont terribles; de peur qu'on ne se fasse attendre, elles disent une heure trop tôt... à six heures et demie.

— C'est convenu.

Adhémar prend congé; madame Bourdichon lui fait un salut gracieux; le mari le reconduit jusqu'à la porte, et le jeune homme s'éloigne en admirant avec quelle adresse les femmes savent arranger les choses de manière à ce que tout arrive et se fasse comme elles le désirent.

— Où allons-nous, mon bourgeois, demande le cocher du cabriolet dans lequel Adhémar vient de remonter en sortant de chez M. Bourdichon.

— Où nous allons... Ah! c'est juste..ma. foi, je n'en sais trop rien moi-même... nous allons chercher un logement.

— Un logement, c'est facile... tenez! v'la un écriteau là-bas.

— Ce n'est pas dans ce quartier que j'en veux un... menez-moi rue de Navarin.

— Oh! quartier des *Lorettes!* tout de suite, bourgeois.

On arrive rue de Navarin. Adhémar cherche des écriteaux, il en aperçoit quelques-uns, il descend et s'informe; mais ce sont des appartements de douze, de quinze cents francs. Il va remonter dans son cabriolet, lorsqu'il lit enfin sur la porte d'une maison neuve: « Joli appartement de garçon à louer présentement. »

« Présentement! c'est bien ce qu'il me faut! se dit Adhémar, puisque je veux emménager tout de suite... Je lui ai dit rue de Navarin... ce serait charmant si j'y trouvais un appartement. »

Adhémar entre et s'informe au concierge, qui lui répond:

— Deux belles pièces et un cabinet, au troisième, avec un petit couloir d'entrée... tout ça frais peint, des papiers *verloutés!* des *esculptures* au plafond!... c'est à se mirer partout.

— Et le prix?

— Cinq cents francs... c'est pour rien; et monsieur peut voir comme la maison est tenue... et puis, deux *Lorettes* pour locataires... monsieur sait ce que c'est... des grisettes du grand genre! du grand numéro!... On aime beaucoup ces dames-là dans ce quartier-ci. Quand il vient des messieurs pour louer dans une maison, leur première demande, c'est: « Avez-vous des Lorettes?... S'il n'y en a point, je ne loue pas. »

Adhémar qui ne tient pas à avoir des Lorettes pour voisines, trouve que le logement n'est pas pour rien. Cependant il monte le voir. Le concierge ne l'a pas trompé: tout est frais, tout est décoré avec goût, et l'appartement a quelque chose d'élégant, de coquet, qui séduit sur-le-champ. Adhémar ne peut résister à la tentation; d'ailleurs il veut un logement pour le jour même, et il n'a pas de temps à perdre; après avoir tout regardé, il s'écrie:

— Peut-on emménager tout de suite?

— Ah! mon Dieu! aussitôt que monsieur voudra.

— C'est bien; alors, j'arrête ce logement... Tenez, voici mon denier à Dieu.

Le jeune homme donne deux pièces de cent sous au concierge, parce que l'habitude de faire le seigneur et d'être généreux l'emporte sur la résolution de faire des économies.

Le concierge salue pour dix francs, c'est-à-dire qu'il approche son nez de ses genoux.

— Je cours chez un tapissier, dit Adhémar, je veux me faire meubler entièrement à neuf, je vais l'envoyer ici; vous l'aiderez pour que tout soit fini ce soir... Si je ne couche pas aujourd'hui je viendrai demain matin de très bonne heure.

— Monsieur peut être tranquille; j'aurai l'œil à tout... Ah! pardon... le nom de monsieur?

— Tenez, voici ma carte, ma dernière demeure...

— Oh! ce n'est pas pour ça!... on voit bien à qui on a affaire; c'est pour si l'on vient demander monsieur... Je vas donner un coup de balai tout de suite.

— Très bien... moi, je cours chez le tapissier le plus voisin.

Adhémar se fait conduire chez un élégant tapissier, demande le maître du magasin et lui dit :

— J'ai un appartement de garçon, deux pièces et un joli cabinet; pouvez-vous me meubler complétement ?

— Rien de plus facile, monsieur

— Mais, quand je dis complétement, c'est-à-dire qu'il faut que rien ne manque. Je veux des rideaux aux fenêtres, grands et petits; je veux des draps, des couvertures, un duvet sur le lit; je veux un tapis ; je veux un cabaret de porcelaine, des flambeaux sur la cheminée ; enfin qu'il n'y ait plus qu'à entrer et se coucher.

— Monsieur aura tout cela.

— Mais il faut que ce soit prêt ce soir.

— Ce soir... Ah! monsieur, il est plus de quatre heures.

— Jusqu'à minuit, vous avez huit heures devant vous... Je paie comptant, voilà mille francs d'avance.

— Monsieur sera satisfait... tout sera prêt et avant minuit. Monsieur veut-il choisir ses meubles ?

— Oui, les principaux; mais dépêchons-nous.

Le tapissier a un fort beau magasin ; il a des meubles modernes, antiques, gothiques, renaissance, en bois d'acajou, de citron, de palissandre, en laque de Chine même. Adhémar trouve tout cela ravissant, il oublie encore ses projets de sagesse ; il choisit ce qui lui plaît le plus sans s'informer du prix, puis tout à coup il regarde à sa montre et s'écrie :

— Cinq heures passées ! ah! mon Dieu, et Emmeline qui n'a pas déjeuné.

Et il sort de chez le tapissier auquel il a donné l'adresse de son nouveau logement, en lui disant :

— Je m'en rapporte à vous... faites pour le mieux, prenez quatre, cinq garçons avec vous, mais que tout soit prêt ce soir.

Adhémar se fait conduire à son ancien logement ; mais, au moment de descendre de son cabriolet, il se dit :

« Si je monte maintenant, Emmeline va me faire une scène, me demander d'où je viens, ce que j'ai fait depuis ce matin ; tout cela sera très long. Ensuite elle ne voudra pas me laisser ressortir sans elle... Il n'y aura pas moyen d'aller dîner chez Mathilde... Le plus court, le plus simple, c'est de ne pas monter à présent. Je rentrerai ce soir... J'aurai trouvé une histoire... elle me croira ou ne me croira pas ; mais enfin, j'aurai le temps de faire ma paix. Je ne vais donc pas monter chez moi. Mais comme je ne veux pas que cette pauvre petite femme reste à jeun parce que je dîne en ville, je vais lui envoyer à dîner. Ma portière, madame Coquenard arrangera tout cela. »

Adhémar descend et s'avance vers la loge de sa respectable portière :

— Madame Coquenard ?

— Monsieur, il n'y a rien pour vous, ni lettres ni cartes... personne n'est venu vous demander.

— Ce n'est pas de cela qu'il s'agit, madame Coquenard, vous allez me faire un plaisir.

— Tout ce que monsieur voudra, je suis à sa disposition ; justement, je puis quitter la loge, ma petite nièce est là.

— Madame Coquenard, vous allez vous rendre chez le meilleur restaurateur des environs et vous commanderez un joli dîner... tout ce qu'il faut... du vin de Bordeaux et de Champagne.

— Monsieur veut se soigner, monsieur a raison ; on fait bien quand on en a les facultés ! Qu'est-ce que monsieur veut manger ?

— Cela m'est égal. Je vous dis un dîner fin.

— Je vas demander du haricot de mouton et du miroton... c'est bien distingué.

— Ah ! madame Coquenard, qu'est-ce que vous me proposez-là. Je vois que vous n'y entendez rien ; avez-vous une plume... du papier ?

— Oui, monsieur... voilà.

— Je vais écrire la carte du dîner, je vois que ce sera plus sage.

— Ah ben ! j'aime mieux ça, monsieur, parce que les goûts des uns ne sont pas les goûts des autres ; moi, je raffole du haricot de mouton.

Adhémar écrit la carte du dîner, la donne à la portière et lui dit :

— Vous allez tout de suite commander cela.

— Oui, monsieur, au *Banquet d'Anacréon* ou au restaurant du Théâtre de la Porte-Saint-Martin.

— Où vous voudrez, seulement vous paierez tout de suite, vous entendez.

— Oui, monsieur.

— Tenez, je ne sais pas ce que ce sera... voilà vingt-cinq francs

— Vingt-cinq francs pour le dîner d'une seule personne! Dieu! que la vie est chère pour le grand monde !

— Mais ce n'est pas tout, écoutez bien... quand le garçon traiteur apportera le dîner...

— Je le ferai monter chez vous, quoi ?

— Oui, mais, tenez, madame Coquenard, vous êtes une femme discrète, on peut se confier à vous.

— Oui, monsieur, de jour comme de nuit, je m'en flatte.

— Ce dîner n'est pas pour moi, car je dîne en ville... mais il y a chez moi depuis ce matin une petite femme...

— Je l'ai vue monter *à ce matin* de bonne heure, et je me disais aussi : Je ne l'ai pas vue descendre.

— C'est à elle que je veux envoyer à dîner.

— Juste ciel ! et vous lui en demandez pour vingt-cinq francs ! vous voulez donc l'étouffer cette jeune dame.

— Rassurez-vous ! elle n'en prendra que ce qu'elle voudra... J'avais d'abord pensé à vous faire monter avec le garçon traiteur... mais elle vous ferait une foule de questions... vous ne sauriez que répondre... Il vaut mieux que vous ne montiez pas. Vous laisserez aller le garçon traiteur chez moi, et vous le prierez de dire tout simplement à la dame qui lui ouvrira : « Madame, voilà le dîner que l'on a commandé pour vous... » vous entendez ?

— Pardi, monsieur, c'est pas difficile, le traiteur dira à cette jeune dame : Voilà, madame, un dîner qu'on a commandé pour vous, et si elle lui fait d'autres questions, dam ! ce garçon dira qu'il n'en sait pas plus.

— C'est cela même, vous allez tout de suite commander ce dîner.

— Sur-le-champ, monsieur.

— Très bien, alors moi je puis me rendre où l'on m'attend, et si, par hasard, cette petite dame descendait s'informer si vous m'avez vu, si je suis rentré... vous direz que vous ne m'avez pas vu depuis ce matin.

— Ça suffit, monsieur.

Certain maintenant que pendant son absence Emmeline ne sera pas forcée de jeûner, le jeune homme remonte en voiture, et se fait conduire chez madame Bourdichon, en disant :

« Ce n'est pas en continuant ainsi que je ferai des économies... mais il y a des circonstances plus fortes que nos résolutions, où il n'y a pas moyen de faire ce que l'on s'était promis. »

CHAPITRE IX.

UN DINER DE GIBIER. — LE BEAU MONFIGNARD. — PROVERBE VÉRIFIÉ.

Six heures sonnaient, comme Adhémar entrait dans le salon de madame Bourdichon, et celle-ci le remercia par un tendre sourire de son exactitude, déjà cependant M. Carcassonne et son épouse étaient arrivés.

— C'est fort bien de ne pas faire attendre, dit Bourdichon, je fais grand cas des gens exacts... d'autant plus qu'ils sont fort rares dans la société.

— Est-ce que je ne le suis pas, moi ? dit le grand Carcassonne il me semble pourtant que jamais...

— Oh! toi, mon cher ami, dit madame Carcassonne en interrompant son mari, c'est autre chose, tu arrives toujours avant l'heure, et je crois que c'est pis que d'arriver trop tard ; si je l'écoutais quand on nous invite pour six heures, nous partirions à quatre ; quand il va au bal sans moi, il arrive pendant que les dames font encore leur toilette... avant que les salons ne soient allumés !... au spectacle, il se met à la queue avant que les pompiers ne soient à leur poste !... C'est une maladie chez lui d'avoir peur d'être en retard ! c'est au point qu'un jour, nous étions à une fête de village..

quatre ou cinq lieues de Paris, eh bien, comme le temps était un peu incertain, il a eu si peur de manquer la voiture, qu'à peine arrivé, il a été s'installer dans le bureau où l'on retenait ses places, et il y a passé toute la soirée, pendant que j'étais à la danse... ce jour-là, je me rappelle que j'ai dansé vingt-deux contredanses de suite.

— Vingt-deux! dit madame Bourdichon en souriant. Alors votre mari a dû vous attendre fort tard au bureau des voitures...

— Mais... non... pas trop tard... les violons jouaient très vite.

— Nous n'attendons plus que M. Monfignard, n'est-ce pas, monsieur Bourdichon? dit Mathilde à son mari.

— Et Dalbrun, notre jeune Turc d'hier... un de vos vainqueurs à la bouillotte, monsieur Marilly, je l'ai rencontré. Je lui ai dit qu'il fallait qu'il vînt dîner avec nous, pour vous donner ce soir votre revanche, et il n'a pas mieux demandé; c'est un fort bon petit garçon que Dalbrun.

— Il a un bien joli pied! dit madame Carcassonne, un pied de damme absolument! et si bien cambré!...

— Ah! vous avez remarqué cela, dit Bourdichon d'un air malin.

— Pourquoi pas? il me semble qu'un pied, cela se voit... ça saute aux yeux?

— Dis donc, Carcassonne, ta femme a remarqué le joli pied de Dalbrun... Prends garde à toi.

Le grand monsieur ouvre une bouche immense comme s'il voulait bâiller, et fait un éclat de rire qui ressemble à une pile d'assiettes que l'on casse; après quoi, il dit:

— Je ne remarque que les pieds de mouton... oh! oh! oh!

— Très bien, mon ami, dit madame Carcassonne, tu es rempli d'esprit aujourd'hui... Tu nous feras des pointes au dîner.

— Une fois, reprend M. Carcassonne, j'en ai mangé qui étaient accommodés d'une sauce délicieuse!... Figurez-vous que, pour cela, on prend d'abord...

— Qu'est-ce qu'il fait, M. Dalbrun, reprend la petite dame, sans écouter son mari.

— Il est avocat; c'est un garçon qui fait très bien ses affaires... il a de l'ordre... Je le crois un peu serré même; mais il arrivera...

La porte du salon s'ouvre, et M. Dalbrun paraît. C'est un jeune homme de vingt-six à vingt-huit ans, très brun de cheveux et de peau, bien de visage quoique d'un abord un peu froid et presque sévère; un peu petit de taille, mais bien fait, et toujours mis avec goût, sans cependant avoir rien d'affecté dans sa tournure et ses manières; enfin, parlant peu dans le monde, mais laissant parfois échapper des saillies fort spirituelles.

— Quand on parle du loup!... s'écrie Bourdichon, en tendant la main à Dalbrun.

— On en voit la queue, ajoute Carcassonne.

— Qu'est-ce que c'est? murmure la petite femme, en jetant sur son mari un regard courroucé. Est-ce que nous allons nous oublier?

— Il me semble que ça se dit, balbutie le grand chasseur, en allant examiner les tableaux.

— Est-ce que je me suis fait attendre? dit M. Dalbrun, après avoir salué la compagnie. Il n'est que le quart, et Bourdichon m'avait donné jusqu'à la demie.

— Non, vous ne serez pas grondé, dit Mathilde; mais mon mari est cruel, de n'engager que pour six heures et demie, parce qu'alors on vient à sept heures. Vous verrez que M. Monfignard ne sera pas ici avant.

— Nous lui donnerons le quart d'heure de grâce, mais pas plus, dit Bourdichon. On ne se gêne pas pour un homme. D'ailleurs, j'ai prévenu: c'est un dîner sans façon, un dîner de gibier... L'aimes-tu Dalbrun?

— Le gibier!... Je ne peux pas le souffrir.

— Ah! tu es bien tombé alors... mais je t'avais prévenu.

— Aussi ne suis-je pas venu pour ta chasse... mais pour ta compagnie.

— J'étais bien en tigre, hier, n'est-ce pas?

— Magnifique! tu avais l'air d'un lion.

— Est-il méchant, ce petit Dalbrun... Et toi, avec ton croissant sur la tête, de quoi avais-tu l'air, hein?

— Mais d'un Turc, probablement.

— Ah! oui: est-ce qu'il n'y a que les Turcs qui portent des croissants? ah! ah! ah!

Mathilde devient pâle; elle s'empresse de changer la conversation en disant à Adhémar:

— Savez-vous si M. Sublimé s'est ressenti de sa chute d'hier... si son fils n'a pas été malade de la peur qu'il a éprouvée... Mon Dieu! c'est une famille qui a eu bien du malheur hier..

— Oui, beaucoup de malheurs, murmure Dalbrun en souriant car le costume de madame Sublimé était aussi très malheureux!...

— Oh! c'est-à-dire que c'était à pouffer de rire, s'écrie madame Carcassonne. Concevez-vous qu'à quarante-huit ans... madame Sublimé a bien cela, on vienne en société affublé de la sorte!.. D'abord ce serait ridicule même chez une femme jeune et jolie mais madame Sublimé n'est ni l'une ni l'autre.

— Elle est fort belle femme, dit Mathilde.

— Oh! parce qu'elle est grande..... Elle est bâtie comme un homme!...

— Qu'en savez-vous? dit Bourdichon en souriant.

— Mon Dieu! monsieur Bourdichon, vous êtes terrible aujourd'hui! on ne peut rien dire que vous n'y entendiez malice.

— Je ne saurais vous donner aucune nouvelle de la famille Sublimé, dit Adhémar, je les ai déposés chez eux cette nuit, ou plutôt ce matin, et je ne les ai pas aperçus depuis.

— Nos domestiques ont trouvé ce matin, dans le petit salon bleu, un bracelet avec un énorme camée, dit Mathilde, j'ignore à qui il appartient, mais certainement on viendra le réclamer.

— Que représente le camée? demande la petite dame.

— Je ne sais plus ce que c'est.

— Oh! voyons-le donc, ce bracelet, montre-le nous.

— A quoi bon, puisqu'il n'est pas à vous?

— C'est égal, nous tâcherons de deviner, d'après la figure du camée. Allez le chercher, ma petite Mathilde, vous serez bien gentille.

Madame Bourdichon cède, quoique avec un air contrarié; elle sort du salon, et revient bientôt avec le bracelet. Il est fort beau de travail, et orné d'un grand camée représentant une tête de bélier. En voyant cela, toute la compagnie se met à rire.

— Cela devient bien plus difficile à deviner, s'écrie M. Bourdichon en riant plus fort que les autres.

— Pourquoi cela? dit Dalbrun.

— Parce que ce bracelet pourrait convenir à une foule de personnes de la société.

— Il est sept heures sonnées, et M. Monfignard ne vient pas? s'écrie Mathilde, c'est insupportable de se faire toujours attendre ainsi!

— Mettons-nous à table, ma chère amie; tant pis pour les retardataires.

En ce moment le bruit de la sonnette se fait entendre, et bientôt la personne que l'on attendait paraît dans le salon.

M. Monfignard est un homme de trente ans, grand, bien bâti, quoique peut-être un peu fortement. Sa figure est parfaitement ronde et régulière. Il a un nez droit, bien correct, et dans lequel le peintre le plus minutieux ne trouverait rien à reprendre; il a des yeux bleus, assez grands, une petite bouche, de fort belles dents, un teint très rose, une forêt de cheveux blonds, bouclés et séparés avec un soin parfait, et enfin un superbe collier de favoris qui encadrent parfaitement sa figure. Vous voyez que M. Monfignard est tout à la fois un bel homme et un joli garçon; ajoutez à cela une toilette toujours extrêmement soignée, voilà pour les agréments. Un air suffisant, un ton moqueur et tranchant, une physionomie constamment la même, beaucoup de vanterie et fort peu d'esprit dans la conversation, voilà pour le solide. Les uns disaient que Monfignard était un fat, les autres, qu'il était fort bon enfant quand on le connaissait; peut-être chacun avait-il raison.

— Arrivez donc, monsieur, dit Mathilde au nouveau venu, nous allions dîner sans vous.

— Ah! je gage que non! vous n'auriez pas eu cette cruauté... Quelle heure est-il donc? vos pendules vont tout de travers!...

— Je vais très bien, dit M. Bourdichon, c'est vous, Monfignard, qui êtes déréglé... ah! ah! ah! attrape! pas mauvais cela..

M. Monfignard salue à peu près la compagnie, va se jeter sur un divan, relevant ses deux jambes qu'il soutient en l'air avec ses mains, qu'il passe dessous, c'était sa tournure favorite en société, et s'écrie.

— Vous êtes étonnants, ici, pour dîner de bonne heure!

— Il est charmant! de bonne heure... sept heures et quart... Alors, mon cher, il faut dire que vous soupez, cela vaudra mieux.

— Ah ! j'aurais bien aimé les soupers d'autrefois... je suis de ce côté-là tout à fait régence !

— Monfignard, j'étais bien en tigre, n'est-ce pas ?

— En tigre, comment ?

— Ah ! je ne pensais plus que vous n'étiez pas à notre bal, cette nuit !

— C'est fort mal à vous, monsieur, de ne pas être venu, dit Mathilde, je vous en veux beaucoup de cela.

— Ah ! belle dame, vous devez penser que je suis déjà assez puni de n'avoir point passé une soirée près de vous. Mais prenez-vous-en à votre mari, c'est lui qui en est cause !... Que Dieu me préserve aussi de jamais retourner à la chasse avec lui !... Il m'a éreinté ! abîmé !... je crois qu'il avait juré ma mort !

— Ah ! parbleu ! vous faites de fameux chasseurs ! vous et Carcassonne, s'écrie Bourdichon. L'un tue des lapins déjà morts, l'autre ne peut pas porter son fusil ; sa gibecière le fatigue, il faut lui choisir les chemins !..... Aussi, il a tué trois alouettes.

— Cinq, mon cher ami, et au vol, je m'en flatte.

Un domestique met fin à cette conversation en annonçant que madame est servie. La société passe dans la salle à manger ; Mathilde, en faisant placer son monde, met Adhémar à sa gauche et Dalbrun à sa droite. Cet arrangement semble déplaire au beau Monfignard, on voit un léger nuage obscurcir son visage. Il prend cependant son parti, et se place près de la petite épouse du grand Carcassonne ; mais, tout en dînant, ses regards se portent souvent sur Mathilde et sur Adhémar.

On comprendra l'humeur de ce monsieur en sachant qu'il avait essayé de captiver le cœur de Mathilde ; n'ayant pas réussi dans cette entreprise, qui, du reste, n'avait pas été poussée loin, parce que la froideur de madame Bourdichon l'avait arrêtée dès sa source, le beau dandy en avait conclu que Mathilde était de ces femmes insensibles, incapables de la plus légère faiblesse ; car, du moment qu'une femme lui avait résisté, Monfignard était persuadé qu'aucun homme ne pouvait réussir près d'elle.

Cependant, malgré toute la prudence de Mathilde, malgré la réserve avec laquelle Adhémar lui parlait, peut-être même à cause de cette réserve, Monfignard faisait une singulière figure. Il y a des choses auxquelles un amoureux rebuté ne se méprend pas. Aussi, en dépit des provocations de sa voisine et des plaisanteries de Bourdichon, Monfignard ne pouvait parvenir à être aussi gai, c'est-à-dire aussi moqueur que de coutume.

— Je crois que Monfignard est comme Dalbrun, dit le maître de la maison pendant le premier service ; il n'aime pas le gibier.

— Pourquoi cela ?

— Je crois que vous ne mangez pas ! vous ne buvez pas... vous ne parlez pas... Est-ce que vous êtes encore fatigué de la chasse ?

— Oh ! pas du tout... c'est que j'ai déjeuné tard.

— Par prudence, parce qu'il dînait ici... A propos, Carcassonne, qu'est-ce que tu as fait de tes lapins ?

— Mes lapins, dit le grand chasseur en faisant, en une bouchée, disparaître une aile de perdreau. C'est vrai !... Ma femme, que sont donc devenus mes lapins ?

— Tes lapins !... j'en ai régalé nos domestiques ; je leur ai dit : Faites de cela ce que vous voudrez... Ils étaient gâtés... c'était une horreur !... Quand mon mari me rapporte de sa chasse, son gibier est toujours faisandé.

— C'est qu'il le tue vieux, apparemment, dit Dalbrun.

— Vous avez beaucoup dansé cette nuit, madame ? dit Monfignard à Mathilde.

— Mais non, monsieur... pourquoi ?

— Vous avez l'air fatigué.

Mathilde rougit en répondant :

— Il est bien permis de l'être quand on a reçu plus de deux cents personnes.

— Aussi, madame, c'est seulement par intérêt pour votre santé que je vous demande cela...

— J'en suis persuadée, monsieur.

— Ah ! c'est moi qui me suis bien fatiguée un hiver, dit madame Carcassonne ; nous avons donné un bal masqué... Nous habitions alors Bordeaux, nous avions deux cents personnes... mon logement était entièrement démeublé... c'est indispensable quand on reçoit trois cents personnes... Le soir, il y a eu un souper, un couvert magnifique !..... quatre cents personnes à table ; on a dansé jusqu'au jour ! Et, quand tout le monde est parti, c'était une queue de voiture..... Vous comprenez, cinq cents personnes !..... mais j'étais bien fatiguée.

— Elle a bien fait de s'arrêter, dit Dalbrun à Mathilde ; car elle aurait certainement reçu plus de mille personnes.

— A propos, dit Bourdichon, et le bracelet, personne n'a deviné à qui il appartient... Mais Monfignard ne l'a pas vu ; il faut le lui montrer.

Il fait respirer à Emmeline une énorme gousse d'ail. — Page 24.

— Mon Dieu, mon ami, vous vous occupez bien de ce bracelet, dit Mathilde ; nous saurons à qui il appartient quand on viendra le réclamer.

— Oh ! c'est que le camée est bien drôle !... Tu l'as laissé sur la cheminée du salon, je crois...

— Ah ! je n'en sais rien... Madame Carcassonne, vous ne mangez pas de perdreaux ?

— Oh ! jamais !... J'ai envie de dire comme une de mes amies : s'il n'y avait que des perdreaux et moi sur la terre, le monde finirait bientôt.

— Délicieux ! dit Monfignard ; mais j'aime mieux la plaisanterie des épinards.

— On a un peu abusé de celle-là, dit Adhémar.

— On n'abuse que de ce qui est bon.

— Il me semble que, dans ce moment, mon mari abuse des perdreaux, dit la petite dame en riant. M. Carcassonne venait en effet de prendre le plat pour la quatrième fois. Cependant M. Bourdichon, qui tient beaucoup à ce que Monfignard voie le bracelet, l'a envoyé chercher par son domestique, qui ne tarde pas à le lui apporter.

— Voici le fameux bijou qu'on a laissé hier ici! dit le mari de Mathilde d'un air triomphant. Tenez, Monfignard, regardez cela.

Le bel homme prend le bracelet qu'on lui passe, fait un sourire sardonique en regardant le camée, et dit :

— C'est peut-être un portrait de famille!

— Moi, j'ai dit que c'était un mari qui avait donné cela à sa femme, comme un souvenir!... hi, hi, hi!...

— Comme M. Bourdichon est méchant quand il a été à la chasse! s'écrie la petite dame.

— C'est qu'il aura rencontré beaucoup de cerfs! dit Monfignard d'un air moqueur.

— Mon Dieu, que cette conversation m'impatiente! dit tout bas Mathilde à Adhémar. Est-ce que cela ne finira pas?

— Mais qu'aviez-vous donc fait de vos chiens, dit Adhémar, je ne vous en ai pas vu hier au soir quand je vous ai rencontrés.

— Monfignard s'en était chargé; il en a deux superbes. Carcassonne ne s'en sert pas; il dit que c'est inutile; et au fait, pour la manière dont il chasse, il a raison.

Le grand monsieur ne répond rien, il est trop occupé pour trouver le temps de se mêler à la conversation.

— Et vous ignorez à qui appartient ce bracelet, reprend Monfignard qui semble ramener à dessein l'entretien sur ce sujet.

— Nous l'ignorons. Je demande que chacun, ici, nomme la personne à laquelle il suppose que ce bijou peut appartenir. Ça y est-il?

— Vous n'y pensez pas, monsieur, dit Mathilde, ce que vous proposez là est inconvenant.

— Et en quoi donc, ma chère amie, que diable, ce bracelet appartient à quelqu'un, où est le mal de chercher à deviner...

— C'est que vous attachez à cela une idée de ridicule...

— Mais, pas du tout! tout cela n'est qu'une plaisanterie; d'ailleurs, moi, je croirais assez que ce bijou est à madame de Raymond, et toi, D'Albrun?

— Moi, je pense qu'il vient du poëte Malemain, qui le tient de quelque dame dont il aura fait hier la conquête, car il était ravissant en bonnet de coton.

— Et toi, Monfignard?

— Je ne nommerai personne, je craindrais de trop bien deviner.

— Moi, dit madame Carcassonne, j'ai perdu un bracelet magnifique qui m'avait coûté fort cher. Il était tout en émeraudes. Te rappelles-tu, Carcassonne, ce bracelet de prix que tu m'avais donné à ma fête ou au jour de l'an ou au carnaval?

— Le grand monsieur fait un signe affirmatif en continuant de manger.

— Enfin, n'importe, c'était magnifique... nous allons au bal de l'Opéra, j'avais un domino et mon bracelet par-dessus, c'était fort imprudent, un bracelet tout en perles fines! Après avoir fait quelques tours dans le foyer, je m'aperçois que je n'ai plus mon bracelet. J'étais désolée; cependant je ne dis rien à mon mari qui m'aurait grondée, et, au fait, il aurait eu raison, parce qu'un bracelet en diamants ne se met pas pour aller au bal de l'Opéra. Au bout de deux heures nous allions quitter le bal où j'avais inutilement regardé à mes pieds sans rien retrouver, lorsqu'un masque en Titi... s'approcha de moi et me présenta mon bracelet en me disant galamment : Beau domino, quand on a une aussi jolie tournure que toi, on n'a pas besoin de porter de tels bijoux et on ne s'expose pas à les perdre. Je remerciai le Postillon, qui replaça lui-même le bracelet à mon bras et s'éloigna. Vous jugez si j'étais contente! nous fîmes encore quelques tours dans la salle, mais j'eus beau chercher, je ne revis pas mon Garde-Française!

L'histoire de madame Carcassonne, que Mathilde n'a eu garde d'interrompre, termine la conversation du dessert. La maîtresse de la maison a pressé le dîner, parce que les regards de Monfignard l'embarrassent. Elle donne le signal en se levant de table, et tout en passant au salon, Adhémar lui dit à l'oreille :

— Ce monsieur Monfignard vous regardait souvent et d'un air bien inquisiteur.

— Ne voyez-vous pas que cette homme m'a fait la cour, que je ne l'ai pas écouté, et qu'il devine peut-être que je vous écoute, vous!

— S'il se permettait quelque plaisanterie qui pût vous blesser, je saurais lui imposer silence.

— Ah! par grâce, mon ami, ne faites aucune attention à cet homme, qui, du reste a la prétention de plaire à toutes les dames, et songez que le meilleur moyen de compromettre une femme, c'est toujours de croire qu'on a l'intention de l'offenser.

— Vous avez raison. Je me tairai... mais demain, vous m'en récompenserez.

Et en baissant encore la voix, Adhémar dit sa nouvelle adresse à Mathilde; qui ne lui répond qu'en lui serrant la main.

Après une demi-heure de causerie, on ne tarde pas à former une bouillotte. Bourdichon était un amateur intrépide, et Adhémar lui-même, se sentant en fonds, n'est pas fâché de jouer, dans l'espérance que la chance lui sera favorable, et qu'il rattrapera sa perte de la veille.

Dalbrun et Monfignard complètent la partie. Le grand Carcassonne ne sait pas la bouillote, et sa femme prétend qu'il ne joue bien qu'au *nain-jaune*.

Les deux amies. — Page 40.

— Mais que vont faire ces dames ? dit Monfignard, c'est bien peu aimable à nous de ne pas nous occuper d'elles.

— Nous aimons mieux cela, dit Mathilde, moi, je vais faire un peu de musique, madame Carcassonne chantera, et d'ailleurs il nous viendra peut-être de la compagnie.

En effet, il n'y avait pas longtemps que les touches du piano résonnaient sous les doigts brillants de Mathilde, lorsque la porte du salon s'ouvre, et madame Sublimé entre dans le salon avec sa fille et son fils.

Les premiers compliments sont à peine échangés, lorsque la ci-devant Sapho dit à madame Bourdichon :

— Notre visite, ce soir, est intéressée ; ne nous en sachez pas gré... j'ai perdu hier un bracelet auquel je tiens beaucoup, et je viens vous demander si, par hasard, il n'aurait pas été trouvé chez vous.

Tous les hommes se regardent en souriant, tandis que Mathilde s'empresse de présenter le bracelet à madame Sublimé, en disant :

— Ce doit être cela.

— Mon bracelet !... ah ! que je suis contente !... j'aurais été désolée de l'avoir perdu, non pour sa valeur, mais parce qu'il me vient d'une personne que j'aimais beaucoup.

— C'est M. Mitrasse, mon parrain Mitrasse, qui te l'a donné, n'est-ce pas ? crie le jeune Eudoxe en accourant vers sa mère ; celle-ci repousse assez brusquement son fils, tout en répondant :

— Oui, en effet, ce fut un cadeau... de mon compère... ce mot se dit quoiqu'il ne soit pas élégant... en latin on ne dit que *socius.*

— Madame, dit Monfignard en jouant, puisque le bracelet vous appartient, nous nous permettrons de vous demander l'explication de l'allégorie du camée.

— Le camée, monsieur, mais c'est bien simple : c'est un signe du Zodiaque, *le bélier*, mon fils est né sous ce signe, d'après les remarques de son parrain, très profond en astrologie.

— Ce doit être un bon signe ? dit la petite dame en souriant.

— Oh ! oui, madame, et j'en ai la preuve tous les jours... c'est un enfant étonnant... s'il n'était pas là, je vous dirais que c'est un prodige ; mais le fait est que, pour son âge, il sait tout ce qu'il veut.

— Il paraît, dit à demi-voix Dalbrun, que le petit prodige ne veut pas savoir lire ; car dernièrement me promenant avec sa famille, dans un parc où l'on a élevé un cénotaphe, madame Sublimé montrant à son fils le monument sur lequel était gravé : *Restes chéris*, lui dit : Eudoxe, lis-nous cette inscription ; et le petit garçon lut avec beaucoup d'aplomb : *Restes chinois.* Cet échantillon de son savoir m'a donné peu de confiance dans le jeune prodige.

Mademoiselle Idalie, qui a laissé échapper un mouvement de joie en apercevant Adhémar, ne tarde pas à venir s'asseoir près de lui.

— Gagnez-vous, monsieur Marilly ?

— Non, mademoiselle, la chance m'est aussi défavorable qu'hier.

— Je vais tâcher de vous porter bonheur.

— C'en est déjà un de vous voir à côté de moi !

La jeune fille rougit de plaisir, le beau Monfignard semble très vexé, il fixe des regards moqueurs sur Idalie en lui disant :

— Est-ce que vous connaissez la bouillote, mademoiselle ?

— Je connais tous les jeux, monsieur.

— Diable ! que de talents !

— Ma fille a la bosse du jeu, dit madame Sublimé, elle les comprend tous avec une facilité étonnante, de même que moi j'ai la bosse des langues étrangères... je les saurais toutes, si j'avais le temps. Chacun a sa bosse dans ce monde !

— Il y a même des personnes qui en ont deux, dit Bourdichon en éclatant de rire. Mathilde se remet au piano et ouvre la grande pédale.

— Mon petit Monfignard, dit le petit garçon en allant près du beau dandy, tu ne m'as pas vu hier en polichinelle, j'étais bien déguisé, va ! et papa en vieux roué qui s'est fichu par terre avec un cocher dans la crotte !...

— Est-il drôle !.. Est-il spirituel ! dit madame Sublimé à madame Carcassonne ; l'entendez-vous ! il fait le récit de nos aventures d'hier... il est étonnant !

— Et puis j'ai avalé la pratique moi !... mais je l'ai rendue avec des pincettes !... et puis papa s'est encore cassé le nez sur l'escalier, en revenant en marquis... et puis maman disait à toutes minutes : est-ce qu'on ne m'invitera pas à danser !..

— C'est bien, Eudoxe, assez mon fils, taisez-vous, vous ne savez plus ce que vous dites ! s'écrie madame Sublimé. Mais que M. Bourdichon était bien en tigre, il était vraiment effrayant !

— N'est-ce pas madame ?... hé, hé, hé !

— Oui, reprend le petit garçon. Tout le monde disait : oh ! c'est une vraie bête !.. c'est un animal pour de vrai !..

— Allons, Eudoxe ! *tacet... tacet !* mettez un frein à l'intempérie de votre langue... mon époux n'a pu m accompagner, car il se ressent encore de ses chutes d'hier.

— Mais cela se trouve bien, s'écrie Idalie puisque monsieur Adhémar est ici, il nous reconduira.

Adhémar qui perd déjà beaucoup d'argent, et désire toujours se rattraper, se contente de répondre :

— Mademoiselle... si vous n'êtes pas pressée... je serai très flatté... je fais tout !..

Le tout d'Adhémar, qui se composait alors d'une vingtaine de napoléons, est tenu et gagné par Monfignard, qui regarde mademoiselle Idalie d'un air railleur, en disant :

— Décidément, vous ne portez pas bonheur à monsieur.

La jeune personne fait un mouvement pour se lever, Adhémar la retient vivement :

— Restez donc, mademoiselle... monsieur dit cela dans l'espérance sans doute que vous passerez de son côté.

— Ah ! j'aime mieux rester là, répondit mademoiselle Idalie.

Le beau Monfignard se mord les lèvres de dépit ; Adhémar met devant lui un billet de mille francs, et madame Sublimé dit à l'oreille de madame Carcassonne :

— Ma fille est d'une naïveté primitive !... on lit dans son cœur comme dans un in-octavo ! mais entre nous... je crois voir... depuis hier... enfin, M. Marilly est un jeune homme bien né... et si c'est un penchant irrésistible... vous comprenez...

— Parfaitement... Mais je croyais que monsieur Monfignard faisait la cour à mademoiselle votre fille.

— Il a essayé... entre nous, je crois qu'il eût été bien aise de l'épouser ; de notre côté, s'il avait plu à Idalie... cela nous allait parfaitement... mais elle m'a avoué qu'elle le trouvait trop gros, et nous ne voulons pas contraindre nos enfants,.. fi donc !.. Il y a là-dessus des choses que je dirai dans l'ouvrage... dont je songe à m'occuper.

La partie de bouillote continue, et suivant l'usage, les joueurs s'animent davantage à mesure que l'heure de se retirer approche. Le sort ne cesse pas d'être fatal à Adhémar qui, par amour-propre et dans l'espoir de trouver une plus heureuse chance, remet encore de l'argent devant lui.

Cependant Mathilde a déclaré que l'on ne jouerait point plus tard que minuit, presque tous les joueurs ayant passé la nuit la veille. Cette heure approchait mais madame Sublimé parlait poésie à madame Carcassonne qui regardait beaucoup Dalbrun ; Idalie ne bougeait pas de la place qu'elle avait choisie ; le grand Carcassonne lisait un journal ; Eudoxe s'était endormi sur un divan, et Mathilde, placée en face d'Adhémar, rencontrait souvent ses yeux. Tout le monde était occupé, et personne ne s'ennuyait ; pourtant, sur les minuit, Bourdichon commence à déguiser assez mal son envie de dormir, et Adhémar étant décavé de nouveau, la partie est terminée, et chacun songe à la retraite.

La famille Sublimé avait attendu Adhémar qui se voit obligé de s'emballer avec elle dans une voiture. Mais Mathilde lui a serré la main, cela lui fait oublier sa perte au jeu et la corvée qui l'attend.

— Vous avez encore été malheureux ce soir ! dit Bourdichon à Adhémar.

— C'est le sort du jeu, répond le jeune homme, tandis que le beau Monfignard murmure entre ses dents :

On ne peut pas avoir tous les bonheurs à la fois.

CHAPITRE X

UNE PLAISANTERIE DE M. TROUILLADE. — TROP DE BONHEUR EN AMOUR.

Adhémar s'est hâté de mettre la famille Sublimé à sa porte. Il se dérobe aux remerciements des dames ; il ne s'est même aperçu que mademoiselle Idalie lui a pressé tendrement la main, il entre dans sa maison et dit à sa portière :

— Vous avez fait ce que je vous avais dit, madame Coquenard?

— Oui, monsieur... Oh! le dîner ne s'est pas fait attendre dix minutes, on l'a monté comme vous l'aviez ordonné.

— Très bien : et cette dame n'est pas descendue vous parler?

— Cette dame, elle est sortie... oui, monsieur... mais environ sur les huit heures.

— Comment! elle est sortie... Emmeline!

— Ah! c'est madame Emmeline? J'ignorais son nom...

— Et à quelle heure est-elle revenue!...

— Revenue?..... mais, monsieur, cette jeune dame n'est pas revenue.

— Elle n'est pas rentrée... elle n'est pas chez moi maintenant... Allons, vous vous trompez, madame Coquenard.

— Non, monsieur, et la preuve que je ne me trompe pas, c'est que v'là votre clef que cette dame m'a remise en sortant.

— Ma clef... il serait possible... mais que vous a-t-elle dit en vous remettant cette clef.

— Monsieur, la jeune dame avait un air... très peu causeur... elle a jeté votre clef sur ma table en me disant : Voilà la clef de chez M. Marilly, tirez-moi le cordon!... Dame elle avait un ton si sec en disant ça que je n'ai pas osé lui adresser de questions... et puis, vous comprenez... on craint de paraître curieuse.

— C'est bien, madame Coquenard, donnez-moi de la lumière, s'il vous plaît.

Adhêmar ayant sa clef et de la lumière, remonte chez lui en se disant :

« Elle est partie... elle est fâchée contre moi, à ce qu'il paraît!... pauvre Emmeline! où est-elle allée!... Il est certain qu'elle n'avait pas lieu d'être satisfaite: sorti depuis ce matin, je la laisse souffrante et je ne reviens pas de la journée savoir de ses nouvelles!... Ah! je m'en veux... cela me fait de la peine! mais ce nouvel amour!... n'était-ce donc pas assez d'un pour avoir du tourment. Montons vite, elle m'aura sans doute laissé une lettre. »

Adhêmar est arrivé devant sa porte; il entre chez lui, se hâte de courir à sa chambre à coucher, tout est comme lorsqu'il est parti le matin, le lit défait, les habits de bal encore sur des chaises; il est surpris de n'apercevoir aucun vestige du dîner qu'Emmeline a dû faire; plats, assiettes, bouteilles, il n'aperçoit rien; mais en regardant sur sa cheminée, il trouve une lettre à son adresse; il l'ouvre et se hâte de lire :

« Monsieur, votre conduite avec moi est infâme! Après tout ce » que j'ai souffert, lorsque je viens vous trouver, quand je vous » dis que je n'ai plus que vous pour appui, vous me laissez chez » vous, vous me quittez, vous ne revenez plus de la journée... » peu vous importe, même, que je n'aie ni déjeuné, ni dîné... que » j'aie besoin de quelque chose; c'est par trop me prouver que je » vous suis à charge. Adieu, monsieur, j'aime encore mieux vivre » avec un homme qui est jaloux et me bat, qu'avec quelqu'un qui » me dédaigne, et ne songe pas même que je manque de tout che » lui, pendant qu'il s'amuse ailleurs.

» EMMELINE. »

« Elle manquait de tout!... elle n'a pas dîné! s'écrie Adhémar après avoir lu la lettre. Oh! par exemple, c'est trop fort... Que je sois fidèle... passe!... mais que je l'aie oubliée à ce point... Qu'est-ce que cela veut dire ?... j'ai beau regarder de tout côté... pas d'assiettes... de couverts... de pain... certainement il serait resté quelques traces de ce dîner... ah! c'est à ce donner au diable. »

Le jeune homme redescend chez sa portière. Celle-ci allait se coucher, elle passait sa camisolle de nuit. Adhémar frappe au carreau comme un furieux.

— Mon Dieu, monsieur, s'écrie la portière, qu'y a-t-il donc? vous m'avez effrayée.

— Il y a, madame Coquenard, que cette dame n'a pas reçu le dîner que j'ai commandé et payé pour elle, qu'elle est sortie de chez moi en pensant que je voulais la laisser mourir d'inanition, et qu'il y a bien de quoi être furieux.

— En voilà une sévère! elle n'a pas reçu le dîner que j'ai vu monter... une pyramide de plats bien couverts, des bouteilles et du pain dans un panier;... que ça sentait un fumet de roi!

— Il n'y a pas de vestige de tout cela chez moi...

La portière reste toute saisie, elle et le jeune homme se regardent quelques moments en silence, tout à coup Adhémar s'écrie :

— Où avez-vous dit au garçon de sonner?

— Dame, monsieur, chez vous... la porte en face l'escalier.

— Ah! parbleu, nous sommes bien sots de chercher si longtemps ce que ce dîner est devenu... Il n'y a, en général, rien de si distrait que ces garçons qui portent en ville! vous leur dites à gauche, en face, ils ne vous écoutent pas; car ils vont toujours frapper ailleurs! Quand vous attendez à déjeuner ou à dîner, si vous ne guettez pas le garçon par la fenêtre, vous pouvez être certain qu'il se trompera. Madame Coquenard, il est inutile de chercher plus longtemps : le garçon aura sonné chez mon voisin Trouillade; il aura eu malheur de dire : « Voici le dîner qu'on a commandé et payé... » on se sera bien donné garde de le renvoyer!

— Quoi, monsieur!... vous pensez que ces Trouillade auraient été capables... ce serait un abus de confiance indigne!

— Non, madame Coquenard, c'est tout simplement le garçon qui a fait une bévue dont ils ont profité!

— C'est donc cela... eux qui sortent tous les soirs... personne n'a démarré aujourd'hui!... ils seront restés à se régaler... Ah! j'ai bien envie d'aller leur faire une scène...

— C'est inutile, madame Coquenard, ça ne les empêcherait pas d'avoir mangé le dîner, et ma jeune dame n'en serait pas moins partie!... Après tout... c'est peut-être un bonheur... pourtant cela me fait de la peine... mais il y aura un moyen d'avoir la preuve de ce que je soupçonne. Le garçon est-il revenu chercher ses plats?

— Non, monsieur; oh! pour çà j'en suis sûre, d'ailleurs c'est son habitude, il ne revient jamais que le lendemain matin.

— Eh bien, quand il viendra demain matin, montez avec lui, et vous verrez bien où il va les chercher.

— Oh! vous avez parfaitement raison, monsieur, et je vous réponds que je confondrai le chanteur aux grands airs... il nous fera des *bravi*, *bravo!* des *Figaro* dans l'escalier, et il mangera le dîner d'un autre!... oh! mais je leur parlerai, moi!...

— En attendant je vais me coucher... car je dois sortir demain de très bonne heure.

Adhémar remonte chez lui, il se hâte de se mettre au lit, et là, il se dit :

« Emmeline est retournée avec Réginald... si j'avais pu prévoir cela, je n'aurais pas loué un autre appartement et acheté des meubles!... je veux faire des économies!... me voilà avec deux logements sur les bras... et ce soir j'ai encore perdu près de deux mille francs à la bouillotte!... je ne pourrai donc jamais me corriger... Ah! si elle avait voulu me pardonner... elle! je l'aimais bien... malgré »

Adhémar n'en dit pas davantage, ses yeux se ferment, et il s'endort en balbutiant un nom qui n'est pas celui d'Emmeline, ni celui de Mathilde.

Au point du jour, le jeune homme est éveillé; il regarde autour de lui, se frotte les yeux, rappelle ses idées; lorsqu'on a plusieurs intrigues à mener de front, c'est presqu'un travail, et il faut de la mémoire et de l'attention pour ne pas coefondre les unes avec les autres; mais, depuis longtemps, Adhémar est habitué à ce genre de vie; il se rappelle la visite que Mathilde doit lui faire; le bonheur qui l'attend, ce matin même; bonheur qu'il désire avec d'autant plus d'ardeur qu'il ne l'a pas encore connu avec elle. Emmeline, et tous les autres souvenirs sont bannis de son cœur; il ne pense plus qu'à Mathilde, c'est elle qu'il adore en ce moment, et il se lève vivement; car il se rappelle que c'est dans son nouveau logement de la rue de Navarin, qu'il doit recevoir la visite de madame Bourdichon.

Dépêchons-nous, se dit Adhémar en s'habillant à la hâte, il n'est pas encore sept heures du matin... une petite maîtresse ne peut pas sortir avant neuf heures... malgré cela il vaut mieux être en avance... d'ailleurs je suis curieux de voir mon autre logement et de quelle façon il est meublé... ce sera peut-être fort cher... c. je n'ai pas songé à faire de prix... à dire à peu près ce que je voulais dépenser... enfin c'est fait... me voici habillé... à cette heure je gage qu'il n'y a encore personne de levé dans la maison... pas même la portière... il faudra que je réveille pour me faire ouvrir.

Adhémar approchait de la porte de son carré, un bruit assez singulier lui fait prêter l'oreille, ce bruit se fait tout contre sa porte d'entrée, c'est comme un cliquetis d'assiettes, puis des pas sourds, comme quelqu'un qui marcherait pieds nus. Le jeune homme court à sa porte, l'ouvre précipitamment, renverse avec ses pieds un bol de porcelaine que l'on a placé contre sa porte, et aperçoit son voisin Trouillade, en chemise, et tenant dans ses bras une pile d'assiettes qu'il allait déposer à côté du bol.

L'apparition d'Adhémar a été si prompte que Figaro n'a pas eu le temps de rentrer chez lui avec les assiettes, et qu'il reste tout saisi devant son voisin.

— Diable! vous êtes levé de bonne heure, monsieur Trouillade? dit Adhémar en regardant le virtuose d'un air railleur.

— Eh! bonjour, mon cher voisin... il fait frais ce matin... pardon, je rentre, je sens trop d'air par ici...

— Permettez, monsieur Trouillade; avant de rentrer, voudriez-vous bien me dire pourquoi vous veniez déposer cette vaisselle à ma porte?...

— Cette vaisselle... eh! mon Dieu, je cherchais un endroit... c'est si petit chez nous... mais cela vous gênerait... je la remporte...

— Tenez, mon voisin, puisque vous ne voulez pas en convenir, je vais vous dire, moi, ce que vous vouliez faire. Mettre les assiettes devant ma porte pour qu'en venant les chercher le garçon traiteur ne pût pas affirmer que c'était bien chez vous qu'il avait porté le dîner que j'avais commandé, et que vous avez mangé.

— Comment! qu'est-ce que j'entends! que m'apprenez-vous!... Ah! trom dé Dious! vous me désespérez... Ce dîner d'hier était pour vous... je l'ai cru pour moi! d'autant plus que, dans le Midi, les directeurs de théâtre envoient souvent à dîner chez un acteur qu'ils veulent engager... Cela se fait!... c'est même très commun!... J'ai dit à ma femme: Tiens! c'est un tel ou tel qui nous fait une galanterie... Et c'était pour vous!... Mais je crois qu'il reste encore un pilon de poulet à la tartare que je destinais à Lycoris... si vous le voulez...

— Bien obligé, mon voisin, vous pouvez garder les restes. Par exemple, j'espère que vous voudrez bien payer ce bol que j'ai cassé, parce que vous l'aviez placé sur mon paillasson. Ce ne sera pas payer trop cher le dîner que vous avez fait à mes dépens.

Adhémar descend vivement l'escalier en riant encore de la figure de M. Trouillade; et celui-ci, après s'être assuré que son voisin est sorti de la maison, va poser la pile d'assiettes à côté des débris du bol, en disant:

— Que la peste m'étouffe si je paie rien! Voilà les plats... qu'on les prenne... Je me calfeutre chez moi, et je ne réponds plus. Avec le lièvre, nous avons encore à manger pour deux jours. Attends, Lycoris!... ah! polisson! je te vois ouvrir le buffet... je vais à toi, drôle! je vais te donner le ton de l'Opéra!

Adhémar s'est fait ouvrir; il est sorti de sa demeure et monte dans un cabriolet pour se faire conduire dans son second domicile. Il arrive rue de Navarin, où l'on est encore moins matinal que sur le boulevard Saint-Denis. Il est obligé de sonner plusieurs fois et d'attendre longtemps avant de pouvoir entrer dans la nouvelle maison qu'il va habiter.

Enfin le portier a ouvert, Adhémar demande sa clef, s'informe si les tapissiers ont eu fini la veille, et monte chez lui, en ayant soin de dire:

— J'attends une dame... et je n'y suis que pour elle... vous entendez.

— Compris, monsieur... je suis habitué à ce genre de consigne; car nous avons deux Lorettes dans la maison!...

Le tapissier avait mis autant de zèle que de goût à son travail. Adhémar se trouve dans un délicieux petit appartement, véritable bonbonnière où tout est frais, élégant et gracieux.

— C'est charmant!... c'est ravissant! s'écrie le jeune homme en admirant son nouveau logement. Ce tapissier est un homme précieux; il n'a rien oublié... jusqu'à des plumes, du papier satiné dans le secrétaire... de l'encre, de la poudre d'or... de belles pantoufles sous le lit... jusqu'à des savons, des essences dans le lavabo!... tout cela me coûtera cher; enfin, puisque c'est à moi, jouissons-en toujours... nous verrons après... Une pendule sur la cheminée... *Psyché et l'Amour*... le sujet n'est pas mal choisi... le tapissier a deviné qu'il fallait de l'amour ici... pour embellir la vie, il en faut partout; quel dommage qu'il faille aussi de l'argent!

La pendule marquait huit heures. Adhémar se jette sur une causeuse, en se disant:

— Maintenant, attendons-la.

Une demi-heure ne s'est pas écoulée, lorsqu'on frappe plusieurs petits coups à la porte d'entrée

« C'est elle se dit Adhémar en courant ouvrir. »

C'était Mathilde en effet; émue, tremblante, inquiète, mais plus séduisante encore par toutes les sensations qui se peignaient sur son visage.

Elle entre sans pouvoir même prononcer un mot; celui qui l'attendait ne parle pas non plus, mais il l'entraîne dans le fond de son appartement; quand on s'aime quand on se l'est avoué et que, pour la première fois, on se trouve seul avec l'objet chéri, on a trop de choses à se dire pour se parler.

Il y avait deux heures que Mathilde était avec Adhémar, et ce temps leur avait semblé bien court à tous deux. Cependant tout a une fin ici-bas, et c'est fort heureux, car si on ne finissait pas, on ne pourrait pas recommencer.

Mathilde regarde la pendule en soupirant, et dit:

— Il faut que je vous quitte, mon ami... Pour nous revoir souvent ainsi, il ne faut pas éveiller de soupçons.

— Quand reviendrez-vous?

— Après-demain; mais cela ne vous empêchera pas de venir à la maison. Pour être heureuse, je voudrais vous voir tous les jours.

— Et moi aussi.

— M. Bourdichon vous voit avec plaisir; vous m'apporterez des loges de spectacles... des billets de concerts... et puis vous viendrez faire la bouillotte; voilà déjà mille motifs pour nous réunir...

— Je les emploierai.

— D'abord, monsieur, je suis exigeante; je veux que l'on n'aime que moi... et que l'on m'aime beaucoup.

— Il ne doit pas être possible de vous aimer autrement.

— Savez-vous que mademoiselle Idalie m'impatientait, hier, elle ne vous quittait pas!

— Vous ne deviez pas être jalouse d'elle.

— Non, parce que j'ai vu que vous y faisiez fort peu d'attention... Ah! ce soir, nous allons à l'Opéra... venez-y; vous viendrez nous parler... vous resterez dans notre loge. M. Bourdichon aime peu le spectacle, il est capable de s'en aller avant la fin et de vous prier de me reconduire.

— J'irai, je vous le promets.

— Votre petit logement est charmant! oh! que vous avez bien fait de louer ici!... Allons, il faut partir... Quel dommage! mon Dieu! cet amour sera désormais ma vie... Ah! je suis bien coupable! et pourtant je n'ai pas la vertu de me repentir... Mais si vous changiez jamais, si vous en aimiez une autre!... oh! c'est alors que viendrait la punition!...

Mathilde cache sa figure dans ses mains, mais Adhémar s'empresse de la presser dans ses bras, en lui disant:

— Eh bien!... que signifient de telles idées?

Mathilde est quelques instants sans vouloir montrer son visage. Lorsque Adhémar parvient enfin à se rendre maître des deux petites mains qui le cachent, il s'aperçoit que la jeune femme a les yeux pleins de larmes.

— Vous pleurez!... mais pourquoi donc?... Vous ai-je fait de la peine?...

— Non! oh! non!... mais pardonnez-moi... on pleure quelquefois sans savoir pourquoi....

Mathilde porte ses regards sur la pendule et soupire en disant:

— *Psyché et l'Amour!* il me semble que leur liaison a eu une triste fin!...

— Cette pendule vous déplaît, je la changerai.

— Non, oh! elle ne me déplaît pas! Ne changez rien ici, mon ami, rien absolument... et vous-même soyez-y toujours avec moi comme aujourd'hui. Je suis une folle de vous affliger... quand je suis si heureuse de votre amour. Pardonnez-moi... Adieu, il faut que je parte. Ce soir, vous viendrez à l'Opéra.

— Oui, c'est convenu... et après-demain ici.

— Oui, et votre souvenir partout!...

Mathilde s'est enfuie, légère comme une nymphe, jolie comme le plaisir; Adhémar l'a suivie des yeux longtemps, ensuite il fait quelques tours dans sa chambre et soupire en murmurant:

« Elle est charmante... oui, j'irai à l'Opéra... j'aurai des billets de spectacles, de concerts... je ferai la partie du mari... toujours des occasions de dépenses... mais ayez donc une liaison qui ne vous coûte rien... Mathilde aussi me croit riche... Certes, ce n'est pas cela qui influe sur les sentiments qu'elle a pour moi; malgré cela, je serais fâché qu'elle connût ma véritable position! Oh! la vanité!... la vanité!... mais n'est-il pas bien naturel d'en avoir, puisque dans le monde, on ne recherche que les gens heureux. »

Adhémar s'est jeté sur un siége; il y reste longtemps, absorbé dans ses pensées, puis il passe la main sur son front comme pour chasser de pénibles idées; il se lève, examine comme un enfant tous les meubles de son appartement, se met quelques instants à sa fenêtre, et se dit bientôt.

« C'est Emmeline qui est cause que j'ai loué ce logement... Pauvre Emmeline!... retourner avec ce Réginald qui la maltraite... C'est ma faute, il ne tenait qu'à moi de la garder; elle le voulait, c'est dans cette idée qu'elle était venue me trouver. Il me semble maintenant que je suis fâché de ce qu'elle m'ait quitté. Ce qu'il y a de certain, c'est que je ne puis pas laisser croire à Emmeline que je voulais la faire mourir de faim chez moi... il faut absolument que je me justifie. Qu'elle ne m'aime plus... c'est probable; mais qu'elle ait de moi une si mauvaise opinion, je ne dois pas le souffrir. D'ailleurs, elle est bien gentille, Emmeline... il me semble que je n'ai jamais eu aussi envie de la revoir... Ecrivons-lui, supplions-la de venir demain chez moi... chez moi, sur le boulevard pour m'entendre lui expliquer ma conduite... Elle viendra, je le gage, et je sais par Madeleine le moyen de lui faire tenir mon billet. »

Adhémar s'approche du secrétaire pour écrire à Emmeline, il s'arrête en se disant :

« Et Mathilde... qui expose pour moi son repos, sa réputation... sa vie même!... je lui ai juré de n'aimer qu'elle... Si elle savait... Après tout, Emmeline est une ancienne connaissance... On n'a pas le droit d'être jaloux du passé... et puis elle n'en saura rien. »

Le billet pour Emmeline est écrit. Adhémar se dispose à sortir lorsqu'on sonne à la porte. C'est le tapissier, qui vient savoir si l'on est content de ses fournitures, et en même temps apporte son mémoire.

— Je suis très content, très-satisfait, répond Adhémar au marchand; mais en même temps il fait une légère grimace, car il vient de jeter les yeux sur le total, et il a vu avec effroi : cinq mille trois cents francs.

— Seulement, reprend Adhémar, cela me paraît un peu cher!...

— Cher! s'écrie le tapissier. Oh! je défie à monsieur d'être servi aussi bien et aussi vite à meilleur marché; mais aussi j'ai employé huit garçons.

— Au fait, il est juste de payer le temps... moins on en emploie, et plus il est cher. Vous avez reçu mille francs; dans la journée, je vous donnerai le reste.

Le tapissier salue profondément et se retire. Adhémar jette encore un coup d'œil sur son joli appartement, et sort aussi en se disant :

« Le fait est que c'est charmant... bien plus élégant qu'au boulevard Saint-Denis... je coucherai ce soir dans celui-ci... Mais si je donne congé de l'autre, il faudra qu'Emmeline vienne ici... qu'elle connaisse ma nouvelle demeure... elle est jalouse... elle arrive souvent quand je ne l'attend pas... elle pourrait rencontrer Mathilde... décidément, ce serait bien plus commode de garder les deux logements... Après tout! nous verrons au terme prochain... le moment de donner congé n'est pas près d'arriver. »

Adhémar se rend d'abord chez son agent de change; il touche ce qu'on lui redoit pour le produit de la vente de ses rentes. Il met ses billets de banque dans son portefeuille, et ne peut s'empêcher de soupirer en songeant que lorsqu'il sera vide, il ne lui restera plus rien. Mais le portefeuille est alors bien garni, Adhémar est jeune, les amours, les plaisirs occupent tous ses moments : les idées noires s'évanouissent bien vite, lorsque la tête est légère et quand le cœur est brûlant.

Après avoir soldé son tapissier, le jeune homme se dirige du côté de la demeure d'Emmeline. Il se trouve bientôt sur les bords du canal, au même endroit où l'avant-veille il était au rendez-vous. Mais en ce moment, le temps est beau, un vent vif et froid a séché la terre, et déjà la surface de l'eau forme une glace légère.

Cependant, en regardant les fenêtres d'Emmeline, Adhémar a cru apercevoir du monde à une croisée; lorsqu'il est un peu plus loin il regarde de nouveau. C'est monsieur Réginald qui est à la fenêtre; la gentille Emmeline est à son côté, et elle a sa tête amoureusement appuyée sur l'épaule de ce monsieur, et elle passe une de ses mains dans ses cheveux blonds qu'elle semble admirer en les caressant.

Adhémar se mord les lèvres de dépit, en se disant :

« O les femmes! les femmes! si nous les trompons, comme elle nous le rendent bien! elles nous le rendent même mieux, parce qu'elles y mettent plus de finesse. Emmeline s'est raccommodée avec son Réginald, et, en ce moment, je donnerais, je crois, tout ce qui me reste pour la tenir encore dans ma chambre. Oh! mais elle y viendra! je le veux... il me semble maintenant que je l'aime plus que Mathilde. »

Et le jeune homme court trouver son commissionnaire habituel, il lui remet pour Madeleine la lettre que celle-ci doit remettre à sa maîtresse. Après avoir payé généreusement pour être bien servi, il rentre à son logement du boulevard. Le carré est libre, les assiettes et les bols ont disparu, et la porte du voisin est parfaitement fermée. Adhémar remet un peu d'ordre chez lui, puis il réfléchit que s'il couche dans son autre logement, il a besoin d'y avoir du linge, des vêtements pour changer, et une foule de choses que l'on aime à trouver près de soi en s'éveillant. Il fait donc une seconde part de sa garde-robe, après quoi il appelle madame Coquenard et lui montrant les effets et le linge qu'il veut emporter, il lui dit :

— Madame Coquenard, descendez tout cela chez vous, puis vous irez me chercher un fiacre, dans lequel vous mettrez ces effets, et quand cela sera fait, vous m'avertirez et je descendrai.

— Est-ce que monsieur va à la campagne, qu'il emporte tant de choses? demande la portière en mettant les objets en paquets.

— Justement, madame Coquenard, aussi ne m'attendez pas à coucher ce soir, je ne viendrai que demain dans la matinée.

— Monsieur aura bien froid à la campagne dans ce moment-ci.

— J'aime la campagne, l'hiver, moi.

— Ah! c'est différent, chacun son goût.

La portière a fait ce qu'on lui a dit, et Adhémar arrive à son nouvel appartement, où son portier se charge de monter les paquets, en disant :

— Je suis habitué à monter une foule de choses, monsieur, nous avons deux lorettes dans la maison... et vous comprenez!... ces dames-là reçoivent souvent des paquets.

Le nouveau locataire passe quelque temps à se caser et à mettre de l'ordre dans son domicile. Il trouve très drôle d'avoir deux appartements, il a tout à fait oublié ses projets d'économie; on croirait, à la conduite que tient Adhémar, qu'il veut s'étourdir sur sa position, car dès qu'une réflexion raisonnable lui vient, il la repousse bien vite comme un remède inutile et qui ne le guérirait pas.

Le soir, fidèle à sa promesse qu'il a faite à Mathilde, Adhémar se rend à l'Opéra et se place au balcon, d'où ses regards peuvent plus aisément parcourir la salle. Il aperçoit dans une loge celle pour laquelle il est venu, et un sourire expressif lui annonce qu'on la vu. M. Bourdichon est auprès de sa femme; il paraît s'amuser beaucoup moins que lorsqu'il était en tigre; il dissimule fort mal des bâillements continuels. Dans l'entr'acte, Adhémar se rend à leur loge, Mathilde feint d'être surprise en le voyant; quant à Bourdichon, il ne dissimule pas la joie qu'il éprouve de ne plus être seul avec sa femme; il dit à Adhémar :

— Vous allez rester avec nous... au moins nous pourrons causer... ma femme ne me dit rien... c'est ennuyeux.

— Mais j'écoute l'opéra, mon ami.

— Tu écoutes!... c'est fort bien, mais on n'écoute pas toujours. Moi, je ne viens ici que pour les ballets! Ah! vivent les ballets... ces petites femmes dansent si bien!... et puis, elles ont une tournure... des mouvements... enfin, c'est fort gentil. Malgré cela, j'avoue que le spectacle n'est pas ma passion; j'aime mieux faire la partie... nous irons demain soir chez Le Doucet... viendrez-vous... on joue ferme là...

Adhémar hésite, mais Mathilde a fait un petit clignement d'yeux qui signifie : « vous y viendrez, je le veux; » et il se hâte de répondre :

— Oui, oui, j'irai demain chez Le Doucet... j'aurai l'avantage de me trouver avec vous.

— Ah! mon cher ami, c'est un plaisir de faire votre partie... vous êtes si beau joueur... vous ne gagnez presque jamais, cependant... je sais bien que vous êtes riche et que la perte ne vous gêne en rien; mais c'est égal, il y a des millionnaires qui sont très mauvais joueurs!... j'en ai connu!

Adhémar dissimule une légère contraction nerveuse, que lui a causé le mot millionnaire; il reporte toute son attention sur Mathilde, il reste dans la loge, car Bourdichon a été le premier à l'engager. Le mari ne s'en va pas comme on l'espérait, mais la femme trouve bien le moyen de faire comprendre à son amant tout le bonheur qu'elle éprouve à être près de lui.

Le spectacle a fini, Adhémar prend congé de Bourdichon et de sa femme, non pas sans avoir en cachette rencontré une main qui a tendrement serré la sienne; et il se rend à son logement de la Chaussée-d'Antin, où il va coucher pour la première fois.

Le portier de la rue de Navarin donne de la lumière à Adhémar en lui disant :

— Il est minuit! mais je ne suis pas prêt à me coucher, parce que quand on a des orettes dans une maison... vous comprenez n'est-ce pas, monsieur?

Le lendemain, Adhémar retourne à son appartement du boulevard, où il attend Emmeline; car il espère bien que la colère de la

·une femme n'aura pas tenu contre la lettre qu'il lui a écrite ; et :is, il sait par expérience, qu'une femme manque bien moins au ·ndez-vous d'un amant dont elle a à se plaindre, qu'à celui de ·omme qui ne lui a pas fait d'infidélités.

Et, en effet, Emmeline arrive, furieuse d'abord ; mais bientôt ·nt aux larmes, au récit de l'espièglerie de monsieur Trouillade ; ·is enfin, pardonnant et se montrant aussi aimante qu'avant d'être ·ccommodée avec M. Réginald.

Et le soir, pour complaire à Mathilde, Adhémar se rend à la soirée ·nt on lui a parlé ; il fait la partie de M. Bourdichon ; il perd encore son argent, mais sa nouvelle maîtresse lui a dit bien bas : « A demain. »

Faites donc des économies, en suivant ce train de vie ; avec deux ·gements, deux maîtresses, dont l'une vous oblige à aller sans ·sse dans le monde, à courir les bals, les spectacles, les concerts ; ·ndis que l'autre désire quelquefois un chapeau, un bonnet, un ·i petit châle, que son jaloux lui refuse, et que vous êtes trop ga·nt, vous, pour ne point lui donner.

Quelquefois Adhémar faisait de sages réflexions, il aurait voulu ·rrêter... mais comment?... Il aimait Mathilde et Emmeline, du ·oins il tâchait de se le persuader ; car il semblait vouloir s'étour·r. et se faire illusion sur l'état de son cœur, comme sur celui de ·s finances.

CHAPITRE XI.

L'AMIE DE MATHILDE.

Quatre mois se sont écoulés, depuis qu'Adhémar se partage entre ·mmeline et Mathilde, entre son logement de la rue de Navarin et ·lui du boulevard Saint-Denis ; cette passion en partie double, oc·pant tout son temps, lui laissait peu de loisirs pour faire de sages ·flexions ; et, ce que les dames croiront peut-être difficilement, ·st que loin de se nuire, ces deux amours se soutenaient mu·ellement.

En effet, avec le caractère léger d'Adhémar, s'il n'eût connu que ·gentille Emmeline, cette liaison n'était semée que de peu d'obs·cles : l'ennui, la monotonie se seraient bien vite glissés dans le ·œur du jeune homme, et son amour se serait éteint totalement, ·ute de sensations nouvelles pour l'alimenter. D'un autre côté, ·athilde était bien tendre, bien aimante, bien passionnée même ; ·ais son mari ne la gênait en rien, il n'était pas jaloux, il ne voyait ·s ce que d'autres personnes dans la société voyaient pour lui ; ·fin, Mathilde pouvait venir facilement chez Adhémar ; elle ne ·anquait jamais à un rendez-vous. Elle y était toujours la même : ·est-à-dire toujours éprouvant et exprimant à son amant la même ·deur, le même attachement ; et tout cela était charmant, mais non ·s de nature à fixer un volage. Tandis qu'en se croisant, les deux ·trigues donnaient plus de piquant l'une à l'autre ; lorsqu'en rete·nt Adhémar près d'elle, Emmeline lui faisait manquer un rendez-·us avec Mathilde, alors son désir de revoir madame Bourdichon ·it bien plus vif, et il en était de même à l'égard d'Emmeline, ·rsque Mathilde, en exigeant qu'il vînt au spectacle ou en soirée, ·mpêchait d'aller à un rendez-vous sur les bords du canal.

Vous penserez peut-être que si Adhémar avait aimé véritablement ·athilde ou Emmeline, il eût bien facilement sacrifié le caprice au ·ntiment, eh ! mon Dieu ! qu'en savons-nous ? le cœur de l'homme ·: si bizarre ! Il y a des caprices qui deviennent bien tenaces quand ·veut les chasser, et des sentiments qui sont de si bonne compo·ion.

Malheureusement, au milieu de ces douces occupations du cœur ·nt on se contenterait volontiers pour passer ses jours, revient ·ujours la vie matérielle, la vie qui ne se contente pas de soupirs ·de baisers, de tendres serments et de douces étreintes, mais ·i nous rappelle qu'il faut s'habiller, se nourrir et payer son ·me, quand on n'a pas comme *monsieur Vautour*, une maison à ·i.

L'argent fuyait avec une effrayante rapidité entre les mains ·Adhémar, qui avait double terme à payer, double dépense à ·re, comme il avait aussi deux amours à entretenir ; il fallait dans ·position, de la fortune et de la santé ; mais les amoureux ne mé·gent ni l'une ni l'autre.

Un soir, dans le salon de M. Bourdichon, Adhémar entend le mari de Mathilde causer avec le beau Monfignard d'une affaire dans laquelle il regrette de n'avoir pu mettre que trente mille francs.

— Est-ce qu'il n'y a plus moyen de se faufiler là-dedans ? demande le bel homme, en se caressant le menton.

— Pardonnez-moi, dit Bourdichon, on avait encore besoin de cent mille francs ; moi, j'en mets trente, et je ne pense pas que le reste soit déjà fourni. Mais il faudrait se hâter, car l'affaire me semble trop bonne pour que les fonds ne soient pas faits promptement.

— J'y mettrai quinze mille francs, dit Monfignard, je vous les donnerai demain.

— De quoi s'agit-il donc ? dit Adhémar en s'approchant du mari de Mathilde.

— D'une excellente affaire, mon cher ami. Un armateur de mes amis vient de faire un chargement de marchandises pour New-York, il y a deux cents pour cent à gagner. On triplera ses capitaux. Je connais ceux qui ont fourni les marchandises, elles seront enlevées ! L'armateur a perdu cent mille francs au jeu, il y a quelques jours ; c'est un brave homme, incapable de manquer à ses engagements. Il m'a offert de m'associer à cette affaire en lui donnant les cent mille francs qui lui manquent. Je n'en ai que trente mille de disponibles en ce moment, je les lui ai donnés bien vite. Dans six mois j'en toucherai quatre-vingt-dix mille ; et quand on ne gagnerait que le double... c'est encore assez gentil ! Monfignard y met quinze mille francs.

— Et moi, vingt mille, dit Adhémar après avoir réfléchi un moment.

— Vingt mille, c'est convenu...

— Demain matin, je vous les apporterai.

— C'est entendu. Je porterai votre argent avec celui de Monfignard à notre armateur qui, dès qu'il aura complété sa somme, doit repartir pour le Havre. Eh ! eh ! messieurs ! nous ne ferons pas là une mauvaise affaire... Ça vaut encore mieux qu'un brelan carré.

Toute la soirée, Adhémar pense à l'entreprise dans laquelle il va s'intéresser. Il lui reste encore vingt-six mille francs de la somme qu'il a touchée pour la vente de ses rentes, il est tellement enthousiasmé de l'affaire qui se présente, que s'il ne lui fallait pas garder de l'argent pour vivre, il mettrait tout ce qu'il possède entre les mains de l'armateur ; il pense que dans quelques mois, ses vingt mille francs lui en rapporteront soixante ; Bourdichon le lui a dit, et le mari de Mathilde est trop fin, trop prudent en affaires, pour que l'on n'ait pas une entière confiance en lui.

Adhémar se dit :

« Avec mes soixante mille francs, je ferai d'autres entreprises, je doublerai bien vite mes capitaux... avec les conseils de Bourdichon, avant six ans, je puis être millionnaire !... Ah ! que j'ai bien fait de vendre mes rentes !... vivent les entreprises, vive le commerce ! quel dommage que je n'aie pas songé à cela plutôt. »

Et le jeune homme qui se voit déjà millionnaire, joue à la bouillotte comme un fou, et perd son argent en riant : qu'importent quelques napoléons, pour celui qui va bientôt posséder une fortune.

C'est à son logement du boulevard, qu'Adhémar doit trouver la somme dont il va disposer. Depuis quelque temps, il n'y couchait que rarement ; lorsqu'on venait pour le voir, madame Coquenard avait ordre de dire qu'il était sorti de grand matin. Cette fois, en sortant de chez M. Bourdichon, Adhémar se dirige vers son ancien domicile.

Il était une heure du matin quand il arrive chez lui ; il se dispose à se coucher lorsqu'il entend cogner à la porte de son carré.

« Une visite si tard, se dit Adhémar. Ce ne peut être Azéma... on m'a dit qu'elle était déménagée... et j'en suis fâché... elle avait tant envie de déjeuner avec moi... je ne sais pas pourquoi je n'ai point accepté !... Si elle venait me demander à souper aujourd'hui, je ne refuserais certes pas. »

Et il court ouvrir sa porte, où il se trouve nez à nez avec M. Trouillade, qui a pour tout vêtement une espèce de nappe qu'il a jetée sur sa chemise, et dans laquelle il se drape comme s'il jouait un conspirateur.

— Bonsoir, voisin, comment va cette santé ? dit le virtuose en entrant chez Adhémar.

— Ah ! c'est vous, monsieur Trouillade, par quel hasard, si tard !

— Oui, il est un peu tard, c'est vrai ; mais, depuis quelque temps, on a tant de peine à vous trouver ? Je viens de grand matin, vous n'y êtes jamais... dans la journée quand vous avez du monde, si on sonne, vous n'ouvrez pas... ça se comprend!... O *Don Juan* que vous êtes! ma foi, ce soir, j'ai entendu remuer dans votre appartement, j'ai dit à ma femme : Le voisin est chez lui, je vais profiter de l'occasion, et je suis accouru... Ah! bravo, Figaro, la, la, la, la!... Pif! poun!

— Il me paraît d'après cela, que vous avez absolument besoin de me voir; qu'avez-vous à me dire, monsieur Trouillade?

— Eh! mon Dieu, mon cher voisin... la chose par elle-même n'est pas de la plus haute importance... et pourtant, en ce moment, c'est pour moi assez urgent; les temps sont si durs pour le talent!... les cabales étouffent tout!... Bientôt, pour débuter à l'Opéra, il faudra être membre de l'Institut, ou castrat!... trom dè Dious!... si je n'avais pas une famille, je serais déjà cent fois parti pour le Brésil, où l'on m'offre trente mille francs, trois bénéfices et un hôtel à ma disposition!

— Et pourquoi n'emmenez-vous pas votre famille au Brésil?

— Ma femme a peur des singes, et Lycoris déteste la chaleur!

— C'est malheureux, mais tout cela ne me dit pas ce que vous me voulez?

— Mon voisin, je viens vous réclamer une petite dette.

— Une dette... je vous dois de l'argent, moi?

— Oh! un rien! une bagatelle.

— Est-ce que ce serait, par hasard, le prix du dîner que vous m'avez mangé? mais je suis très sûr de l'avoir payé.

— Le voisin plaisante toujours, il s'agit simplement du prix d'une loge louée, que vous avez retenue pour ma représentation à Ruel.

— Moi, je vous ai pris une loge... je n'ai jamais vu le spectacle à Ruel.

— Si vous n'êtes pas venu, ce n'est pas ma faute; mais je vous ai donné le coupon..... c'est le jour où vous aviez deux dames cachées dans votre...

— Je vous assure, voisin, que vous ne m'avez rien donné; je n'ai aucune souvenance de cela.

— Pardonnez-moi, et j'ai même placé le coupon dans ce vase sur votre cheminée... là au fond.

En disant cela, Trouillade fouille au fond du vase, il y trouve le petit papier rose qu'il y avait fourré, et le présente à Adhémar en lui disant :

— Eh bien... la preuve! c'est que le voilà; il y est encore... voilà le coupon!... je suis désolé que vous n'en ayez point profité, mais la loge est restée vide, et j'ai refusé dans la soirée, plus de cent personnes pour vous la conserver.

Adhémar ne peut s'empêcher de rire de la figure que fait Trouillade, en lui présentant le coupon; il prend le billet en répondant :

— Il me semble, mon voisin, qu'en mettant ce billet tout au fond de ce vase, c'était un excellent moyen pour que je ne le trouvasse point.

— Je l'ai placé là, devant vous, devant deux témoins; si cela est nécessaire, ces deux dames pourront l'attester... Azéma est déménagée, c'est fâcheux... mais on pourra la retrouver, et...

— Oh! c'est inutile, mon cher voisin, du moment que le billet était chez moi, je ne conteste pas la dette; combien vous dois-je?

— Vingt francs.

Et comme s'il craignait d'avoir demandé trop, Trouillade se hâte d'ajouter :

— C'était une loge de face... grillée; à volonté il y avait dedans des fauteuils à la Voltaire, au lieu de banquette.

Adhémar ne répond rien, il va prendre les vingt francs et les donne à son voisin, qui lâche un coin de la nappe dans laquelle il s'entortillait, pour saisir l'argent; et, dans ce mouvement, laisse voir une chemise tellement à jour, quoique surchargée de reprises, que de loin, on aurait pu la prendre pour de la guipure.

— Bonsoir, mon voisin, dit Adhémar, voilà une dette payée, nous pouvons dormir en paix.

— Vous pensez bien, répond Trouillade en se drapant de nouveau, que je n'étais pas inquiet! mais que voulez-vous... une petite rentrée ça sert à boucher quelques trous!

— Je lui défie bien de boucher tous les trous de sa chemise! se dit Adhémar en mettant son voisin à la porte, et en retournant se coucher.

Le lendemain de cette soirée, il était une heure de l'après-midi, et Mathilde était seule dans sa chambre, s'amusant à chiffonner un bonnet, tout en pensant à Adhémar qu'elle devait voir dans la soirée, lorsque sa femme de chambre entre, et lui annonce une dame qui demande à la voir.

— A-t-elle dit son nom? demande Mathilde.

— Non, madame, mais elle prétend vous surprendre... elle est sûre, dit-elle, que vous la recevrez avec plaisir.

— Mathilde réfléchit; puis, comme frappée d'une idée subite, elle s'écrie :

— Ah! si c'était... oh! oui... oui... faites entrer bien vite.

Ces mots ne sont pas achevés, que la porte s'ouvre, une jeune femme entre dans l'appartement, et court se jeter dans les bras de Mathilde, dont la figure exprime la plus vive joie en reconnaissant son ancienne amie; elle l'embrasse avec effusion en s'écriant :

— Charlésia!... c'est toi!... ah! mon cœur t'avait devinée.

La personne qui vient d'entrer a vingt-cinq ans; elle paraît bien son âge, parce que ses traits sont fatigués, que son teint est pâle et que les marques d'un profond chagrin ont donné à son visage un caractère sérieux et sévère que porte rarement la jeunesse. Cependant, quoique n'ayant plus l'éclat, la fraîcheur de son âge, cette femme est belle encore; ses grands yeux noirs semblent avoir le don de lire au fond de vos pensées; le caractère grec de sa figure devient ravissant et doux, lorsqu'un sourire vient l'animer. Enfin, une taille un peu au-dessus de la moyenne, une main et un pied charmants, une tournure noble et gracieuse, telle est la personne que Mathilde presse dans ses bras.

— Ma chère Charlésia! je te revois donc enfin... depuis si longtemps... voilà plus de quatre ans que tu es partie!...

— Oui, il y a tout ce temps-là! répond la jeune dame, en pressant les mains de Mathilde dans les siennes, et en la regardant avec l'expression de la plus tendre amitié.

— Enfin, te voilà... tu m'es rendue... mais... mais... ô mon Dieu, que t'est-il donc arrivé?

En disant cela les yeux de Mathilde parcouraient toute la personne de son amie, et celle-ci sourit d'un air mélancolique en répondant :

— Ah! tu me trouves bien changée, n'est-ce pas?...

— Oui... tu es maigrie... pâlie... tes traits sont abattus... Oh! tu es toujours jolie, toujours belle pourtant... tu es toujours ma Charlésia... Mais cette vivacité qui animait ton regard... ces charmantes couleurs qui paraient ton teint... pourquoi est-ce remplacé par une expression de tristesse... Ma Charlésia! tu as eu des peines!... bien des peines! et je n'étais pas là, moi, pour les partager!... Voilà ce que c'est que de voyager, de s'en aller bien loin! de laisser là ceux qui nous aiment!

— Tu as raison, Mathilde, cette idée de voyage fut un grand malheur pour moi! mais que veux-tu! si telle était ma destinée.

— Ah! te voilà comme autrefois avec tes idées romanesques! mais viens donc t'asseoir près de moi... là... comme au pensionnat!... c'est toi! mon Dieu! que je suis contente!...

Les deux amies s'embrassent encore; elles ne peuvent trouver de termes pour s'exprimer le plaisir qu'elles éprouvent d'être réunies.

— Depuis quand à Paris? dit Mathilde.

— Peux-tu le demander... de ce matin seulement, et tu vois bien que je suis accourue chez toi.

— Oh! c'est bien, cela!

— Je craignais quelques changements... il se passe quelquefois tant d'événements en quatre ans... Mais ton mari, M. Bourdichon, te rend toujours heureuse...

En entendant prononcer le nom de son mari, Mathilde baisse les yeux et détourne la tête, tout en répondant faiblement :

— Oui... M. Bourdichon est toujours pour moi comme autrefois, notre fortune est toujours la même... il est heureux... il vit comme cela lui plaît.

Charlésia prend la main de son amie, la presse dans les siennes et avance la tête pour regarder Malthilde, en lui disant :

— Eh bien!... pourquoi donc trembles-tu en me disant cela?... pourquoi détournes-tu la tête et crains-tu de me regarder?... Mon Dieu, tu pleures maintenant!... Oh! tu as des peines aussi, toi, parle... parle, conte-moi tout... et moi je te dirai ensuite les miennes; tu verras que je suis bien malheureuse!

Mathilde cache sa figure dans le sein de son amie, en balbutiant :

— Si tu es malheureuse! du moins tu peux me regarder sans

rougir... mais moi... il n'en est plus de même. Ah! Charlésia, tu vas me mépriser, car je suis bien coupable!

— Te mépriser!.. eh! suis-je donc plus qu'un Dieu, moi! et tu sais bien que Dieu pardonne au repentir.

— Oui... mais... quand on ne se repent pas... quand on adore sa faute; tu ne comprends pas cela, toi! si fière, si froide! toi qui ne connais pas l'amour!...

— Que dis-tu là!... ah! ce changement que tu as remarqué en moi, ces traces de chagrin que tu vois sur mon visage, cette pâleur qui couvre mes joues! tout cela ne doit-il pas te dire que je suis aussi victime de cette passion cruelle!

— Il se pourrait! tu as aimé... oh! alors tu me plaindras! tu me comprendras! et je puis te confier mon secret... et d'ailleurs, aurais-je pu en avoir pour toi. Eh bien!... apprends que depuis quatre mois... quatre mois qui ont passé comme l'éclair... un sentiment nouveau s'est emparé de mon cœur. Je ne connaissais pas l'amour! Tu sais bien que mon mariage, comme le tien, fut arrêté par mes parents sans que l'on daignât consulter mon cœur... et ce cœur, dont on dispose ainsi... pouvons-nous l'empêcher de battre quand nous avons rencontré celui qui devait nous charmer. Ah! cet amour sommeillait dans mon âme... Mais un soir, à un bal... il y était, il ne m'avait rien dit encore... mais le hasard, une circonstance inattendue nous réunit... ici... dans cette chambre.. La bougie que je tenais tomba... s'éteignit... sa main prenait la mienne..... et puis..... mon Dieu! je ne sais comment cela s'est fait, mais tous les deux en même temps nous avons compris que nous nous aimions.

— Pauvre Mathilde! je te plains! cet amour... quand tu n'es pas libre.

— Ne me fais pas de reproches! ils seraient inutiles maintenant!... je sais combien je suis coupable mais je lui ai fait le sacrifice de mon repos, de mes devoirs, de mon avenir; je lui sacrifierais ma vie s'il le fallait! mais qu'il m'aime toujours et je serais trop heureuse.

— Mais ton mari?...

— M. Bourdichon ne se doute de rien!... Oh! tu penses bien que je ferai toujours en sorte qu'il ne devine pas le secret de mon cœur; d'ailleurs, je t'assure que c'est une chose dont il s'occupe peu.

— Est-ce que... celui que tu aimes vient ici?

— Certainement... il est fort lié avec M. Bourdichon, qui est le premier à l'engager sans cesse à venir. Oh! tu le verras!... tu verras comme il est bien!... aimable, charmant!... c'est un homme comme il faut; il a de la fortune, il est très recherché dans le monde.

— Comment le nomme-t-on?

— C'est monsieur... Oh! mais tu restes aujourd'hui avec moi toute la journée, toute la soirée... tu me consacres tout ce jour, n'est-ce pas?...

— Je le veux bien, si cela ne te gêne pas.

— Toi, me gêner!... Oh! je suis si heureuse de te revoir. Eh bien, tu le verras ce soir, c'est notre jour de réception. Il viendra, car il ne manque jamais!... nous aurons beaucoup de monde, mais je veux que tu le devines, je veux que tu dises: c'est celui-là que tu dois aimer, je ne veux pas te le nommer avant... et je gage que tu le devineras.

— Folle que tu es!... Ah! si, du moins, tu es aimée autant que tu aimes, si, pour prix des sacrifices que tu lui as faits, tu as rencontré un homme digne de ton amour, qui ne se fasse pas un jeu de ses promesses, de ses serments!... ta destinée sera moins à plaindre que la mienne!

Charlésia.

— Charlésia, je t'ai conté tous les secrets de mon cœur; je n'ai pas craint de te faire l'aveu de ma faute; mais, à ton tour, j'espère bien que tu n'auras pas de secret pour moi, que tu vas me conter tes peines... m'apprendre la cause de cette tristesse qui a pâli ton visage, et dont... même près de moi, je vois l'expression dans tes yeux. Tu es libre, toi, tu es veuve... tu étais maîtresse de ton cœur comme de tes actions, et tu n'auras pas à rougir en me faisant le récit de tout ce qui t'est arrivé depuis que tu as quitté Paris.

L'amie de Mathilde semble profondément émue, une tristesse plus grande se peint sur son visage, ses yeux se voilent, puis laissent tomber de grosses larmes. Enfin, elle passe sa main sur son front en disant:

— Tu le veux... je te dirai tout!... j'avais juré pourtant que ce secret mourrait là, dans le fond de mon cœur... mais, puis-je ne pas répondre à ta confiance, tu m'as dit tout, toi!

— Oh! parle, mon amie, parle, je t'écoute.

Charlésia se dispose à faire à son tour sa confidence, mais on entend du bruit, des pas qui approchent par le couloir qui communique au cabinet de M. Bourdichon.

— Ah!... s'écrie Mathilde, tout à la fois joyeuse et troublée, c'est lui, peut-être... il devait venir ce matin.

— Ton mari?...

— Non... non... mais lui...

CHAPITRE XII.

UNE DEMOISELLE QUI SE PRONONCE. — DU MYSTÈRE.

La porte du couloir vient de s'ouvrir; mais ce n'est pas Adhémar qui paraît, ainsi que l'espérait Mathilde: c'est madame Sublimé, son mari et sa fille qui entrent chez madame Bourdichon.

Madame Sublimé, comme chef de la famille, se présente la première. Elle est vêtue de noir et de rouge, a des bandes de jais dans ses cheveux, et du corail aux bras et aux oreilles, ce qui lui donne quelque ressemblance avec *Robin des Bois*. Il y a dans sa toilette, dans sa tenue et dans sa physionomie quelque chose qui annonce qu'elle ne vient pas faire une simple visite, mais qu'elle couve quelque projet.

Les gens d'esprit ont l'habitude de ne point mettre le public dans la confidence de leurs pensées; les sots font tout le contraire: quand ils ont quelque acte important à accomplir, ils en parlent tout haut dans les rues, en faisant beaucoup de gestes; ils tâchent d'attirer l'attention des passants; s'ils l'osaient, ils se feraient suivre par un tambour, pour faire mettre le monde aux fenêtres.

Mademoiselle Idalie vint après sa mère. Elle est tout en blanc: robe, fichu, voile sur la tête, jusqu'aux souliers, tout est d'une entière blancheur; et, sous ce costume virginal, mademoiselle Idalie tâche de se donner l'air d'une petite sainte; mais elle ne peut y parvenir : l'expression de ses yeux s'y oppose; elle a l'air d'être déguisée.

M. Sublimé ferme la marche. Il est habillé comme le serait un petit maître de vingt-cinq ans, et, vu par derrière, il peut encore tromper quelques personnes, surtout quand il ne marche pas; mais par devant, les boucles de sa belle perruque blonde font un singulier effet avec son visage ridé et couvert de rouge au vinaigre : on croit voir un cadre neuf et brillant entourant un vieux portrait écaillé.

En apercevant une dame avec Mathilde, madame Sublimé s'arrête et fait un pas en arrière en s'écriant :

— Ah! mon Dieu! vous n'êtes pas seule, et nous vous dérangeons!...

Le mouvement de madame sa mère a obligé mademoiselle Idalie à se reculer aussi pour que l'on ne marchât pas sur ses souliers de satin blanc; elle le fait si brusquement, qu'elle manque de renverser monsieur son père, qui marchait derrière elle, et qui est repoussé sur la porte du couloir, dans lequel il disparaît de nouveau, pendant qu'Idalie s'écrie à son tour :

— Mon Dieu! nous dérangeons madame!

Et, au bout d'un moment, on entend dans le couloir la voix de M. Sublimé qui répète comme un écho :

— Nous dérangeons madame!

Mathilde est en effet très contrariée en voyant la société qui lui arrive; cependant, comme dans le monde il faut que toutes les impressions se cachent sous le masque de la politesse, lorsque la famille Sublimé est entièrement dans sa chambre, elle s'efforce de prendre un air aimable, et lui présente Charlésia en disant :

— C'est une de mes meilleures, de mes plus anciennes amies que je viens de revoir, après une absence de près de quatre ans.... c'est madame Valméran que je vous présente.

Les Sublimé font un échange de salut avec la jeune dame. Et la maman, qui semble s'être adjugé pour elle seule le droit de porter la parole, dit :

— Madame a probablement pérégriné avec son époux.

Mathilde comprime avec peine un léger sourire que lui cause le choix de mots employés par l'épouse de Dardanus, en répondant :

— Madame vient de voyager, en effet; mais c'est après la mort de son mari qu'elle a quitté Paris... mon amie est veuve depuis cinq ans.

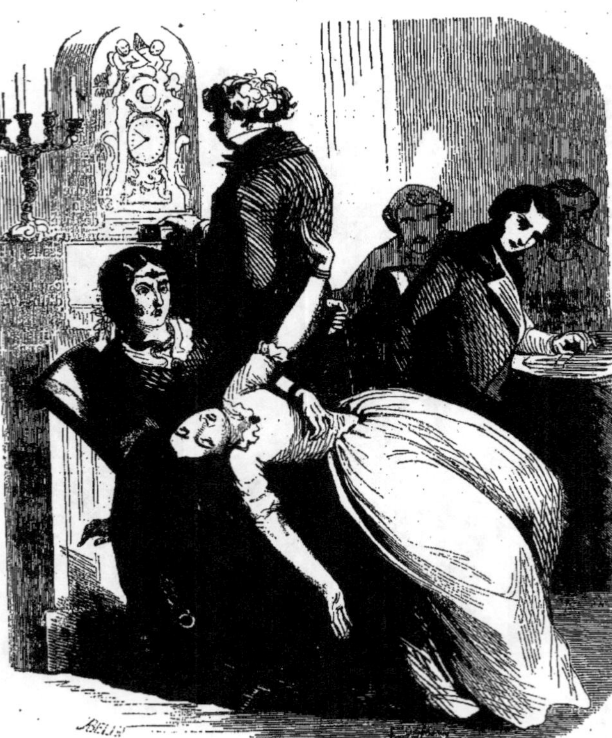

Elle se laisse tomber lourdement sur les genoux de sa mère — Page 48

— Veuve si jeune... c'est comme *Andromaque!* et je suis certaine que madame trouvera plus d'un Pyrrhus!

Enchantée de ce qu'elle vient de dire, madame Sublimé jette un regard sur sa fille, qui pousse un gros soupir en murmurant :

— Oh oui!

Quant à M. Sublimé, il n'est nullement à la conversation, parce qu'il est très occupé de chercher quelque chose dans une de ses poches.

— Quand on a été si longtemps sans se voir, reprend Mathilde, deux amies... vous jugez si l'on a beaucoup de choses à se dire...

— Oui, assurément, répond madame Sublimé, et je le répète... *ut iterem*, nous venons mal à propos... je le regrette d'autant plus, que c'était pour un motif fort important... fort grave... fort sérieux... c'est-à-dire, sérieux au figuré... enfin, c'est un sujet sur lequel je compte m'étendre dans l'ouvrage que j'ai l'intention de publier...

Charlésia se lève et prend son châle en disant :

— Je serais désolée, madame, que ma présence vous empêchât de remplir le but de votre visite... Me voici de retour... Mathilde et moi nous nous verrons souvent, je l'espère... causez avec elle, moi je vais faire quelques visites.

— Comment, tu me quittes! s'écrie Mathilde en courant à son amie.

— Mais, madame, nous parlerions fort bien devant vous, dit madame Sublimé. Restez donc... ce que nous avons à dire sera bientôt public, je l'espère.

— Arrivée de ce matin reprend Charlésia, j'ai bien des dispositions à prendre... je reviendrai, ma chère Mathilde. Tu m'annonceras à ton mari, car tu sais que nous passons la soirée ensemble.

— J'y compte bien, sans cela je ne te laisserais pas partir. Et Mathilde ajoute tout bas à l'oreille de son amie :

— Quel ennui de ne pas être libre chez soi!... et lorsque tu allais me conter tes peines, tes secrets...

— Ce sera pour demain; tu viendras chez moi, et [illegible] moins, personne ne viendra nous déranger... va, ma pauvre Mathilde, va recevoir ton monde... Ah! si c'eût été lui! tu ne serais pas aussi contrariée.

— Oh! non... mais tu le verras ce soir.

Charlésia embrasse son amie et s'éloigne; Mathilde revient près de la famille Sublimé, dont chaque membre est assis dans son appartement.

— Charmante femme! dit madame Sublimé après que Charlésia est partie.

— Elle a une bien jolie taille! dit mademoiselle Idalie.

— Je ne sais pourquoi elle s'est arrêtée, murmure M. Sublimé en portant sa main sur la poche de son pantalon.

— Arrêtée... comment... vous voyez bien qu'elle est partie, reprend madame Sublimé. A-t-elle de la fortune?

— Son mari lui a laissé vingt mille francs de rente, dit Mathilde.

— C'est bien gentil pour une veuve! s'écrie Idalie; elle peut s'amuser, cette dame!...

— Son mari était-il jeune... était-ce un mariage d'amour?

— Non, madame; son mari était d'un âge mûr... ce fut un mariage de convenance.

— Oh! alors je comprends... triste hymen pour une jeune femme... et a-t-elle eu des enfants?

— Non, madame.

— Elle n'a joué que deux airs, murmure M. Sublimé. Sa femme se tourne vers lui et, d'un air presque tragique, lui dit:

— Monsieur, de qui parlons-nous, s'il vous plaît? êtes-vous ou n'êtes-vous pas à la conversation?

Dardanus fait une petite mine toute chiffonnée, en répondant:

« Pardon!... je croyais... c'est la petite tabatière à musique que j'ai emportée et qui s'est arrêtée. »

— Il s'agit bien de vos boîtes à musique! Si nous sommes venus tous les trois chez nos bons amis Bourdichon, n'est-ce pas pour un motif important?... et si nous n'avons pas emmené mon fils Eudoxe, il faut, en effet, que nous ayons un sujet bien grave à traiter.

— Il n'aurait plus manqué que leur fils! se dit Mathilde en faisant signe à madame Sublimé qu'elle l'écoute; celle-ci se redresse, se pose et commence:

— J'aborde la question, ma chère madame Bourdichon. Nous n'avons qu'une fille... c'est-à-dire, nous avons aussi un fils, mais enfin cela ne nous fait toujours qu'une fille. Idalie a dix-sept ans...

— J'aurai dix-huit ans dans six semaines, maman, s'écrie Idalie d'un air très décidé à paraître majeure.

— Enfin, ma fille, si vous les avez dans six semaines, vous ne les avez pas encore, et, en fait d'âge, on ne compte jamais l'année courante... il y a même des personnes qui attendent qu'un lustre soit fini pour le compter. Je reprends: Idalie, quoique bien jeune, peut...

— Bien jeune!... je ne me trouve pas si jeune, moi!... car enfin, dans six semaines, j'entrerai dans ma dix-neuvième année.

— Idalie, voulez-vous me laisser narrer?

Idalie ne répond pas, elle tire sur son front son voile blanc. Madame Sublimé se recueille et reprend, en appuyant sur sa première phrase:

— Idalie, quoique *bien jeune encore*, est grande, forte, bien formée et susceptible enfin de passer à l'état d'épouse... *uxor uxoris!*

— Et vous voulez marier mademoiselle votre fille? dit Mathilde impatientée de ce que la grande dame n'en finissait pas.

— Précisément, nous le voulons... c'est-à-dire rien ne nous presse... mais son cœur a parlé... un jeune homme lui fait la cour... d'une façon assez détournée... mais qui n'en est que plus délicate; le cœur de ma fille est plein de feu, il ressemble au mien; il a compris ce qu'on ne lui dit pas... moi aussi... dans le temps de mon adolescence, j'ai compris une foule de choses qu'on ne m'a jamais dites... bref... elle aime... voilà le *factum!* n'est-ce pas Idalie?

Idalie tire son voile, et ne laisse plus voir que le bout de son nez. En ce moment l'air *Bouton de Rose* sort de la poche de M. Sublimé, qui fait un bond de joie sur sa chaise, en s'écriant:

— Elle va! elle va! la voilà repartie... ce n'était qu'un caprice! elle va!

— Quand il s'agit d'établir votre fille! vous n'êtes occupé que de vos boîtes à musique! dit la grande dame, en regardant son mari d'un air courroucé. Monsieur Sublimé! vous me faites de la peine!

— Ma chère amie, écoutez donc, cette tabatière m'a coûté deux cents francs, et si elle n'allait pas...

— Enfin, madame, reprend Mathilde, c'est donc sur le mariage que vous projetez pour mademoiselle votre fille, que vous désirez me consulter... alors je connais donc la personne qui est aimée de mademoiselle, et qui lui fait la cour.

— Sans doute! puisque c'est monsieur Adhémar Marilly.

Au nom d'Adhémar, Mathilde pâlit, ses traits se contractèrent cependant elle s'efforça de sourire, en répondant:

— Monsieur Adhémar! comment, mademoiselle, monsieur Adhémar vous fait la cour!... oh! c'est singulier! je ne m'en suis jamais aperçue... il paraît qu'il cache bien son jeu!

— Mais il n'est pas nécessaire que les autres s'en aperçoivent! dit Idalie d'un ton sec; il me semble que ce n'est que moi que cela regarde!

— Oh! sans doute, mademoiselle; mais à votre âge, avec votre inexpérience, votre candeur!.. on se trompe facilement sur les intentions d'un homme... ces messieurs n'attachent quelquefois aucune importance à un mot galant qu'ils vous diront... et que vous prendrez, vous, au sérieux... Enfin, monsieur Adhémar vous a-t-il fait quelque déclaration? sur quoi pensez-vous qu'il vous aime?

— Voilà précisément ce que j'ai dit aussi à ma fille, reprend madame Sublimé. Mais à cela elle m'a répondu par une foule de choses... de petits faits... des riens! des riens du tout! Mais vous savez, madame Bourdichon, qu'avec des petits riens, on fait un gros amour, je m'étendrai là-dessus, dans l'ouvrage que j'ai l'intention d'écrire.

— Cependant, si c'est sur presque rien que mademoiselle fonde son espérance! dit Mathilde d'un ton moqueur, je crains fort qu'elle ne s'abuse.

— Idalie, conte à madame ce qui s'est passé entre toi et monsieur Marilly... n'omets aucune circonstance...

Mademoiselle Idalie se cache entièrement sous son voile, et répond d'un ton moitié timide, moitié pleurard:

— D'abord... M. Adhémar... dame! on voit bien tout de suite... Il nous a reconduites deux fois... il n'y était pas obligé... Il m'a trouvée très gentille en camargo... il me l'a dit... Il m'a fait danser au bal... et il m'a serré la main... très fort... En société, il se met toujours à côté de moi...

— Il m'avait semblé, mademoiselle, que c'était vous qui alliez vous asseoir à côté de lui.

— J'y vais, parce que je sais bien que cela lui fait plaisir... et qu'il cause toujours avec moi... et puis... il me regarde... et... enfin, c'est bien facile à deviner...

— Et n'y a-t-il pas eu un baiser de donné? reprend madame Sublimé d'un air grave.

— Oui, certainement... un soir que l'on jouait chez monsieur La Doucet, à des petits jeux... monsieur Adhémar avait un gage, et pour le ravoir, il m'a embrassée.

Mathilde part d'un éclat de rire, en disant:

— Ah! mademoiselle, si ce sont là les seules preuves d'amour que vous ait données monsieur Marilly, je ne vous conseille pas de vous y fier.

— Mais, mon Dieu, madame, pourquoi donc voulez vous qu'il ne m'aime pas?... D'ailleurs, je l'aime, moi, c'est lui que je veux épouser, je l'ai dit à maman, et si on s'y oppose, je suis capable de... m'empoisonner avec du charbon!

— Assez, Idalie! assez... *satis*, ma fille, s'écrie madame Sublimé, nous ne sommes pas des tyrans, votre père et moi... D'ailleurs, vous aurez cent mille francs en mariage, sans compter la suite, et vous n'êtes pas un parti à dédaigner. Sachant que M. Bourdichon est très lié avec M. Adhémar, nous étions allés d'abord tous les trois le trouver dans son cabinet, et lui conter nos projets. M. Bourdichon approuve tout à fait notre idée... il ne connaît pas au juste l'état de la fortune de M. Adhémar; mais il le suppose fort à son aise; il nous a ensuite conseillé de venir vous trouver pour vous conter cette affaire; c'était bien notre intention, et maintenant, ma chère madame Bourdichon, ne pensez-vous pas aussi que ce mariage est sortable, et que M. Adhémar rendra notre fille heureuse.... Pour Dieu! monsieur, faites cesser ce carillon... cette musique m'agace les nerfs...

— Elle finit *Portrait charmant*... c'est son dernier air, répond monsieur Sublimé en regardant sa tabatière.

Mathilde, après un moment de silence, répond d'un ton froid:

— En fait de mariage, madame, je trouve que l'on doit s'abstenir de donner des conseils; quand vous serez certaine que M. Adhémar est amoureux de mademoiselle, vous verrez ce que vous devez faire; mais je vous engage avant tout à vous en assurer.

Mademoiselle Idalie laisse à peine Mathilde finir de parler, elle se lève d'un air d'impatience, en disant :

— Mon Dieu! Il paraît que madame a bien peur que monsieur Adhémar ne se marie... mais, au reste... madame a raison, on ne devrait jamais consulter personne pour ces choses-là . et tout ce qu'on dit n'empêchera pas que je n'épouse M. Adhémar...

Madame Sublimé s'efforce de calmer sa fille, en priant Mathilde d'excuser la vivacité d'Idalie qui ne sait plus ce qu'elle dit; mais la jeune personne a dit un mot qui a trop bien porté pour que madame Bourdichon le pardonne: c'est donc d'un air très froid qu'elle dit adieu à la famille Sublimé, qui se retire, la demoiselle cachant sous son voile son air de mauvaise humeur, la maman se rengorgeant sous son jais et son corail, et le papa mettant sa main dans la poche où est la tabatière.

« Quelle sotte famille! se dit Mathilde. Adhémar s'allierait à ces gens-là! Oh! non, je suis bien sûre qu'il ne le veut pas! Et M. Bourdichon approuve ce mariage... mais de quoi se mêle-t-il?... Cette petite impertinente! j'ai bien peur de le voir marié a-t-elle dit!,.. mon Dieu!... est-ce que le monde devinerait ma faiblesse!

Mathilde se rend au cabinet de son mari. Bourdichon était seul, sa femme lui conte la visite qu'elle a reçue, et lui demande s'il est vrai qu'il approuve l'idée d'un mariage entre Adhémar et mademoiselle Idalie.

— Eh pourquoi pas? s'écrie le gros monsieur. Marilly a de la fortune... je le pense du moins; d'ailleurs, il le faut bien, au train qu'il mène; il m'a même apporté vingt mille francs ce matin pour mettre dans une affaire; mais mademoiselle Sublimé est un bon parti. Cent mille francs tout de suite, et le double en expectative... gentille avec cela, il me semble que ce ne serait pas une mauvaise affaire.

— Mauvaise affaire!.. ah! vous voilà bien! répond Mathilde. Vous ne voyez dans le mariage qu'une affaire!.. le cœur, l'amour, tout cela n'est rien pour vous... mademoiselle Idalie est laide, c'est une sotte comme sa mère! ce mariage n'aurait pas le sens commun!

— Comme vous prenez feu, ma chère amie!.. D'ailleurs, Adhémar sait ce qu'il doit faire, je pense.

Mathilde s'arrête, elle rougit de s'être laissé emporter par la passion qui la domine et s'efforce de sourire, en disant :

— Oh! vous avez raison, mon ami... après tout, cela ne nous regarde pas... mais j'étais venue pour vous annoncer le retour de cette amie dont je vous ai si souvent parlé... vous savez... madame Valméran.

— Ah! oui... dont vous n'avez que rarement des nouvelles depuis ses voyages... Elle est revenue?

— Oui... elle est à Paris... elle dînera peut-être avec nous... en tout cas, elle viendra passer la soirée ici... Oh! je suis bien contente...

— Tant mieux... c'est une veuve, je crois, votre amie?

— Une veuve de vingt-cinq ans.

— Jolie?

— Elle était charmante... remarquable même par sa beauté. elle a eu des chagrins, car elle est bien changée. Pourtant elle est encore très bien!

— Elle a de la fortune?

— Vingt mille francs de rente.

— Vingt mille francs... une veuve de vingt-cinq ans... jolie... Diable! mais pour Adhémar, cela vaudrait encore mieux que mademoiselle Idalie.

Mathilde sent encore une vive rougeur lui monter au visage, t elle ne peut s'empêcher de dire, en essayant de rire :

— Mon Dieu! mon ami, vous êtes terrible aujourd'hui avec vos dées de mariage! au reste, je ne crois pas que mon amie soit pressée de perdre encore sa liberté.

Et Mathilde se hâte de quitter le cabinet de son mari et de renrer dans son appartement.

Ce que monsieur Bourdichon vient de dire lui a fait mal, son cœur en a tressailli.

« Ah! Je n'ai rien à redouter de Charlésia! se dit-elle, je suis bien aise maintenant de lui avoir confié mon secret... Sachant que j'aime Adhémar, elle ne pensera pas à l'aimer... et d'ailleurs c'est moi qu'il aime... il ne s'occupera pas d'elle... Que je suis folle d'avoir de telles pensées... mais aussi qu'elle idée a donc M. Bourdichon de me dire cela... on aurait cru qu'il le faisait exprès pour me briser le cœur.

L'heure du dîner est arrivée, Charlésia n'est pas revenue; déjà Mathilde s'attriste, s'inquiète, M. Bourdichon lui répète plusieurs fois que son amie n'étant de retour à Paris que depuis le matin, doit avoir mille choses à faire; que, sachant qu'ils ont du monde le soir, sa toilette n'était pas sans doute telle qu'elle l désirait, et mille autres raisons que Mathilde trouve très bonnes, mais qui ne l'empêchent pas de s'impatienter en ne voyant pas arriver celle dont, depuis près de quatre ans, elle désirait en vain la présence.

Après le dîner, M. et madame Carcassonne, Dalbrun, le beau Monfignard, et quelques autres personnes, étaient déjà réunis dans le salon de M. Bourdichon lorsqu'on annonce madame Valméran.

— Ah! la voilà enfin! s'écrie Mathilde en courant au devant de son amie; et tous les yeux se portent sur la jeune dame que l'on ne connaissait pas encore.

Charlésia a en effet changé de toilette; celle qu'elle porte en ce moment est aussi élégante que distinguée, et ajoute encore à la souplesse de sa taille ainsi qu'à la grâce de sa démarche, un murmure d'admiration accueille son entrée dans le salon.

— Cette dame est ravissante! dit le petit Dalbrun à Monfignard.

— Oui! oui... elle est bien faite, répond le bel homme; mais il faudrait voir tout ça au déballage!...

— Au déballage! dit madame Carcassonne qui a entendu ces messieurs. C'est joli! vous êtes honnête! vous traitez donc les femmes comme des pièces de toiles!

— Au contraire, répond Monfignard en se dandinant sur sa chaise. J'entends par là, qu'il faudrait voir cette beauté-là, débarrassée de tout ce qui la couvre...

— C'est bien, je vous comprends, mauvais sujet!... en voilà assez. Et madame Carcassonne se penchant vers Dalbrun, lui dit à l'oreille :

— Si on le déballait lui! un paquet de graisse! je ne sais pas trop si ce serait bien séduisant.

M. Bourdichon s'est empressé d'aller recevoir l'amie de sa femme, près de laquelle il tâche d'être aimable et galant, et que, pendant quelques minutes, il assomme de compliments. Lorsqu'enfin les deux amies trouvent un moment pour se parler, Mathilde dit à Charlésia :

— Il n'est pas encore arrivé!

— Je m'en doute... s'il eût été ici, j'aurais vu cela dans tes yeux.

— Tu crois... oh! oui, car tu me comprends, toi... Mais tu ne te doutes pas de ce que me voulait toute cette famille qui m'est arrivée ce matin!

— Quoi donc?

— La demoiselle est amoureuse de... lui... et elle veut l'épouser, et l'on venait me demander mon avis sur ce mariage.

— On s'adressait bien! Cependant, si cette demoiselle est riche... si c'est un bon parti, je pense que l'amour ne te rendrait pas égoïste...

— Si, si, très égoïste! D'ailleurs, cela ne lui convient pas! il n'aime pas cette demoiselle... il ne peut pas l'aimer! *ensuite* il a de la fortune, pourquoi songerait-il à se... pourquoi... songerait-il !...

Charlésia, qui est placée vis-à-vis de Mathilde et tourne le dos à la porte, saisit la main de son amie, en lui disant :

— Je parie qu'il vient d'arriver... Qu'il est ici...

— Vraiment... et pourquoi?...

— Parce que ta figure a changé... que tu n'es plus la même...

— Eh bien! oui... oui... le voilà.

Adhémar venait d'entrer dans le salon; après avoir salué quelques personnes, il dit bonsoir à Bourdichon qui se hâte de lui dire :

— Nous avons une nouvelle dame... Une amie de ma femme, qui revient de voyage... Ah! c'est un peu soigné!... allez donc voir ça; elle cause avec madame Bourdichon, vous m'en direz des nouvelles!

Adhémar qui se disposait à aller saluer Mathilde, s'avance en examinant cette dame dont on vient de lui parler et qui a encore le dos tourné; mais au moment ou le jeune homme est près de la maîtresse de la maison, Charlésia se retourne et ses yeux rencontrent aussitôt ceux d'Adhémar qui justement cherchait à la voir.

Ces deux personnes se fixent pendant quelques instants et une expression indéfinissable se peint sur leurs physionomies. Charlésia est devenue plus pâle; mais bientôt, comme si elle eût surmonté sa faiblesse, elle essaie de sourire, de paraître calme et indifférente. Adhémar, beaucoup moins maître de lui, éprouve une émotion qu'il cherche vainement à cacher; un profond sentiment de tristesse a remplacé la vivacité de ses yeux, ce n'est plus le même homme que lorsqu'il est entré dans le salon.

L'effet que la vue de Charlésia produit sur Adhémar est trop sensible pour que Mathilde ne l'ait pas remarqué : son cœur s'en inquiète déjà, et c'est presque d'une voix tremblante qu'elle dit à Marilly :

— Est-ce que vous connaissez mon amie... madame Valméran?

Adhémar a l'air de ne savoir que répondre, enfin il balbutie :

— Mais... je crois... avoir déjà rencontré madame...

— Tu connais M. Adhémar Marilly? reprend Mathilde en s'adressant à Charlésia; mais celle-ci répond d'un ton froid :

— Monsieur se trompe... je ne le connais pas... c'est la première fois que je me trouve avec lui.

— Ah! oui... je pense que madame a raison, reprend Adhémar d'une voix faible et en baissant les yeux; c'est la première fois... je n'ai pas l'honneur de connaître madame.

Mathilde s'est pincé les lèvres, et l'on voit qu'elle n'est point la dupe des réponses qu'on fait à ses questions; cependant, elle s'efforce de dissimuler ce qu'elle éprouve; mais déjà elle ressent les atteintes d'un sentiment nouveau pour elle; déjà une inquiétude vague tourmente, oppresse son cœur; ses regards se portent alternativement sur son amie et sur son amant, toutes les fois qu'elle peut le faire sans que cela soit trop remarqué.

Madame Valméran, qui semble avoir assez d'empire sur elle-même pour commander à ses émotions, est allée se placer près du piano et se trouve à côté de madame Carcassonne qui s'empresse de lier conversation avec elle. En ce moment rien ne pouvait faire plus de plaisir à Charlésia, aussi a-t-elle l'air d'écouter avec beaucoup d'intérêt ce que lui dit la petite dame, et celle-ci profite de l'occasion pour débiter ses gasconnades.

Adhémar est allé à un autre extrémité du salon; Bourdichon lui parle depuis longtemps et il ne l'entend pas. Le mari de Mathilde finit par s'écrier :

— Ma foi, mon cher ami, je ne sais pas ce que vous avez ce soir; mais vous êtes trop distrait... Je vous parle de la famille Sublimé, vous me répondez que la pièce ne fera pas d'argent; je vous demande ce que vous pensez de mademoiselle Idalie, vous me dites : il faudrait faire des coupures. Décidément, je ne vous en dirai pas plus ce soir... vous n'y êtes plus... je ne vous conseille pas de jouer... vous prendrez les dames pour les rois.

— Oh! si, je jouerai avec plaisir, au contraire... c'est que j'ai une forte migraine...

— Cela vous a donc pris depuis que vous êtes arrivé... En entrant, vous sembliez si gai... je ne sais pas... mais vous lorgnez de loin l'amie de ma femme... je crois que madame Valméran vous donne un peu dans l'œil...

— A moi... oh! non... non, pas du tout!

— Quand cela serait, elle en vaut la peine, elle est jolie cette dame... je suis fâché qu'elle ne m'ait pas vu en tigre! mais je m'y remettrai l'année prochaine... allons, voilà qu'il ne m'écoute plus... Je vais former une bouillotte. Aimez-vous mieux un wisth?

— Oui... oui...

— Alors vous ne ferez pas la bouillotte.

— Oui... je joue à la bouillotte.

— Ah! ah! c'est trop fort! ça devient inquiétant.

Le gros monsieur s'éloigne en riant. Adhémar saisit un moment où Mathilde ne parle à personne, et s'approchant d'elle lui dit à voix basse :

— Cette dame... est donc cette amie dont vous m'avez parlé, et que vous aimiez tant?

— Oui... c'est elle; elle est revenue de ses voyages; d'aujourd'hui seulement elle est à Paris. Oh! mais vous la connaissez, j'en suis certaine!... j'ai bien vu la manière dont vous vous regardiez tous les deux; et d'ailleurs, depuis que vous avez aperçu Charlésia, je ne sais ce qui vous a pris... vous n'êtes plus le même.

— Je vous assure que vous vous trompez!

— Non, non... au reste, je le saurai demain par mon amie, car nous n'avons pas de secret l'une pour l'autre.

— Pas de secrets!... oh! mais j'espère bien que vous ne lui confierez pas... notre liaison...

— Ah! vous avez peur que je ne lui dise que... vous m'aimez!..

— Ce serait une grande imprudence... les secrets du cœur ne doivent pas en sortir... Mathilde, croyez-moi... si vous parliez... ce serait une grande faute... et puis enfin, vous n'êtes pas libre... pourquoi vous exposer à... être blâmée par votre amie...

Mathilde semble réfléchir un moment, puis elle répond :

— Soyez tranquille, monsieur, puisque vous craignez tant qu'on ne sache que je vous aime... eh bien!... je ne dirai rien à Charlésia.

— Vous me le promettez?

— Oui, monsieur, je vous le promets.

Adhémar paraît plus calme en recevant cette promesse; cependant, tout en causant avec Mathilde, il s'est retourné souvent pour voir si madame Valméran le regardait, mais celle-ci n'a pas l'air de faire la moindre attention à lui. Quant à Mathilde, dont la jalousie augmente à chaque instant, impatientée du manége d'Adhémar, elle lui dit d'une voix entrecoupée :

— Vous voyez bien que vous ne vous occupez que d'elle... est-ce que vous avez peur qu'elle ne vous voie causer avec moi.

— Oh! quelle idée.

— C'est qu'on le croirait... ah! que je souffre... mon Dieu! est-ce déjà ma punition... mon supplice qui commence.

— Mathilde, calmez-vous, je vous en prie, on pourrait remarquer votre agitation.

— Oui... elle, n'est-ce pas?... Oh! il y a quelque chose entre vous et Charlésia... mais je le saurai... mais je...

— Allons, monsieur Marilly, on vous attend... tenez, voilà votre carte, vous êtes l'as.

C'est M. Bourdichon qui vient chercher Adhémar pour faire la bouillotte; le jeune homme, enchanté de cette occasion qui met fin à un entretien qui lui était pénible, court s'asseoir à la table de jeu avec la ferme résolution de ne pas la quitter de la soirée.

Après avoir causé longtemps, ou plutôt après avoir écouté longtemps madame Carcassonne, puis échangé quelques mots avec le beau Monfignard qui a cherché à faire l'aimable près d'elle, Charlésia s'approche de son amie et lui dit tout bas :

— Adieu, je me retire...

— Ah! tu pars! déjà...

Ce déjà est prononcé par Mathilde si faiblement qu'on l'entend à peine.

— Je suis fatiguée et j'ai besoin de repos.

— Au fait; je le conçois.., et tu t'en vas... seule.

— Sans doute; je vais prendre une voiture en bas... Oh! je ne suis pas poltrone, moi... quand on a voyagé on est aguerrie... d'ailleurs je ne voudrais pas que personne se dérangeât pour me reconduire, cela me priverait d'aller en société.

— Oh! tu as raison... je suis comme toi... adieu donc... à demain... J'ai ton adresse, je serai chez toi à midi... car tu as beaucoup de choses à me dire... tu sais!...

Charlésia se contente de presser d'une manière presque convulsive la main que lui tend Mathilde, puis elle s'éloigne en murmurant :

— A demain...

Adhémar tout en jouant suivait chaque mouvement de madame Valméran. Lorsqu'elle quitte le salon, il se lève comme pour sortir aussi; mais bientôt il retombe sur sa chaise plus triste, plus accablé encore qu'auparavant!

— Cette jeune dame est charmante, fort spirituelle, elle cause très bien, dit la petite femme du grand chasseur lorsque Charlésia est partie.

— C'est possible, dit Dalbrun d'un ton moqueur; mais quand vous étiez près d'elle, il m'avait semblé que c'était toujours vous qui parliez!

— Ça n'empêche pas, cela... d'abord il y a encore de l'esprit dans la manière d'écouter, j'ai eu un cousin, moi, qui était muet... sourd-muet... non, muet seulement... Eh bien! on avait le plus grand plaisir à causer avec lui...

— Il était spirituel? dit Monfignard en ricanant.

— Oui, monsieur, oui, sa physionomie était si mobile, si aniée!... l'esprit lui sortait par les yeux. C'est au point qu'un utre de mes cousins voulut se faire couper la langue dans l'espoir ue cela lui donnerait autant de physionomie; mais son père s'y osa.

— Scélérate de Blaganville! murmure Monfignard en faisant une demi-pirouette.

— En voilà des canards! cette femme-là devrait se faire journaliste.

— Ce qu'il y a de certain, dit Bourdichon, c'est que madame Valéran est fort bien!... tournure délicieuse; je suis très content que a femme ait des amies aussi remarquables.

— M. Carcassonne voulant aussi donner son opinion sur Charla, commence par se moucher et dit :

— Cette dame, à mon avis, et je crois qu'il sera partagé... cette me, surtout au premier abord... car ensuite cela frappe moins, ette dame...

— C'est bien, mon ami, la suite à demain, dit la petite dame, va me chercher mon châle.

Les opinions sont unanimes pour trouver madame Valméran jolie. Adhémar est le seul qui ne dise rien quand on parle d'elle; et cela augmente encore les soupçons de Mathilde.

Après avoir joué tout de travers et perdu encore son argent, Adhémar est parti aussi, accompagné d'un regard de Mathilde dans lequel il ne tenait qu'à lui de comprendre bien des choses. Mais à peine s'il la remarqué, tant est grande sa préoccupation; et dans la rue, marchant sans voir, et toujours enfoncé dans ses réflexions, il va se jeter dans un individu qui était près de lui et qu'il n'apercevait pas.

Un éclat de rire moqueur lui fait lever les yeux; il examine cet homme qu'il vient de cogner, et, à la clarté douteuse des réverbères, reconnaît encore ce monsieur qu'il a déjà rencontré si souvent.

— Oui, oui, c'est encore moi, murmure l'inconnu d'un ton sombre; et au même instant pressant le pas il s'éloigne et disparaît dans l'obscurité.

C'est fort singulier, se dit Adhémar; j'aurais dû arrêter cet homme et lui demander pourquoi je le trouve ainsi sur mon chemin dans des circonstances qui font époque dans ma vie.

CHAPITRE XIII.

MATHILDE CHEZ CHARLÉSIA. — UNE VISITE A SAINT-MAUR.

On dort mal quand on est jaloux; c'est un sentiment qui agite les nerfs, qui fouette le sang, et qui tend continuellement l'esprit. On devrait ordonner la jalousie comme remède aux gens lourds, apathiques et atteints d'obésité. Mais vous remarquerez que ces personnes-là n'ont jamais eu la plus légère atteinte de ce sentiment.

Mathilde a passé la nuit en proie à l'inquiétude, aux soupçons, à toutes les tortures que cause la jalousie; et cependant rien encore ne justifie ses alarmes, mais l'incertitude est souvent plus pénible que la connaissance d'un malheur. Il lui tarde d'être chez Charlésia, de la revoir, de la questionner à son aise; en se trouvant seule avec elle, elle espère que son amie lui fera confidence de tous ses secrets et surtout de ce qui regarde sa liaison avec Adhémar.

Après s'être levée de bonne heure, Mathilde s'habille, quoique l'heure de sortir ne soit pas venue. A chaque instant ses regards consultent sa pendule et elle se dit :

« Pas encore midi!... cette heure-là n'arrivera donc jamais. »

Enfin vingt minutes avant l'heure, elle sort, prend une voiture et se fait conduire chez madame Valméran.

Charlésia occupe un appartement au fond d'une cour, dans une belle maison de la rue Verte, faubourg Saint-Honoré. Pour se loger là, il faut désirer le calme et la solitude; Mathilde pense avec joie que ce n'est pas le quartier d'Adhémar

Madame Valméran est seule dans son boudoir, ayant devant elle un petit meuble où elle serre des lettres et des papiers. Lorsqu'on lui annonce Mathilde, elle se hâte de renfermer une lettre qu'elle venait de lire, puis elle va au devant de son amie.

Mais sont-elles toujours amies ces deux femmes qui la veille encore se donnaient les témoignages d'une affection si vraie, si réciproque! On en douterait en les revoyant maintenant ensemble.

Le sourire de Mathilde est forcé. Dans les regards qu'elle attache sur Charlésia, il y a comme un désir de vouloir lire au fond de son âme et qui ne se traduit pas par de la bienveillance; sa voix même a changé, elle est devenue sèche, brève, elle décèle une émotion, un trouble que l'on voudrait en vain cacher.

Charlésia se montre calme, mais froide; dans la manière dont elle accueille Mathilde, il y a plus de gêne, plus de contrainte qu d'amitié; et lorsque ce sentiment semble par habitude vouloir reparaître encore, on dirait qu'une pensée arrive aussitôt, qui l'arrête et l'empêche de se montrer.

Qu'il faut peu de chose pour détruire ces doux attachements formés dans la jeunesse et qu'on se flatte de conserver jusqu'au bout de sa carrière! Le regard d'un homme brouillera bien vite deux anciennes amies; le sourire d'une femme fera deux ennemis de ces hommes qui se traitaient comme des frères.

Mais les hommes se raccommodent quelquefois, tandis que les femmes ne se pardonnent jamais. Cela prouve seulement qu'elles y mettent de l'amour-propre.

— Me voici, dit Mathilde en s'asseyant; j'avais hâte de te revoir... si j'avais osé je serais venue plus tôt...

— Il fallait venir... nous ne sommes pas en cérémonie.

— Mais quelquefois... on peut avoir du monde, et...

— Qui veux-tu que je reçoive? Partie il y a près de quatre ans, je n'avais pour amie... véritable, que toi. J'ai oublié toutes mes autres connaissances qui doivent en avoir fait autant. Je n'ai jamais beaucoup aimé le monde... je ne veux voir personne.

— Personne... que moi?

— Oh! cela va sans dire.

— Tu es dans un quartier solitaire, cette rue du moins... et au fond d'une cour. Ton logement me paraît fort beau, mais il est triste.

— Il me plaît beaucoup comme cela.

— Ah!...

Mathilde s'arrête; elle brûle de parler et ne sait comment entamer ce qu'elle veut dire. Charlésia ne cherche pas à la mettre à son aise.

— Charlésia, hier matin, pendant que tu étais chez moi, tu allais me conter à ton tour toutes tes aventures... me dire tes chagrins... car tu as eu bien des peines à ce que j'ai pu comprendre. Une visite importune t'a empêchée de me faire tes confidences. Mais à présent nous voici seules... nous ne serons pas dérangées... Tu vas parler, je t'écoute.

Le front de Charlésia devient sombre et soucieux, elle détourne ses regards et répond après une assez longue hésitation :

— Mais... en vérité, ma chère Mathilde, je ne sais pas pourquoi tu t'imagines que je dois avoir des secrets à te confier... J'ai voyagé longtemps, j'ai parcouru l'Italie, la Suisse, les Alpes... Il m'est arrivé de ces aventures, comme à toutes les personnes qui voyagent... de mauvaises auberges, de mauvaises routes... cependant je n'ai pas eu le plus petit épisode de voleur!... je me suis souvent ennuyé après la France... j'ai été malade assez longtemps à Naples. Je n'ai pas rencontré dans d'autres climats ce bonheur... après lequel je soupirais et que je rêvais auprès de toi; un homme qui aurait bien compris mon cœur... qui aurait été digne de mon amour... non, je ne l'ai pas rencontré... je vois qu'il faut renoncer aux illusions de ma jeunesse; et c'est pour cela peut-être que tu m'as trouvée triste et changée.

En écoutant Charlésia, le front de Mathilde s'est aussi rembruni et elle lui répond avec l'accent du reproche :

— Hier, vous aviez un secret à me confier... oh! vous en êtes convenue, et aujourd'hui vous n'avez plus rien à dire! Moi, en vous revoyant, je vous ai raconté tout ce qui m'était arrivé depuis notre séparation. Je vous ai fait un aveu sincère... ma confiance a été telle que je n'ai pas craint de rougir devant vous... Ah! j'ai eu tort... j'ai eu grand tort, je le vois!... car vous payez bien mal ma confiance...

— Pourquoi ces reproches? dit Charlésia en cherchant à prendre un air moins contraint. Pourquoi voulez-vous que j'aie une confidence à vous faire... vous m'avez fait l'aveu de vos sentiments secrets pour... un autre que votre mari... Cet aveu, je ne vous l'avais pas demandé... et si j'avais pu deviner ce que vous alliez me confier, je... mais enfin vous ne devez pas craindre que j'abuse jamais de votre confidence... ce secret mourra dans mon sein...

— Oh! sans doute je ne vous crois pas capable de me trahir! mais je ne m'en repens pas moins de vous avoir tout dit. Ah! il avait raison, lui! en me défendant de vous confier nos amours!... mais il n'était plus temps!...

— Comment... il vous l'a défendu...

— Ah! vous savez donc de qui je veux parler?...

Charlésia devient encore plus pâle et elle balbutie :

— Mais il me semble... d'après ce que vous m'avez dit... c'est bien facile à deviner...

— Oh! oui, pour vous ce doit être très facile... mais qui sait... moi aussi peut-être... je devinerai... je devinerai le mystère qu'on me cache.

Mathilde sourit d'un air plein d'amertume et garde quelque temps le silence; mais bientôt, comme si elle n'était plus maîtresse de se contenir, elle s'écrie :

— Oh! tenez! je ne puis plus y tenir!... il faut que je parle... car ce que j'ai là m'oppresse, me brûle... car il faut que je vous dise tous les tourments que j'éprouve, toutes les angoisses qui, depuis hier, déchirent mon cœur... Charlésia, c'est depuis que vous l'avez vu hier... c'est depuis que vous savez que c'est Adhémar que j'aime, que vous n'êtes plus la même avec moi... vous connaissez Adhémar... oh! vous le connaissez... votre trouble à tous deux en vous revoyant... sa tristesse ensuite... puis sa crainte que je ne vous apprenne notre liaison... oh! c'était trop visible!... Charlésia... pourquoi me faire un mystère de ce qui a existé entre vous et lui... vous l'avez aimé, j'en suis sûre... peut-être vous aime-t-il toujours... eh bien! dites-le moi donc... dites-le moi, pour que je fuie... pour que je pleure seule... seule, et que ce ne soit plus devant vous!...

De grosses larmes coulent des yeux de Mathilde qui s'est couvert le visage de son mouchoir. Charlésia est vivement émue, elle aussi verse des pleurs qu'elle cherche en vain à retenir; on dirait qu'un grand combat a lieu au fond de son cœur, enfin elle répond :

— Non, Mathilde, non, vos craintes ne sont pas fondées... ne soyez pas jalouse de moi... oh! vous avez bien tort de l'être... M. Adhémar ne m'aime pas.., soyez-en certaine... et moi... oh! je n'ai pas le moindre amour pour lui. Encore une fois, Mathilde, croyez-en ma parole... je ne verrai jamais celui que vous aimez... vous ne devez pas éprouver la moindre jalousie à cause de moi.

— Mais enfin... vous l'avez connu! reprend Mathilde après un moment. Je me rappelle en effet qu'il a voyagé... été en Italie, c'est là peut-être que vous vous serez rencontrés?

Charlésia est quelque temps sans répondre, puis elle dit avec effort :

— Monsieur Adhémar est un étranger pour moi.

— Il suffit! vous ne voulez pas m'en dire davantage... je ne dois plus insister... mais vous m'avez assurée que ma jalousie était injuste, et je vous crois... oh! je veux vous croire! je souffre assez déjà d'avoir perdu votre confiance... vous ne m'en croyez plus digne... puisque vous ne voulez plus m. dire... m'avouer... car certainement il y a quelque chose entre vous et... lui... et vous ne voulez donc pas me le confier...

Charlésia baisse les yeux et ne répond rien. Mathilde garde le silence en regardant celle qui est devant elle; on voit qu'elle attend, qu'elle espère que madame Valméran parlera. Mais plusieurs minutes s'écoulent, et Charlésia continue à se taire. Mathilde se lève tout à coup, en s'écriant :

— Ah! je vois bien que toutes mes prières seraient vaines... que ma voix n'arrive plus jusqu'à votre cœur!... mais aussi j'étais bien orgueilleuse!... moi! une femme coupable... moi qui manque à tous mes devoirs... penser que l'on déposerait un secret dans mon sein... comme si j'étais encore digne de cette marque d'amitié... oh! non... on me méprise à présent!...

— Mathilde! vous êtes bien cruelle! murmure Charlésia en mettant son mouchoir sur ses yeux. Si vous saviez... combien je... suis à plaindre...

— Vous voyez bien que vous avez quelque chose... un secret... un secret pour moi!... qui n'en ai pas eu pour vous.

Charlésia fait un nouvel effort sur elle et répond

— Je n'ai pas d'autre peine... que d'être arrivée à mon âge... sans avoir su inspirer cet amour... que l'on a pour vous... car vous êtes aimée, vous... Il vous adore... celui pour qui... vous avez tout sacrifié... il vous adore! ah! il me semble que vous devriez vous trouver heureuse!

— Oui... je le serai... s'il m'aime toujours... si je suis sûre qu'il n'en aime pas d'autre. Allons, je vois que... enfin, vous êtes bien décidée... Oh! vous avez de la fermeté dans le caractère, vous! Je vais vous quitter... je vais rentrer chez moi...

— Vous... partez déjà?

— Mais sans doute.

Mathilde a fait quelque pas vers la porte, Charlésia l'a suivie en marchant la tête penchée sur sa poitrine; au moment de sortir de l'appartement, Mathilde s'arrête, regarde son amie et s'aperçoit qu'elle a les yeux baignés de larmes; alors elle se rapproche d'elle, lui prend d'abord la main, puis l'entoure de ses bras et l'embrasse à plusieurs reprises, en lui disant.

— Tu ne m'aimes donc plus?... tu me laissais partir sans m'embrasser.

— Si... si... je t'aime toujours... je serai toujours ton amie...

— Oh! oui... n'est-ce pas... ne soyons plus fâchées...

— Mais... c'est toi qui l'étais.

— Eh bien, pardonne-moi!... J'avais tort. Et nous nous disions *vous*?... Ah! Charlésia, comment avons-nous pu nous dire vous!... cela n'arrivera plus, n'est-ce pas?

— Oh! non... il ne faut plus que cela arrive... Tu sera toujours la même pour moi, Mathilde... tu me confieras tes moindres peines... tes chagrins... tu me parleras de... celui que tu aimes... tu me diras tout!

— Oui, oh! tu sais bien que je ne puis pas avoir de mystère, moi!

— Tu viendras me voir souvent!

— Cela ne te contrariera pas?

— Bien au contraire, ce sera mon seul plaisir.

— Mais... toi... tu... viendras aussi?

— Oh! moi, je n'aime pas le monde! J'irai te voir quelquefois... mais... le matin... quand tu seras seule... j'aime mieux cela.

— Oh! oui, tu as raison, on est plus libre pour causer!

On voit que cet arrangement convient beaucoup à Mathilde, car elle redevient d'une humeur charmante; elle embrasse encore Charlésia, son amitié est revenue plus forte que jamais depuis qu'elle voit que son amie ne désire pas se retrouver avec Adhémar. Elle reste encore une heure avec madame Valméran; l'entretien des deux amies est vif, animé; mais lorsque Mathilde parle d'Adhémar, Charlésia se tait et se borne à écouter. Enfin, Mathilde dit adieu à son amie, l'embrasse et la quitte en lui promettant de venir la revoir sous peu de jours, mais sans la solliciter pour qu'elle vienne aussi chez elle.

Quand Mathilde est partie, Charlésia reste pendant assez longtemps comme plongée dans ses réflexions. Enfin elle se lève, sonne sa femme de chambre, se fait habiller pour sortir, puis ordonne qu'on fasse venir une voiture.

Quand la voiture est devant la porte, Charlésia y fait porter une ample provision de jouets d'enfants et de bonbons dont elle a fait emplette la veille; ensuite elle monte dans la voiture, sans se faire accompagner par aucun domestique, et dit au cocher de la conduire à Saint-Maur.

On est alors au mois de juin, à cette belle époque de l'année où les arbres sont parés d'une verdure nouvelle, où les fleurs ornent les prairies, émaillent les gazons et embaument les bois. Mais Charlésia semble voir d'un œil indifférent toutes ces beautés que la nature étale à ses yeux; toujours triste et méditative au fond de sa voiture, elle traverse sans les admirer les jolies allées du bois de Vincennes; de temps à autre, si elle penche sa tête contre la portière, c'est seulement pour voir si l'on arrive au lieu qu'elle a indiqué.

Lorsqu'on est dans Saint-Maur, le cocher demande de quel côté il doit se diriger; Charlésia lui fait prendre une petite ruelle qui s'écarte un peu de la route et fait arrêter devant une maisonnette assez gentille, qui n'est pas assez élégante pour annoncer une maison bourgeoise, mais qui semble trop bien tenue pour n'être qu'une demeure de paysan.

Charlésia est descendue chargée de jouets et de bonbons; elle traverse une petite cour plantée d'arbres et entre dans une salle au rez-de-chaussée de la maison. Là était une femme d'une quarantaine d'années, habillée en bonne fermière, dont la figure ronde, rouge et joviale annonçait la santé et le contentement; cette femme donnait à manger à un petit garçon qui pouvait avoir deux ans et demi, qui était très délicat, très mignon, avait des traits fins et doux la fois, et dont les vêtements recherchés n'annonçaient pas l'enfant d'un paysan.

A la vue de Charlésia, le petit garçon fait un cri de joie et tend petits bras vers elle en criant :

« Maman !... maman !... voilà maman ! »

La grosse femme se hâte de se lever et fait de profondes révérences.

Charlésia court d'abord à l'enfant, qu'elle embrasse tendrement et auquel elle donne des jouets et des bonbons en lui disant :

— Tiens, Charles, c'est pour toi tout cela ! mais tu seras bien sage, bien obéissant, tu ne feras pas trop endêver la bonne madame Mignot, qui veut bien avoir soin de toi et te traiter comme son enfant !

— Oui, oui, je suis bien sage, répond le petit garçon en poussant des cris de joie à la vue de tout ce qu'on lui apporte.

— As-tu dit merci, mon petit ange, répond la mère Mignot en présentant une chaise à Charlésia. Asseyez-vous donc, madame... c'est que, voyez-vous, les enfants, faut leur apprendre la politesse de bonne heure... vous avez vu le mien ! un gas qui a douze ans bientôt, et qui est grand comme père et mère, sauf vot' respect. Eh bien, madame, il est capable d'arriver à tout, ce garçon-là, le maître d'école l'a dit, parce qu'il ne rencontrerait pas un chien, sauf vot' respect, sans lui ôter son chapeau.

— Comment Charles a-t-il été depuis hier ? se plaît-il chez vous ? est-il gai ? a-t-il de l'appétit ?

— Oh ! oui, madame, tout cela va ben ! nous nous entendrons ben ensemble ! Soyez tranquille : d'abord, moi, j'adore les enfants, j'aurais voulu en avoir une trollée... mais il ne m'en est venu qu'un... mon gas Pierre... Pierrot, comme je l'appelons... et vous comprenez que c'est avec plaisir que je me sommes chargée de vot' enfant... d'abord vous payez grassement... mais c'est pas ça seulement qui me guide... j'aime les moutards, moi ! et je passerais ma journée à jouer avec ce cher ami.

— Je sais, madame Mignot, que vous êtes une bonne et digne femme... on me l'a dit dans le pays... et c'est pour cela qu'en revenant en France je vous ai confié ce cher petit... que... des raisons puissantes m'empêchent de garder près de moi, mais que je viendrai voir souvent, oh ! bien souvent !

— Tant que vous voudrez, madame ; ça me fera toujours plaisir, à moi ! Je ne suis pas comme les nourrices qui mangent les confitures de leurs nourrissons dès que les parents sont partis... j'aurai toujours ben du contentement à vous voir !

Charlésia a été prendre le petit Charles ; elle l'assied sur ses genoux, l'embrasse, le contemple, puis l'embrasse encore en murmurant bien bas, et du ton de la plus profonde tristesse.

« Pauvre petit ! »

Il y avait assez longtemps que la jeune femme était chez la mère Mignot ; elle caressait toujours l'enfant, et laissait parler la paysanne, qui était extrêmement bavarde, et faisait très volontiers les demandes et les réponses. Mais l'arrivée d'un grand dadais de douze ans, qui porte des livres sous son bras et un panier de l'autre, interrompt le monologue de madame Mignot ; elle court à son fils en s'écriant :

— Tiens, v'là Pierrot ; bonjour, mon gas ; salue donc madame... c'est la maman de Charles qui vient nous voir... et qui t'a apporté ce beau livre et des dragées.

M. Pierrot saute sur les dragées et en met dans sa bouche tant qu'elle peut en contenir, en faisant de grandes démonstrations de joie.

— As-tu dit merci, mon garçon ?

— Merci, madame.

— Et ce joli livre, hein ! c'est les contes de la mère l'Oie

— Oh ! les belles images !

— Est-ce qu'on ne dit pas merci à madame pour ça ?

— Merci, madame.

Charlésia se dérobe à ce déluge de remerciements en faisant ses adieux à la mère Mignot ; après avoir encore embrassé tendrement le petit garçon, qu'elle recommande aux soins de la bonne villageoise, elle remonte en voiture et reprend la route de Paris, tandis que la mère Mignot se met sur la porte pour la voir s'éloigner, en répétant à son fils :

— Qu'est-ce qu'on dit donc à cette dame ?

CHAPITRE XIV.

DES RUPTURES.

Depuis sa rencontre avec madame Valméran à la soirée de Bourdichon, Adhémar n'est plus le même, son humeur a totalement changé ; au lieu de cette gaieté, de cette insouciance et de cette amabilité qui le faisaient distinguer dans le monde, il montre maintenant de l'abattement, de la mélancolie ; il semble toujours préoccupé d'une pensée secrète qui l'empêche souvent de prendre part à ce qui se dit autour de lui ; enfin, lorsqu'il veut rire, lorsqu'il tâche de paraître heureux, sa gaieté n'est pas naturelle, et l'on voit trop qu'elle sert de masque à un autre sentiment.

Cependant Adhémar va beaucoup dans le monde, il ne manque pas une réunion chez M. Bourdichon ; mais en entrant dans le salon, ses yeux cherchent quelqu'un, et toute la soirée ses regards se tournent vivement vers la porte lorsqu'il arrive du monde, puis une expression de tristesse se peint sur son visage, comme si son attente était toujours trompée.

Mathilde, qui observe sans cesse Adhémar, ne perd pas un de ses mouvements ni de ses regards : cherchant, sous l'apparence de la gaieté, à cacher les tourments qu'elle éprouve, elle le plaisante quelquefois sur son air sérieux ou distrait ; mais elle ne lui reparle plus de Charlésia, qui n'est pas revenue à ses soirées, car elle devine bien que c'est d'elle qu'il est occupé, que c'est après elle qu'il soupire, et que sa tristesse n'est que la suite du dépit qu'il éprouve de ne point la revoir.

M. Bourdichon, qui n'a pas les mêmes motifs que sa femme pour ne point parler de madame Valméran, dit un soir à Mathilde pendant la réunion :

— Est-ce que ton amie ne viendra pas ce soir, ma bonne ?

— Je n'en sais rien, répond Mathilde d'un ton bref.

— Elle vient bien rarement à nos soirées.

— Elle n'aime pas le monde... elle vient me voir le matin.

— C'est fort mal ! dit Monfignard. Comment, cette jolie veuve n'aime pas la société !... mais c'est un mauvais tour qu'elle nous a fait, alors, de s'être montrée une fois... c'est pour lancer un trait comme les Scythes !

— Je crois que Monfignard s'était déjà enflammé pour ton amie, reprend M. Bourdichon.

— Peut-être... je ne dis pas non, dit le bel homme en s'étendant sur un divan.

Adhémar lance sur Monfignard un regard courroucé ; mais celui-ci ne s'en aperçoit pas ; Mathilde seule l'a remarqué. L'arrivée de la famille Sublimé met fin à cette conversation. Le petit mouvement d'humeur de mademoiselle Idalie n'a pas tenu contre le désir de se retrouver avec Adhémar, et elle a été la première à solliciter sa mère pour aller chez madame Bourdichon

De son côté, Mathilde, qui a maintenant dans l'esprit des choses qui l'occupent infiniment plus que mademoiselle Idalie, reçoit les Sublimé avec beaucoup de politesse, et semble désirer que la présence d'Idalie donne un autre tour aux pensées d'Adhémar.

Mademoiselle Sublimé a été sur-le-champ placer sa chaise à côté de celle du jeune homme qu'elle veut épouser, et qui est alors assis près du piano. La maman va se joindre à plusieurs dames qui causent, en ayant l'air de dire à sa fille :

— Fais ce que tu voudras ! je te lâche la bride.

M. Sublimé est allé regarder la pendule, et sort déjà de sa poche une boîte à musique qu'il se dispose à placer malignement sur la cheminée. Enfin le petit prodige, que l'on a aussi amené, va toucher à tous ces jolis objets que les dames placent sur une étagère.

Mademoiselle Idalie, qui croit que M. Bourdichon a fait part à Adhémar des projets de ses parents, commence par faire de petites mines lorsqu'elle est près du jeune homme ; s'apercevant qu'il n'y fait pas attention, elle se décide à entamer la première la conversation :

— Il y a bien longtemps que nous ne sommes venus ici... au moins trois semaines... oh ! oui, quatre même... n'est-ce pas, monsieur Adhémar ?

Le jeune homme répond avec un sérieux glacial :

Je n'ai pas compté, mademoiselle.

— Ah!... ça ne vous a donc pas semblé long.

Adhémar répond machinalement :

— Pardonnez-moi, mademoiselle!

— Ah! c'est ce que... je pensais; et à moi aussi cela m'a semblé long. Mais si vous aviez voulu venir à la maison, rien ne vous en empêchait... vous deviez être sûr que cela nous aurait fait grand plaisir... Pourquoi n'êtes-vous pas venu?... est-ce que vous n'avez pas osé?... mais il faut oser.

— Mademoiselle... vous êtes bien bonne... je vais voir s'il y a une place à la bouillotte!

Et Adhémar se lève et se dirige vers la pièce où l'on joue, sans faire plus d'attention à mademoiselle Idalie. Celle-ci ne comprenant rien à la conduite du jeune homme, quitte sa place et va parler bas à sa mère. Madame Sublimé fait un signe à son époux qui s'approche, et auquel elle parle dans l'oreille gauche, tandis qu'Idalie lui souffle dans l'oreille droite; Dardanus, soufflé des deux côtés, s'élance comme un ballon vers M. Bourdichon, et, le prenant à part, lui dit :

— Mon cher monsieur Bourdichon, est-ce que vous n'avez pas tâté M. Marilly relativement aux intentions de ma fille... c'est-à-dire à nos intentions... de mariage.

— Ah! ma foi non, ça m'est sorti de la tête! répond le gros monsieur; j'ai tant d'affaires en train!

— Diable!... ça contrarie beaucoup Idalie, parce que... elle s'attendait naturellement. Est-ce que vous ne pourriez pas lui en causer un peu ce soir... sans avoir l'air de rien, pendant que je ferai jouer mon grand carillon... je l'ai apporté exprès.

— Moi, je ne demande pas mieux, et, comme cela, vous saurez tout de suite ce qu'il me répondra.

— C'est cela.... allez.... vous me retrouverez contre la cheminée.

Trouillade se présente à la porte du salon, dans son costume de Figaro, et se pose comme sa statuette. — Page 52.

M. Sublimé va faire jouer sa petite musique, en faisant à ses dames des signes d'intelligence. Un temps assez long s'écoule, car Adhémar s'était placé à la bouillotte, et ce n'était pas là que M. Bourdichon pouvait lui faire part des intentions de la famille Sublimé à son égard. Enfin Adhémar quitte le jeu; le mari de Mathilde l'a pris à part, et, après un entretien assez court, M. Bourdichon va dire tout bas à M. Sublimé :

— C'est fini... votre commission est faite.

— Eh bien? il est enchanté!

— Il refuse positivement, en remerciant beaucoup de l'honneur qu'on veut lui faire. Il ne veut pas se marier.

— Ah! bah!

— Je lui ai fait en vain comprendre les avantages de cette union... j'ai glissé un mot de la dot... mais c'est un jeune homme qui ne fait aucun cas de l'argent... il faut qu'il soit fort riche. Enfin son dernier mot est : Je ne veux pas me marier.

— Allons, je vais dire cela à ma femme... quand l'air sera fini... c'est : *Vous avez des droits superbes*... le reconnaissez-vous?

— Très bien.

Madame et mademoiselle Sublimé, regardaient avec impatience Dardanus qui, appuyé contre la cheminée, attendait tranquillement que sa boîte eût achevé l'air du *Nouveau Seigneur*. Enfin la musique ayant cessé, M. Sublimé s'approche de sa femme et lui dit à l'oreille :

— Il ne veut pas se marier.

Madame Sublimé reste pétrifiée. Quand à Idalie, elle pense avoir mal entendu et dit à son père :

— Qu'a-t-il répondu vous voyez bien, papa que je grille d'impatience?

— Il ne veut pas se marier.

Mademoiselle Idalie pâlit, puis se mord les lèvres, puis veut affecter de rire; et enfin présumant que dans sa situation et en présence d'Adhémar une attaque de nerfs ne peut que la rendre très intéressante, elle se relève à demi, étend les bras, pousse un cri, chancelle et se laisse tomber lourdement sur les genoux de sa mère; mais madame Sublimé n'étant pas préparée à recevoir sa fille, ou n'ayant peut-être pas une chaise assez solide, est renversée en arrière par le choc et tombe avec Idalie sur le tapis du salon.

La maman pousse les hauts cris, la fille des gémissements. Ces dames sont tombées si malheureusement qu'on voit très bien la couleur de leurs jarretières. Il se fait un grand mouvement dans le salon, chacun veut courir relever ces dames; mais les hommes qui arrivent les premiers s'y prennent si gauchement que les jarretières restent fort longtemps en vue. Cependant M. Eudoxe, entendant crier sa mère et sa sœur, veut aller près d'elles, et, en se précipitant en avant, renverse l'étagère de Mathilde, et brise une partie des charmants objets placés dessus.

Ce chef-d'œuvre du petit prodige achève de mettre le désordre dans le salon. Enfin les dames sont relevées; pourtant Idalie s'obstine à tenir ses yeux fermés, ce qui ne l'empêche pas de crier :

— Allons-nous-en.... emportez-moi!... je veux qu'on m'emporte!

Madame Sublimé, dont la coiffure s'est retournée en tombant et qui vient d'apercevoir sa tête dans une glace, s'écrie à son tour :

— Oh! oui, partons! car cette chute m'a tout à fait dérangée... Monsieur Sublimé, faites avancer une voiture... Je crois qu'il faudra m'emporter aussi.

M. Sublimé se hâte de sortir, laissant à d'autres le soin d'amporter sa femme et sa fille. Quelques messieurs, qui ont trouvé de leur goût la couleur des jarretières de mademoiselle Idalie, se sont déjà empressés de la transporter jusqu'à la voiture. Madame Sublimé voyant que personne ne se présente pour l'emporter se décide à s'en aller en tenant par la main le petit prodige qui, sur son chemin, trouve encore moyen de renverser un plateau de verres à punch.

Après le départ de la famille Sublimé, l'ordre étant rétabli dans le salon, un feu roulant de plaisanteries naît de la chute des deux dames, et chacun se demandant ce qui avait pu causer l'évanouissement de la jeune fille. Mathilde le dit tout bas à l'oreille d'une dame qui le répète tout bas à une autre, si bien qu'au bout d'un moment toute la société sait que M. Marilly a refusé la main de mademoiselle Idalie; et comme cette demoiselle est riche, on demeure plus persuadé que jamais qu'Adhémar est fort riche aussi; et M. Monfignard se mord encore les lèvres avec dépit; tandis que Mathilde regarde celui qu'elle aime presque avec reconnaissance et que M. Bourdichon murmure:

« Tout cela nous coûte pour plus de cinq cents francs de porcelaines... C'est une peste que ce petit prodige!... Quand les parents ont des enfants si extraordinaires, ils devraient bien ne jamais les mener en société. »

Le lendemain de cette soirée, Mathilde était chez Adhémar à neuf heures du matin; la veille, elle lui avait dit à l'oreille : « à demain, » et il lui avait répondu : « à demain ; » mais ce n'était plus avec ce frémissement de plaisir qu'il éprouvait lors de leurs premiers rendez-vous.

Mathilde s'apercevait bien de la froideur d'Adhémar; une femme ne se trompe guère sur les sentiments qu'elle inspire; quelquefois elle cherche à s'abuser elle-même, lorsque ce qu'elle entrevoit est pénible pour son cœur; mais les illusions n'approchent jamais de la réalité.

Adhémar est ce jour-là plus froid, plus distrait que de coutume; Mathilde soupire, et, après l'avoir regardé longtemps avec tristesse, lui dit :

C'est donc bien vrai que vous ne m'aimez plus ?

Le jeune homme la regarde d'un air surpris, en répondant :

— Pourquoi me dites vous cela?

— Il y a longtemps que je le vois... je veux en vain me faire illusion... je m'étais promis de ne vous adresser aucun reproche... car je sais bien qu'ils seraient inutiles... et malgré moi... oh! mais je ne vous fais point de reproches! je regrette seulement que mon bonheur ait duré si peu!

— Mon Dieu! je suis toujours le même avec vous... je ne sais pourquoi... vous pensez que... je ne vous aime plus... Est-ce parce que j'ai refusé la main de mademoiselle Sublimé, que vous me dites cela?... est-ce que vous auriez voulu que je l'épousasse!

— Non, sans doute, je ne l'aurais pas voulu... mais je ne sais pas pourquoi, il me semble que ce n'est pas à moi que vous faites ce sacrifice.

— D'abord, ce n'est pas un sacrifice! je ne veux pas me donner ce mérite. Cette demoiselle ne me plaisait pas du tout.

— Je le crois... vous avez meilleur goût... ce n'est pas pour moi que je dis cela.

— Pourquoi ne le diriez-vous pas pour vous?...

— Parce que vous ne m'aimez plus... oh! non... car à présent vous me recevez froidement, et comme si c'était seulement par habitude... car il n'y a plus d'amour dans vos yeux, dans vos discours... car... vous semblez triste et ennuyé près de moi.

— Ennuyé!... ah! par exemple!... moi qui aime tant à causer avec vous!...

— Autrefois!

— Toujours...

Adhémar garde un moment le silence, caressant machinalement la main de Mathilde qu'il tient dans les siennes, enfin il reprend :

— Et... et... votre amie... madame Valméran... y a-t-il longtemps que vous l'avez vue?

Mathilde rougit de dépit et retire brusquement sa main en répondant :

— Je l'ai vue hier.

— Ah!... vous allez chez elle... souvent?

— Oui, monsieur.

— Elle ne vient plus à vos soirées?

— Non.

— Et... est-ce qu'elle vous parle de...

Adhémar s'arrête, il n'ose pas achever sa pensée, il reprend :

— Vous ne lui avez pas fait confidence de... notre liaison, n'est-ce pas?

Mathilde court prendre son chapeau et son châle; elle met l'un et l'autre en s'écriant d'une voix étouffée par la colère :

— C'en est trop, monsieur, vous abusez de ma patience! puisque vous n'êtes occupé que de madame Valméran, puisque c'est pour que je vous parle d'elle que vous êtes avec moi, je cesserai à l'avenir des visites qui ont une autre pour sujet!... Vous ne m'aimez plus, oh! je ne le vois que trop! Je ne puis pas vous forcer à me parler d'un amour que vous n'éprouvez plus... mais vous entendre me parler d'une autre, c'est aussi ce que je ne puis supporter. Adieu, monsieur, pensez à... mon amie!... parlez d'elle à votre aise... mais ce ne sera plus avec moi.

Aréma arrache le cordon de sa sonnette. — Page 52.

En disant ces mots, Mathilde est sortie brusquement de chez Adhémar; celui-ci est resté immobile, l'action de la jeune dame a été si précipitée, qu'il n'a pas eu le temps de s'opposer à son départ. Il reste un moment absorbé dans ses pensées, puis il dit :

« Après tout, pourquoi l'aurai-je retenue!... elle exige trop! elle veut vraiment de l'amour! et je ne puis plus lui en offrir!... et le pis, c'est que je n'ai plus le courage de la tromper! Ah! depuis que j'ai revu Charlésia, toutes les autres images se sont effacées de mon cœur! C'est un malheur pour moi qu'elle soit revenue en France, ou du moins que je l'aie rencontrée... et il faut qu'elle soit l'amie de Mathilde !... Elle ne revient plus à ses soirées... est-ce crainte de m'y voir ?... Je dois le supposer !... Ma présence lui est donc bien insupportable... Ah ! si je ne la vois point en réalité, j'ai du moins son image! »

Adhémar va à son secrétaire, y prend le portrait qui était auparavant dans son logement du boulevard Saint-Denis, mais que depuis quelque temps il emportait presque sans cesse avec lui, et, se jetant sur un siége, se met à contempler cette image qui retraçait fidèlement les traits de Charlésia, puis retombe dans ses réflexions; il en est tiré par de violents coups de sonnette, il pose le portrait sur son secrétaire, qu'il oublie de refermer, et va vers la porte en se disant :

« Mathilde revient !... Pauvre femme !... Il faut au moins que j'aie l'air de l'aimer ! »

Il ouvre sa porte; mais au lieu de Mathilde, c'est la gentille Emmeline qui paraît devant lui, et qui entre dans l'appartement en s'écriant :

— On ne m'avait donc pas trompée, c'est donc bien vrai, monsieur a deux logements !...

Adhémar est un moment embarrassé; mais comme tout ce qui lui arrive en ce moment n'est pas de nature à le désespérer, il prend le parti le plus sage, et c'est en riant qu'il présente un siége à sa nouvelle visiteuse.

— Deux logements! quelle horreur!... et pourquoi faire... cela se devine... Ah! il vous en faut dans tous les quartiers!...

— Asseyez-vous, madame...

— Non, je ne veux pas m'asseoir. Quand M. Trouillade m'a dit ce matin : Mon voisin n'a pas couché chez lui, il découche très-fréquemment... il mène une vie très-décolletée...

— Ah ! M. Trouillade vous a dit cela, c'est sans doute en remerciement de mon lièvre et de votre dîner; je lui en tiendrai compte.

— J'ai cru qu'il plaisantait! qu'il voulait seulement me rendre jalouse... J'ai été parler à votre portière. Madame Coquenard a d'abord voulu faire la discrète, mais j'ai pris un couteau en menaçant de m'en percer. Alors elle m'a avoué que vous aviez fait porter une foule de choses, des hardes, des livres, dans une maison de la rue de Navarin; mais elle n'en savait pas plus. Cela m'a suffit, je me suis mise en route; je ne savais pas le numéro, mais je suis entrée dans toutes les maisons de ce côté de la rue, et j'aurais été dans les autres, si je ne vous avais pas trouvé ici.

— Vous me direz aussi bien tout cela étant assise... Vous devez être fatiguée, ma chère amie, si vous avez visité tant de maisons!

— Je crois que monsieur se fiche encore de moi!... Oh! vilain monstre! quel dommage que je ne sois pas venue plus tôt, j'aurais sans doute trouvé votre passion d'ici!... quelque lorette, sans doute! car c'est le quartier; il y en a dans la maison, le portier me l'a dit.

— Non, ma chère Emmeline, je ne connais pas de lorettes, je vous le certifie... J'avais loué ce logement... par circonstance... Je voulais changer de quartier... et puis, ayant réfléchi... et ayant oublié de donner congé de l'autre...

— Oh ! monsieur!... à quoi bon ces histoires!... vous devez bien penser que je ne vous croirai pas... Si vous n'aviez pas quelque autre intrigue, est-ce que vous ne m'auriez pas fait déjà venir ici, fait connaître cet appartement, qui est beaucoup plus jolis que l'autre... et ces meubles... quelle élégance! oh! mais c'est superbe! Sans doute on ne reçoit ici que des duchesses !... et le logement du boulevard Saint-Denis est bien assez bon pour moi!... Et monsieur rit encore... c'est indigne!

— Je ris, parce que vous êtes si gentille quand vous vous mettez en colère!

— Oh! ne me pressez pas la main!... Je voue déteste.

Emmeline a dit ces mots avec beaucoup moins de colère; mais, en regardant de tous côtes dans l'appartement, ses yeux se portent sur le secrétaire, et elle aperçoit le portrait de Charlésia qu'Adhémar a oublié de serrer. Elle s'élance et le saisit avant que le jeune homme ait eu le temps de l'arrêter.

En voyant un portrait de femme, et d'une femme jeune et belle, Emmeline balbutie d'une voix altérée par le dépit :

— Ah ! voilà donc le portrait de votre maîtresse!...

— Emmeline... rendez-moi ce portrait...

— Oh! vous me permettrez bien de le regarder auparavant... Elle est jolie... cette femme... oui elle est mieux que moi... vous devez la préférer... c'est naturel...

— Je vous jure, Emmeline, que cette femme n'est pas ma maîtresse, je vous en fais le serment.

— Des serments! oh! je n'y crois pas... vous êtes trop inconstant... et je vous aimais tant, moi!

— Puisque je vous répète que ce n'est pas le portrait de ma maîtresse.

— C'est votre mère, votre sœur, n'est-ce pas?

— Il y a longtemps que je possède ce portrait, je l'avais avant de vous connaître.

— Écoutez, si vous voulez que je vous croie encore... ou que je vous pardonne, il n'y a qu'un moyen : vous allez me donner ce portrait, ou bien vous allez le briser devant moi; alors je croirai que vous n'êtes pas l'amant de cette femme.

— Emmeline... je ne puis... je ne veux pas faire ce que vous me demandez... je vous répète que ce n'est pas le portrait de ma maîtresse, voilà tout ce que je puis vous dire.

— Et moi, je ne vous revois de ma vie, si vous ne me laissez pas briser ce portrait.

Et comme Emmeline se disposait à joindre l'effet à la menace, Adhémar se hâte de lui enlever le portrait des mains et de l'enfermer dans son secrétaire sans lui laisser le temps de s'opposer à cette action.

Emmeline est restée toute saisie, elle regarde Adhémar qui a repris un air froid et sérieux et ne paraît plus avoir envie de rire; elle fixe sur lui des yeux étincelants de colère, puis tout à coup courant vers la porte, elle sort de l'appartement sans prononcer un seul mot.

Adhémar se jette de nouveau sur un siége en se disant :

« Allons, il paraît que c'est le jour des ruptures! c'est en amour comme au jeu : il y a des moments où l'on est pas en veine. »

CHAPITRE XV.

UNE SOIRÉE CHEZ DES LORETTES. — UNE PARTIE DE VINGT ET UN. — UNE NOUVELLE VOISINE.

Quinze jours se passent, et Adhémar n'a pas revu ses deux maîtresses; il regrette quelquefois la gentillesse d'Emmeline, et l'amour passionné de Mathilde; cependant il ne fait aucune démarche pour se raccommoder avec elles; il reste chez lui, réfléchissant au passé, attristé par le présent, incertain de l'avenir, et dans le fond de son âme, éprouvant un secret dépit de ne recevoir aucune nouvelle des deux personnes avec lesquelles il est brouillé. Quand les quinze jours sont passés, il se dit :

« Maintenant Emmeline ne songe plus à moi! Quand à Mathilde... peut-être y pense-t-elle encore... mais il y a une autre femme. Oh ! celle-là repousse mon souvenir avec horreur... A quoi bon ces regrets d'un bonheur perdu; il faut savoir supporter le sort que l'on s'est fait. Je retournerai dans le monde... car ma brouille avec Mathilde ne doit pas me fermer la porte de M. Bourdichon... Je reverrai peut-être Charlésia, alors je tâcherai d'être homme... de faire comme elle... d'oublier que je l'ai connue! »

Mais comme il n'a plus aucune raison pour garder deux logements, et que d'ailleurs, ses fonds diminuant à vue d'œil, il était indispensable qu'il fît des économies, Adhémar se décide à aller donner congé de son appartement du boulevard Saint-Denis, ne pouvant se résoudre à quitter celui de la rue de Navarin, qui est cependant plus cher; mais il compte toujours faire de grands bénéfices avec les vingt mille francs qu'il a mis dans le commerce.

Adhémar se rend à son ancien logement; il va trouver madame Coquenard et lui dit :

— Vingt francs pour vous si vous louez mon appartement avant le terme; vingt francs de plus si vous me trouvez quelqu'un qui veuille m'acheter tout mon mobilier.

— Ça fait quarante francs! s'écrie la portière en ouvrant des yeux aussi grands que la porte. Monsieur peut être sûr que je vas m'occuper de ça assidument.

En effet, trois jours après, madame Coquenard allait annoncer à Adhémar qu'elle lui avait trouvé un acquéreur, et, le soir même, le jeune homme avait vendu son mobilier du boulevard en perdant les deux tiers dessus; mais pour lui c'était un commencement d'économies.

Après avoir terminé cette affaire, Adhémar était chez lui, le soir, compter ce qui lui restait en caisse; avec le produit de la vente qu'il venait de faire, il possédait en tout deux mille francs. C'était avec cela qu'il fallait attendre les bénéfices qu'il espérait.

Le son de la sonnette tire Adhémar de ses calculs; il regarde à sa pendule, elle marque dix heures; il n'attend aucune visite, et se demande qui peut lui venir si tard, et cependant il se hâte d'aller ouvrir.

C'est une dame fort élégante, qui pousse un cri de surprise en reconnaissant Adhémar, et celui-ci en fait autant; car il vient de reconnaître son ancienne voisine, mademoiselle Azéma.

— Comment, c'est vous, monsieur Adhémar! Ah! bien, si je m'attendais à vous rencontrer ici... est-ce que vous demeurez avec madame Polatinskifkoff?

— Qu'est-ce que c'est que cette dame?

— Eh bien, c'est... madame Polatinskifkoff, ou, si vous aimez mieux, Azurine, une de mes amies... qui a un nom russe depuis qu'elle a voyagé dans le midi, parce que, voyez-vous, ça fait bien, ça donne un certain chique!... est-ce que ce n'est pas chez elle, ici?

— Ici? mais non, c'est chez moi, si vous voulez bien le permettre.

— Bah!... tiens, vous avez donc déménagé aussi, vous!... Oh! ce hasard!... moi, je viens souper chez mon amie Azurine, je l'ai rencontrée hier; nous avions été brouillées au sujet d'un boa qu'on lui avait donné pour moi et qu'elle a gardé! enfin c'est fini!... le boa est usé. Hier elle me dit: « Viens donc me voir, je demeure rue de Navarin, j'ai un très joli appartement; viens souper demain, j'aurai quelques amies... des dames de l'Opéra, des messieurs de bon genre... nous ferons un vingt et un avant le souper... » Azurine raffole du vingt et un. Je lui ai dit: « J'irai. » En effet, je suis venue. Je demande madame Polatinskifkoff; ce dindon de portier me dit: « Au quatrième... »

— C'est ici dessus!

— Bah!... c'est que j'étais fatiguée de monter, apparemment, ou, plutôt, que la sympathie aura conduit ma main au cordon de votre sonnette. Est-ce que vous avez du monde chez vous?

— Non, je suis seul.

— En ce cas il me semble que vous pourriez me faire entrer...

— Ah! pardon.

Adhémar introduit Azéma dans son appartement. Elle examine tout, et, en regardant le lit, dit en souriant:

— Il n'y a pas quelqu'un de caché là-dedans?...

— Oh! non, personne... d'ailleurs, il ne tient qu'à vous de vous en assurer.

— Ah! vraiment... je comprends... en me mettant où j'étais l'autre fois... la proposition est un peu andalouse. A propos d'Andaloux, j'ai rompu avec le mien.

— Ah! monsieur... Bardajos! qui se cachait...

— Dans un certain lieu; justement. Il me tyrannisait, ce petit Espagnol; je lui ai dit: « Mon cher ami, vous me prenez pour un *Cuiroga*, mais ça ne me convient pas... les actrices ne sont pas des *Aragonaises*; enfin vous m'ennuyez, adieu, bonsoir, et c'est fini. » Oh! je ne le regrette pas: d'abord, il était trop petit. Je ne demande pas un géant; mais je ne veux pas un homme au-dessous de trois pouces... c'est une taille raisonnable. Et votre petite dame qui jouait des nerfs, la voyez-vous toujours?

— Non, c'est fini aussi.

— Ah! vraiment?... au fait, ça ne peut pas toujours durer... alors c'est une autre, nécessairement...

— Non... je n'ai plus de maîtresse.

— Ah! qu'est-ce que vous me dites-là... et depuis quand... depuis ce matin, peut-être?

— Il y a déjà trois semaines.

— Trois semaines, mon Dieu! vous m'effrayez... vous êtes donc... ah! j'allais dire une bêtise.

— Dites toujours...

— Non... je ne veux pas. Comment, monsieur Adhémar... vous êtes veuf depuis trois semaines... et moi... il y a presque autant..... c'est drôle... quand je disais que la sympathie m'avait conduit la main à votre cordon de sonnette.

Et Azéma adresse un sourire fort tendre à son ancien voisin, qui se contente de pousser un gros soupir.

— Qu'est-ce que vous faisiez donc tout seul chez vous, mon M. Adhémar?

— Rien... j'allais me coucher.

— Vous coucher à dix heures; oh! décidément vous êtes malade. Voyons, regardez-moi... sans plaisanterie, vous êtes changé... vous avez l'air triste... vous avez du chagrin...

Et Azéma quitte brusquement sa chaise et va s'asseoir sur les genoux d'Adhémar, en lui disant d'un air très agaçant:

— Voulez-vous que je vous console, moi?...

Le jeune homme ne répond rien, mais il commence à sourire. Tout à coup Azéma se lève et fait un bond dans la chambre en s'écriant:

— Oh! quelle idée charmante! vous allez venir souper avec moi chez madame Polatinskifkoff... nous rirons, nous jouerons... nous nous amuserons bien, et puis ensuite... je... je redescendrai... avec vous?... hein! voulez-vous?... oh! si vous ne vouliez pas, ce serait très malhonnête.

La proposition d'aller souper avec des lorettes tente assez Adhémar, qui commence à s'ennuyer d'être sage, et il répond:

— Mais, aller chez votre amie, je ne la connais pas, cette dame... et aller souper sans être engagé...

— Oh! voulez-vous bien vous taire! est-ce qu'entre nous nous faisons des cérémonies; chacune amène son amant! c'est convenu... c'est reçu... Par exemple, on croira que vous êtes le mien... c'est peut-être là ce qui vous contrarie.

Pour toute réponse, Adhémar prend ses gants, son chapeau, et s'écrie:

— Conduisez-moi donc chez madame Poli... Potasse... ah! je ne pourrai jamais dire ce nom-là!

— Oh! vous êtes bien gentil... allons! venez...

— Est-ce que je ne vous embrasserai pas avant?

— Oh! non, parce que... je me connais, je serais capable de ne plus monter du tout chez Azurine, et elle serait fâchée: elle m'attend... allons, venez, venez.

Azéma est déjà sur le carré. Adhémar la suit; on monte un étage, et l'on est devant la porte de madame Polatinskifkoff.

Une espèce de femme de chambre, bonne, cuisinière, jeune et assez gentille, vient ouvrir en riant. De la pièce d'entrée on entend rire aux éclats dans le salon où se tient la compagnie, et une odeur de punch très prononcée annonce que la société a déjà commencé à se rafraîchir.

— Diable! ça a l'air d'aller bien ici, dit Azéma. On est déjà en train; j'espère qu'on ne soupe pas encore, au moins.

— Non, non, ils jouent au vingt et un.... C'est que M. Ribobiche est banquier, et il dit qu'on le triche!... ah! ah! s'en donnent-ils!

Et la bonne, qui semble être l'amie de la société, se met à rire aux éclats, tandis qu'Adhémar dit tout bas à son introductrice:

— Qu'est-ce que c'est que M. Ribobiche?

— C'est l'Andaloux d'Azurine; ah! un bon petit homme, bien gai, bien complaisant; on lui fait tout ce qu'on veut, il ne se fâche jamais.

Adhémar entre avec Azéma dans un salon élégamment meublé, où cinq dames et trois messieurs étaient assis autour d'une table à manger sur laquelle on avait jeté un tapis rouge. Toutes les dames étaient jeunes. Il y en avait une de jolie, deux de passables, et deux de laides; la jolie était mince, celles passables étaient maigres, les deux laides étaient grasses; mais toutes montraient une gaieté extrêmement expansive. Sur les trois hommes, un était jeune, joli garçon, et avait une tête d'artiste; un autre, entre deux âges, était porteur d'une physionomie de viveur et de mauvais sujet. Enfin le troisième, qui était M. Ribobiche, avait passé la cinquantaine; mais il était tout rond, tout frais, et semblait se trouver l'homme le plus heureux de la terre parce qu'il passait la soirée avec des lorettes.

L'amie d'Azéma était du nombre des dames passables; elle avait pour elle un air spirituel, aimable, et des manières qui ne songeaient pas trop mal celles d'une marquise. Toute cette société jouait au vingt et un, et semblait y prendre le plus grand plaisir. Personne ne se dérange pour les nouveaux venus, excepté la maîtresse de la maison, qui se lève et fait un salut fort gracieux à Adhémar, pendant qu'Azéma lui dit :

— Je te présente M. Adhémar..... il craignait d'être indiscret en enant sans être engagé.

— Présenté par toi, monsieur ne devait rien craindre.

— D'ailleurs, il est ton voisin, il demeure au-dessous de toi, raison de plus, ce me semble, pour ne pas faire de cérémonie.

— Ah ! c'est monsieur qui demeure au-dessous de moi ?

— Oui, madame; mais il est vrai que je n'ai jamais eu le plaisir de vous rencontrer.

— Mon Dieu, à Paris, c'est comme cela !... on demeure dans la même maison, mais quelquefois on ne se rencontre jamais.

— Azurine, qu'est-ce que tu mets devant toi ? crie une des grosses dames qui tient alors la banque.

— Toujours cinq sous... je ne sors pas de là.

— Excepté quand je suis banquier, dit M. Ribobiche en riant. Quand j'ai crevé, elle a toujours mis dix sous !

— Enfin, reprend Azurine en s'adressant encore à Adhémar, j'ai depuis quatre jours pour voisine, sur mon carré, une de mes amies ; elle a pris le logement au-dessous de Nonore... Nonore, c'est madame... qui est aussi de la maison. Eh bien ! si le hasard ne me l'avait pas fait rencontrer ce matin, je ne l'aurais pas su... au lieu de cela, je l'ai engagée à venir souper avec nous... elle viendra après l'Opéra, où elle ne manque jamais.

— Est-ce que c'est une dame de théâtre ? demande Azéma.

— Non... oh ! mais elle aime tant le plaisir !... c'est celle-là qui fait rouler l'argent !...

— Comment l'appelles-tu ?

— Madame Folicourt.

— Ah ! c'est un nom de guerre, ça !

— Oh ! c'est une femme fort bien... je crois même qu'elle est noble. J'ai fait sa connaissance cet hiver au bal de l'Opéra ; elle avait un costume ravissant..... Elle est étrangère...

— De Pontoise, peut-être ?

— Mon Dieu ! Azéma, tu ne veux jamais qu'on soit étrangère, toi... Je te dis que mon amie est Italienne. D'ailleurs, cela se voit bien à son visage.

— Mon Dieu ! elle sera Chinoise si tu veux, qu'est-ce que cela me fait, à moi.

— Le principal, dit M. Ernest en riant, c'est qu'elle ne soit pas sauvage.

— Ah ! bravo !... délicieux.

— Monsieur fait-il le vingt et un ?

— Je fais tout ce qu'on veut, madame.

— Allons, serrez-vous un peu..... faites deux places de plus.

Azéma et Adhémar se placent à la table, la dame qui tient la banque leur déclare qu'elle ne tient pas au-dessus de cinq sous. Le monsieur qui a l'air mauvais sujet, et que ces dames appellent Ernest, s'écrie :

— C'est bien plus amusant quant on ne limite pas le jeu !

— Monsieur Ernest, quand vous serez banquier, vous tiendrez ce que vous voudrez; mais moi je n'ai pas envie de perdre dix-neuf frans comme l'autre soir dans une banque.

— C'est bien, je mets un sou, alors.

— Comme vous voudrez, j'aime mieux ça.

— Tu ne sais pas, dit la maîtresse de la maison en s'adressant à Azéma, j'ai rencontré Trouillade, je l'ai engagé à venir souper.

— Ah ! mon ancien voisin... le vôtre aussi, monsieur Adhémar. Est-ce qu'il t'amuse, cet être-là ?

— Mais quand il veut se borner à des romances, il ne chante pas mal... ah ! par exemple, il chante fort bien : *Un jour de cette automne.*

— Je serais curieuse de l'entendre.

— Oh ! nous le ferons chanter, il ne demandera pas mieux

— Voyons, mesdames, soyez donc à votre jeu... Azéma veux-tu une carte ?

— Non. Je m'y tiens.

— Ah ! elle s'y tient toujours celle-là, elle a des jeux de bœuf !... et monsieur ?

— J'en prendrai, madame, répond Adhémar à qui s'adressait cette question.

— En voulez-vous encore ?

— Oui...

— Voilà une figure.

— Très bien.

— Mon Dieu ! que j'ai de malheur sous ma banque, personne ne crève..... et toi ! Nonore ?

Nonore est la petite femme gentille qui demeure aussi dans la maison; elle est assise à côté d'Adhémar, et lui a déjà dit plusieurs fois à voix basse :

— Passez-moi donc un as... ou passez-moi une figure...

— Vous trichez donc ? dit Adhémar en riant.

— Oui... oh ! tant que je peux.

— Est-ce que c'est permis ici ?

— Oui, c'est permis aux femmes, mais pas aux hommes.

— Ah ! fort bien !

— Athénaïs ! apportez donc du punch !

— Ah ! oui, du punch ! dit monsieur Ernest, des flots de punch ! moi, plus j'en bois, plus j'en veux boire.

Athénaïs (c'est la femme de chambre) arrive avec un plateau garni de verres à punch, et pendant qu'on en prend, elle dit à monsieur Ernest :

— Je suis de moitié avec vous dans votre première banque.

— Merci ! je te connais, toi !... je te retiendrai pour la valse !... elle est de moitié quand on gagne, elle n'en est plus quand on perd.

— Vous êtes encore joliment ladre, vous ! M. Ribobiche ne me refuserait pas, lui, j'en suis sûre.

Le monsieur de cinquante ans, qui a l'air si heureux, fait à la femme de chambre un signe de tête affirmatif, auquel elle répond en passant agréablement le bout de sa langue sur ses lèvres.

Le bruit de la sonnette retentit avec violence.

— Ah ! peut-on sonner comme ça ! s'écrie Athénaïs en allant ouvrir. Ils arracheront notre gland !... c'est indécent !

— C'est sans doute ta madame Folicourt, dit Azéma.

— Oh ! je ne crois pas : l'Opéra n'est pas encore fini.

Mais déjà une voix bien connue se fait entendre dans la pièce d'entrée. C'est M. Trouillade, qui est arrivé enveloppé d'un immense manteau en toile gommée, qu'il s'obstine à appeler un *makintosch*, et qui, là-dessous, est complétement habillé en Figaro; ce qui fait beaucoup rire la femme de chambre.

— Ah ! cette idée, de venir déguisé... ah ! ah ! ah !... en voilà du toupet !

— Comment, Athénaïs, est-ce que ce n'est pas un bal masqué que donne ta maîtresse ? s'écrie Trouillade en feignant un profond étonnement.

— Un bal masqué au mois de juillet !... ah ! cette idée... c'est une partie de vingt et un qu'on fait.

— On m'a invité pour un souper.. alors... ordinairement... un souper annonce un bal... je ne sais pas pourquoi j'ai cru qu'on se déguisait...

— Avez-vous bientôt fini de causer avec Athénaïs ? crie Azurine. Est-ce que vous n'allez pas entrer ce soir ?

Trouillade se présente à la porte du salon, dans son costume de Figaro, et se pose comme sa statuette. La société pousse de grands éclats de rire en voyant cet Espagnol; et Trouillade, tout en déployant ses grâces, dit avec une feinte modestie :

— En vérité.... je ne sais pas si je dois entrer..... moi qui ai cru que c'était un bal déguisé..... et qui me suis habillé en Figaro !.... je suis confus !...

— Eh bien ! qu'est-ce que ça fait ? dit Azurine, ça ne doit pas vous empêcher d'entrer... ah ! si vous étiez en Ecossais, je ne dis pas !

— On devrait se déguiser toute l'année ! dit Nonore, ce serait plus drôle.

— Le plus souvent, qu'il a cru que c'était un bal masqué, dit tout bas Azéma à Adhémar. Il a mis ce costume-là parce qu'il se croit superbe avec, et qu'il n'en a pas d'autre de propre.

Trouillade vient d'apercevoir Adhémar; il court à lui d'un air enchanté, lui saisit la main et la serre de toutes ses forces en disant :

— C'est M. Marilly ! ah ! quel plaisir j'éprouve à me retrouver avec vous... combien je bénis le hasard... il y a si longtemps, car je crois que vous n'êtes plus mon voisin... la portière m'a appris que vous aviez déménagé...

— Mais il y a longtemps que vous saviez que j'avais un autre logement, et que je ne couchais pas à celui du boulevard, répond Adhémar en souriant.

— Moi... je l'ignorais totalement!... aussi vrai que Lycoris attrape le sol de poitrine.

— Je ne sais pas ce que votre fils attrape, mais je sais que vous avez eu la bonté de dire que je ne couchais plus dans votre maison, à cette petite dame... que vous aviez vue chez moi!...

— Moi!... oh! mon cher monsieur Marilly, il y a erreur!... je vous jure! je vous proteste... je serais désolé que vous puissiez croire...

— Et moi, je vous assure que je ne vous en veux pas; ainsi cessez de vous désoler...

Cette conversation avait eu lieu à demi-voix; Azéma y met un terme, en s'écriant :

— Voyons, Trouillade, avez-vous fini de bavarder avec monsieur? Placez-vous là... je vais faire ma banque.

— Ah! vous jouez aux cartes... comment, vous jouez au lieu de chanter... de faire de la musique?

— Nous chanterons au souper; nous avons le temps!...

— Et à quel jeu jouez-vous là?

— Au vingt et un.

— Je ne sais pas si je le connais.

— Il ne sait pas s'il le connaît, il ne fait que ça chez lui!... Allons, qu'on soit à son jeu... et qu'on ne triche pas, surtout... entendez-vous, madame Nonore?

— Ah! je vous conseille de parler, vous! avec cela que ça ne vous arrive jamais!...

Trouillade se place à table entre Nonore et Azurine. Il tire avec effort une pièce de dix sous de sa poche et en demande la monnaie.

— Diable! vous mettez tout cela! lui dit Azurine en riant.

— Est-ce trop?... je vais retirer.

— Vous n'avez pas là pour trois coups.

— Oh! moi, je ne joue pas un jeu d'enfer.

— Qu'est-ce que vous jouez? demanda Azéma au virtuose.

— Un demi-sou.

— Ah! ah! ah! nous ne jouons pas de demi-sou....

— Alors on a des fiches, c'est plus commode.

— Oh! quel pleutre! nous n'allons pas changer notre jeu pour vous...

— Du punch! du punch! crie Ernest, ça donnera de l'audace à monsieur, et il risquera un sou!

— Ah! volontiers, du punch! dit Trouillade, c'est ma boisson favorite, j'en fais tous les soirs chez moi!

— Tu vas te griser, Ernest, dit le jeune artiste en caressant sa barbe.

— Moi! oh! je suis ingrisable!

Trouillade s'est décidé à jouer un sou à la fois, mais on remarque qu'il ne demande presque jamais de carte, et Nonore, qui est à côté de lui, s'écrie :

— Il s'y tient à *douze!*... en voilà un qui ne crevera jamais.

— Chacun joue à sa manière! dit Trouillade, c'est permis, ce n'est pas tricher cela... Ces dames tirent toujours... elles n'en ont jamais assez... moi je suis prudent.

— Huit et quinze, combien cela fait? demande une de ces dames qui est toujours fort longtemps à compter son jeu.

— Tu as crevé, Juliette, dit Azurine, passe ton argent.

— Vous voyez! dit Trouillade, si madame s'était tenue à quinze, elle vivrait encore.

En suivant son système de prudence, Trouillade avait gagné une trentaine de sous, lorsqu'arrive son tour de faire la banque.

— Si vous ne voulez pas la faire, vous avez le droit de la vendre, lui dit M. Ribobiche, je vous l'achète un franc.

Figaro réfléchit, calcule, remarque que trois mauvaises banques viennent de se succéder, compte ce qu'il a devant lui, et, alléché par l'espoir du gain, s'écrie enfin :

— Je la fais!... et je tiens tout ce qu'on veut!

A cette annonce, à laquelle on était loin de s'attendre, les hommes sortent de l'argent de leur poche; les dames semblent prendre un nouvel intérêt à la partie; mais Azéma dit à l'oreille d'Adhémar :

— Il tient tout ce qu'on veut, et il a quarante et un sous devant lui... cela me paraît fort inquiétant. S'il gagne, ça ira tout seul; mais s'il perd, je m'attends à quelque coup de jarnac.

Figaro demande d'abord du punch, il en boit deux verres de suite pour se mettre en veine, et commence sa banque. Sa figure, en donnant des cartes, est d'abord sérieuse et presque rébarbative; cependant les impressions qu'il éprouve donnent bientôt une mobilité extraordinaire à ses traits. Quand on lui dit : « je m'y tiens! » ses sourcils se rapprochent, son front se plisse et sa bouche se pince; mais lorsqu'il entend : « j'ai crevé, » ses yeux se dilatent, ses traits s'épanouissent, son front est radieux, et c'est avec un sourire charmant qu'il prend l'argent du joueur.

— Douze et neuf, combien que ça fait? demande au banquier la dame qui ne peut jamais parvenir à compter son jeu.

— Vous avez crevé, payez, jetez vos cartes, s'écrie Trouillade en s'empressant de passer à une autre ponte.

— Comment? comment? elle a crevé! dit Nonore. Est-ce que douze et neuf ne font pas vingt et un, à présent?

— C'est fini! le coup est joué... Madame avait treize et neuf, d'ailleurs... Ah! si on revient sur les coups, je m'embrouille et je n'y suis plus.

— Il est joliment *Robert-Macaire* notre banquier! dit la lorette au jeune artiste.

Celui-ci caresse sa barbe et lui répond d'un air dolent :

— Quand voulez-vous que je fasse votre portrait?

— Quand vous ferez ressemblant, mon cher ami, et nous n'y sommes pas.

L'artiste fait semblant de rire, mais il répond avec dépit :

— Au reste, je vous disais cela pour plaisanter, car je ne peint plus que l'histoire.

— Et moi je ne pose pas pour ces choses-là! répond Nonore en riant aux éclats.

— A votre jeu donc! s'écrie Figaro qui voit avec effroi que la chance lui devient défavorable, et dont le front se couvre de gouttes de sueur à mesure qu'il est obligé de payer.

En deux tours l'argent du banquier a disparu. Cependant il ne remet rien devant lui et continue de donner des cartes en riant :

— Faites votre jeu... je réponds de tout!

Mais, au bout de quelques tours, se voyant endetté de tous côtés, Trouillade, dont les yeux semblent vouloir sortir de sa tête, trouve moyen, en donnant des cartes à quelqu'un, de renverser avec son bras la carcel placée au milieu de la table. La lampe tombe, le verre se brise, l'huile coule à flots sur le tapis, sur les cartes, sur l'argent; les dames se reculent en poussant des cris d'effroi, craignant des taches pour leurs robes; les hommes en font autant, et Trouillade, en se levant, entraîne un coin du tapis après lui, de manière que tous les enjeux se trouvent confondus et mêlés.

— Vous êtes bien maladroit! monsieur Trouillade, dit Azurine en considérant la lampe renversée.

— Je suis désolé, madame Polatinskifkoff, je suis confus! s'écrie Figaro, je ne comprends pas comment cela s'est fait!

— Moi je comprends très bien, dit Azéma.

— C'est le punch qui aura troublé ma vue.

— Ce n'est qu'un verre et un globe de cassés, dit M. Ribobiche; c'est un petit malheur!

— Et mon tapis taché. Athénaïs, apportez donc une serviette... quelque chose pour essuyer ici.

Mais la femme de chambre se contente de répondre de loin :

— Je ne peux pas... j'apprête le souper... si on me dérange je n'en finirai jamais.

Madame Polatinskifkoff voyant que sa domestique ne veut pas venir, se décide à se servir elle-même. Bientôt le désordre est à peu près réparé.

— Mais nos enjeux, dit la jolie Nonore.

— Tout est brouillé, comment nous y retrouverons-nous?

— Moi, j'avais au moins six francs devant moi...

— Moi, cent sous!...

— Moi, mesdames, dit Trouillade, je ne sais plus ce que j'avais; mais j'abandonne tout... à condition qu'on ne me demandera plus rien!...

— C'est joli! il abandonne tout et il n'avait rien.

— Pardonnez-moi, je venais de remettre beaucoup d'argent devant moi, au moment où la lampe s'est renversée.

Le bruit de la sonnette et l'arrivée de la dame dont Azurine avait parlé mettent fin à cette discussion. Chacun fait abandon de sa dette à Figaro, qui redevient alors gai, sémillant, fait des roulades qui ne finissent pas, et se pose comme un arlequin dans tous les coins du salon.

La nouvelle lorette est une femme toute jeune encore, mais dont la figure pâle, amaigrie, fatiguée, n'a déjà plus conservé de sa beauté primitive que de fort grands yeux noirs, et des cheveux brillants et lisses qui ont l'éclat du jais. Du reste, ses traits sont plus brillants que distingués, mais ils ont un cachet étranger qui est peut-être ce qui les empêche de paraître communs et leur donne une espèce de charme.

Madame Folicourt est mise avec plus de coquetterie que de goût, et il y a dans sa tournure quelque chose qui indique que toutes les parties de sa toilette ne sont jamais en harmonie ; son laisser-aller est presque du désordre ; la pointe de son châle balaie le parquet, il y a toujours après elle quelques cordons qui traînent.

— Comme vous venez tard, ma belle ! dit Azurine à la nouvelle venue qui s'est jetée sur le divan, puis jette son chapeau d'un côté et son châle de l'autre, sans s'inquiéter où ils tomberont.

— Mon Dieu ! ce n'est pas ma faute... l'opéra finit seulement... ah ! il est vrai que j'ai été prendre une glace...

— Et vous venez seule... vous n'avez pas amené votre cavalier... pourquoi donc !...

— On avait affaire demain de bonne heure. On était un peu indisposé... je l'ai engagé à se reposer... et puis il est si jaloux !... je ne suis pas fâchée d'être quelquefois libre ! c'est si rare !

— Fait-elle sa moutarde !... murmure Azéma en s'approchant de Nonore. Je n'aime pas cette femme-là... est-elle fanée déjà !...

— Et le tour des yeux ! comme une demi-tasse !

— Elle a fièrement rôti... ce que tu sais bien !

Les hommes examinaient aussi madame Folicourt, mais ils gardaient leurs réflexions pour eux. M. Ribobiche paraissait trouver la jeune dame fort jolie ; l'artiste regrettait qu'elle n'eût point un costume italien, et M. Ernest l'examinait de haut en bas absolument comme on ferait d'une marchandise. Quant à Adhémar, le premier aspect de la lorette l'avait peu flatté ; mais au son de sa voix, il avait éprouvé une vive émotion, et depuis, la regardant sans cesse avec plus d'attention, cette émotion n'avait fait que s'accroître.

— Que je ne vous dérange pas... vous faisiez quelque chose ! dit madame Folicourt.

— Nous jouions au vingt et un ; mais c'est fini, grâce à monsieur qui a brisé ma carcel, qui a tout taché ; je lui pardonne, parce qu'il est en Figaro... et il nous a tant fait rire à son entrée, que je ne peux pas lui garder rancune ! Maintenant nous allons souper...

— Ah ! oui, dit Trouillade, et au souper nous chanterons ! c'est-à-dire après le souper.

— Et je suis sûre qu'à table vous ne renverserez pas les lampes, dit Azéma à Figaro.

— Hum ! méchante ! quand je vous vois, je sais bien ce que je udrais renverser !

— Avez-vous fini, bibi !

Mademoiselle Athénaïs entre dans le salon en s'écriant :

— Monsieur Ribobiche, ai-je gagné?... combien me revient-il sur tre banque?...

— Ma chère amie, je n'ai pas refait ma banque ! il est arrivé des accidents... mais après le souper, si nous rejouons, tu seras mon associée.

La femme de chambre fait la moue en murmurant :

— C'est ça !... madame accapare tout, et on ne me donne jamais rien à moi... pas même mes gages !

— A propos, ma chère amie, dit Azurine à madame Folicourt, je vais te présenter à mon voisin d'au-dessous... qui est aussi le tien, puisque tu demeures depuis quatre jours dans la maison. C'est une dame de mes amies qui l'a amené ; je ne le connaissais pas, ce monsieur, mais il a fort bon genre... et... Eh bien !... où est-il donc ?

Azurine regarde de tous côtés, et n'aperçoit plus Adhémar qui était sorti furtivement du salon dans un moment où tous le monde était occupé à causer.

— Tiens ! il est donc sorti ce monsieur ? reprend la maîtresse de la maison en s'adressant à Azéma. Celle-ci, n'apercevant plus Adhémar, reprend : il est descendu apparemment... ce n'est pas défendu, on peut avoir besoin de sortir ; cela arrive à tout le monde ! mais il va remonter, il sait bien que nous allons souper.

— Et il me semble que nous pouvons toujours nous mettre à table ! s'écrie Figaro en faisant une gambade dans le salon ; mon estomac crie comme un enfant de deux jours... D'ailleurs, M. Marilly est trop galant pour vouloir que des dames l'attendent.

— M. Marilly !... s'écrie la jeune étrangère en laissant échappé un mouvement de surprise. Ce monsieur qui était là... se nomme Marilly ?

— Oui, Adhémar Marilly, répond Azéma en fixant ses regards sur madame Folicourt, qui murmure d'une voix altérée :

— Adhémar Marilly... c'est bien lui...

— Comment lui ? est-ce que vous le connaissez ?...

— Mais oui... je l'ai connu... en Italie... Il est marié....

— Marié ! dit Azéma en éclatant de rire ; oh ! je vois bien que vous ne le connaissez pas !... M. Adhémar est garçon... Nous avons demeuré longtemps à côté de lui... boulevard Saint-Denis, n'est-ce pas Trouillade ? et il n'a jamais été marié...

— Oui, oui, il est garçon ! s'écrie Figaro, ou du moins il vit en garçon... Mais si nous soupions !... qu'en pense madame Polatinskifkoff ?

La jeune étrangère, qui est devenue rêveuse, dit au bout d'un moment :

— Je puis me tromper... ce n'est peut-être pas la personne... que je connais.

— Au reste, vous en aurez bientôt la certitude en le voyant, dit Azéma qui semble fort intriguée des rapports qui ont pu exister entre Adhémar et madame Folicourt. Le voisin va revenir... vous allez le voir, et vous saurez bien alors si c'est la personne que vous avez connue en Italie.

— Ha ça, est-ce que vous m'avez fait mettre le couvert pour rien ? crie Athénaïs en paraissant à l'entrée du salon. Si le potage n'est plus chaud, ma foi tant pis ! je ne le remets pas sur le feu.

— Il y a du potage ! s'écrie Trouillade, en bousculant tout le monde pour courir dans la salle à manger ; il y a du potage, et on le fait attendre ! c'est indigne ! c'est se manquer à soi-même.

— Allons souper, dit Azurine, cela fera venir le voisin.

Tout le monde passe dans la salle à manger où était mis un couvert assez élégant. Chacun se place, mais on laisse un couvert libre entre Azéma et Azurine, c'est la place que l'on destine à Adhémar.

Trouillade a avalé deux assiettées de potage avant que personne n'ait fini le sien ; il ne cesse de répéter :

— J'adore le potage le soir... j'en mangerais toute la nuit ! Madame Polatinskifkoff, je vous fais compliment de ce potage.

La dame étrangère paraît préoccupée, Azéma s'impatiente de ne pas voir remonter Adhémar. On a servi du potage que l'on a mis à la place vacante, et Figaro, qui probablement en voudrait encore, murmure :

— Son potage sera froid... c'est bien fâcheux ! je commence à croire qu'il ne remontera pas !

— Oh ! c'est impossible, dit Azéma. M. Adhémar sait trop bien vivre pour nous faire une telle impolitesse... mais il s'est peut-être trouvé indisposé... Je vais descendre savoir ce qu'il a... car s'il était malade...

— Va, va, Azéma, et s'il avait besoin de quelque chose, nous lui ferions du thé.

Azéma sort, la société entame une volaille et un pâté. Trouillade s'écrie :

— Je suis fou du pâté le soir ; il y a des personnes qui prétend que c'est lourd, moi, cela me passe comme de l'eau sucrée... M voilà une assiettée de potage qui attend en vain... je crois bi qu'on pourrait en disposer... Madame Polatinskifkoff, votre pâté savoureux !

Dix minutes s'écoulent, Azéma ne remonte pas.

— C'est singulier ! dit Azurine, personne ne remonte !... qu'est ce qu'ils deviennent donc tous en bas ?

— Ce monsieur est malade apparemment ! dit la gentille No nore.

— J'ai envie d'y aller voir aussi reprend Azurine.

— Je m'y oppose, dit M. Ernest, toute la société disparaîtrait ainsi!... on passerait le temps au souper à courir les uns après les autres.

— Moi, je descendrais bien, dit Figaro, en prenant le plat sur lequel est la volaille, car c'est fort extraordinaire... mais j'aime tant la volaille à souper!... c'est léger!... c'est fondant!...

— Dites tout de suite que vous aimez à manger le soir, cela vaudra mieux, murmure l'artiste, un peu contrarié de voir Figaro s'emparer d'un morceau qu'il désirait.

Enfin Azéma reparaît; mais son teint est animé, ses yeux expriment la colère, le dépit; elle peut à peine parler, tant elle est suffoquée.

— Eh bien! tu es seule, lui dit Azurine, qu'est-ce qu'il a donc, le voisin?

— Ce qu'il a!... ce qu'il a!... ah! je n'y conçois rien. En vérité, c'est indigne!... c'est affreux!... j'en suis d'une colère!... j'en étouffe!...

— Voyons, calme toi, et explique toi donc!

— Je suis descendue chez M. Adhémar; je sonne à sa porte; on n'ouvre pas; je carillonne! personne ne répond; alors je me dis: « Il se sera trouvé mal... Il ne m'entend pas sans doute! » Me voilà désolée, et je descends chez le portier pour savoir s'il aurait une double clef de son logement... enfin quelque moyen d'entrer. Je ne savais plus où donner de la tête, j'étais comme une folle. Le portier ne dormait pas, je lui dis: « M. Adhémar est bien malade chez lui, car il ne peut pas m'ouvrir... Il faudrait un médecin, il faudrait un serrurier. » Là-dessus, cet animal de portier se met à rire en me répondant: « Ah! il est malade! mais il vient de sortir il y a un quart d'heure, et il n'est pas rentré. — Vous êtes fou! lui dis-je, M. Adhémar ne peut pas être sorti à minuit passé et quand nous l'attendons pour souper. — Je ne sais si vous l'attendez, mais il est sorti, c'est moi qui lui ai ouvert la porte; il m'a réveillé pour que je lui tire le cordon. » Voilà ce que le portier vient de m'apprendre! Je n'en reviens pas!... j'en suis toute saisie! je n'y comprends rien.

Toute la société partage l'étonnement d'Azéma, la jeune étrangère seule ne dit rien et ne fait aucune réflexion sur la conduite de son voisin.

— C'est d'autant plus étonnant qu'il soit sorti, dit Azéma, que je lui avais promis...

— Quoi donc? s'écrie madame Nonore d'un air malin.

— Rien... je me trompe, je ne lui avais rien promis. C'est égal, ce n'est pas naturel... il faut qu'il ait eu... quelque motif pour se sauver ainsi.

En disant cela, Azéma jetait des regards de côté sur madame Folicourt; mais celle-ci ne semblait pas prendre part à ce qui se disait autour d'elle.

— Après tout, dit M. Ribobiche, je ne vois pas pourquoi l'absence de ce monsieur nous empêcherait de souper et de rire... d'ailleurs, il a pu avoir affaire... il peut encore revenir.

— C'est juste, dit Figaro, en faisant signe à Athénaïs de lui passer l'assiette de potage destinée à Adhémar. Il peut revenir... et après tout! le souper de madame Polatinskifkoff est encore délicieux sans lui.

Malgré la réflexion de M. Ribobiche l'appétit de Figaro, la disparition du voisin nuit beaucoup à la gaieté du souper. Azéma est vexée, Azurine contrariée, les autres lorettes intriguées, et la jeune Italienne toujours rêveuse et préoccupée.

La société reste cependant plus d'une heure à table. Mais Adhémar n'est pas revenu, et comme on ne prie pas Figaro de chanter, il boit d'une manière à ne plus pouvoir parler, et prononce le nom de madame Polatinskifkof d'une façon qui fait presque rougir ces dames. Enfin chacun songe à regagner son domicile. Le jeune artiste se charge de reconduire deux lorettes; M. Ribobiche ramènera la troisième, ainsi que mademoiselle Azéma, qui n'a plus de cavalier. Quant à M. Ernest, il tâchera de faire arriver Figaro jusqu'à son logis.

En disant adieu à madame Polatinskifkoff, Azéma lui dit à l'oreille:

— C'est ta chipie d'étrangère qui a fait fuir M. Adhémar, je le gagerais! mais elle me le paiera... j'éclaircirai cela.

En attendant et pour soulager un peu sa colère, en passant devant la porte d'Adhémar, Azéma arrache le cordon de sa sonnette.

CHAPITRE XVI.

L'ITALIENNE. — DES NOUVELLES.

Lorsqu'il avait eu la certitude que madame Folicourt était bien la personne qu'il croyait reconnaître, Adhémar n'avait eu qu'une pensée: celle de fuir, de s'éloigner promptement, avant que la jeune étrangère ne l'aperçût.

Sorti de chez Azurine, il n'avait pas voulu rentrer chez lui; il pensait bien que, surpris de son absence, Azéma irait voir ce qui lui était arrivé, et il ne voulait pas qu'on le trouvât, car pour rien au monde, il ne serait remonté chez sa voisine.

Quand il s'est trouvé dans la rue, Adhémar a marché au hasard, peu lui importe où il ira, le principal pour lui c'est de s'éloigner de cette maison où il vient de retrouver une femme qu'il ne croyait ne jamais revoir, et dont la présence lui a rappelé tous ses chagrins.

Heureusement on était au milieu de l'été; le temps était beau, l'air doux et tiède; se promener la nuit était un plaisir. Adhémar marche longtemps, on dirait qu'il craint de ne pouvoir mettre assez de distance entre lui et la personne qui lui a fait prendre la fuite.

Lorsque ses jambes refusent enfin d'aller plus loin, il regarde autour de lui, cherchant un endroit commode pour se reposer, et s'aperçoit avec étonnement qu'il est en pleine campagne; il ne s'était pas aperçu qu'il avait quitté Paris. Le jour commence à poindre; il va s'asseoir au pied d'un arbre, bientôt il se sent plus calme; l'air du matin rafraîchit sa tête et il peut réfléchir sur sa position.

« C'est Pépita que j'ai revue, se dit-il; Pépita! la cause de toutes mes peines... Elle a quitté l'Italie, elle est en France, à Paris... quel changement depuis trois ans... Cette jeune Italienne si jolie, si fraîche, si piquante, et si coquette! n'est plus qu'une femme fatiguée déjà par le plaisir... elle n'a pas vingt ans encore... et sa beauté, sa fraîcheur, sa jeunesse... tout a disparu!... Lorsqu'elle est entrée dans ce salon, je ne pouvais la reconnaître... je ne pouvais croire que c'était Pépita! elle ne m'a pas vu... mais on m'aura cherché, on m'aura nommé devant elle... et si elle avait dit... ce que j'ai juré de cacher!... elle demeure dans la même maison que moi!... Si Charlésia le savait... ne pourrait-elle pas croire que je revois cette femme... que je me suis exprès rapproché d'elle... Ah! il est impossible que je demeure sous le même toit que Pétita; aujourd'hui même je quitterai mon logement. »

Adhémar attend avec impatience qu'il fasse grand jour pour se remettre en route. Enfin il aperçoit un paysan, lui demande où il est, apprend qu'il s'est promené la nuit jusqu'à Clignancourt, et s'étant fait indiquer son chemin pour regagner Paris, se remet en marche et se retrouve à quatre heures et demie du matin, rue de Navarin devant sa demeure.

A cette heure il faut sonner longtemps avant que l'on ouvre; enfin, le portier s'éveille, et dit en se frottant les yeux:

— Ah! monsieur, vous voilà! on a été bien inquiet de vous chez ces dames... Vous savez, la lorette du quatrième... nous en avons à présent trois dans la maison... on prétendait que vous étiez chez vous... sans connaissance... J'avais beau dire: mais M. Marilly est sorti, je lui ai tiré le cordon!... il y avait une jeune dame... pas de la maison, celle-là; je ne sais pas si c'est une lorette, mais elle était furieuse... elle voulait absolument faire enfoncer la porte! heureusement j'ai montré de la fermeté.

— C'est bien... mais il ne s'agit plus de cela, je quitte mon logement... je déménage aujourd'hui même; je vais voyager, quitter Paris.

— Comment, monsieur! vous déménagez! mais vous n'avez pas donné congé... le premier est passé, vous ne pouvez pas déménager à présent.

— On peut toujours quand on paie. Je payerai ce terme, je payerai l'autre s'il le faut; préparez-moi mes quittances, puisque c'est vous qui recevez les loyers...

— Quoi! monsieur nous quitte!... et à présent que nous avons trois lorettes dans la maison!

— Faites mes quittances, et allez me chercher le tapissier qui m'a vendu mes meubles, c'est à lui que je compte les recéder.

— Le tapissier! mais, monsieur, il n'est pas cinq heures du matin! tout le monde dort encore dans ce quartier..., on ne se se lève pas à la Chaussée-d'Antin comme au faubourg Saint-Antoine.

Adhémar sent que son portier a raison, et il se décide à monter chez lui, en le priant d'aller lui chercher le tapissier aussitôt qu'on sera levé.

Adhémar voit à ses pieds le cordon de sa sonnette ; il devine bien que c'est Azéma qui l'a cassé. Il tâche de ne point faire de bruit en ouvrant sa porte, et se met à faire des paquets de ses effets

« Si j'avais emporté mes meubles, se dit-il, on aurait su facilement où j'allais loger, et je ne veux pas que personne de cette maison le sache... Il est même certain que je ne le sais pas encore moi-même. Mais je prendrai une voiture, j'y mettrai mes paquets, et puis, j'irai... n'importe où, il ne manque pas de logements dans Paris.

Il y a tout au plus dix minutes qu'Adhémar est chez lui, lorsqu'il entend frapper doucement à sa porte. Il pense que le portier veut toucher ses quittances avant d'aller chercher le tapissier qui doit enlever les meubles, il va ouvrir ; mais il devient pâle et tremblant en voyant la jeune Italienne qu'il a reconnue la veille.

Celle qui à Paris se faisait appeler madame Folicourt, mais dont le véritable nom était Pépita, était alors enveloppée dans un grand peignoir blanc fort mal attaché autour de sa taille; un foulard d'un rouge cerise couvrait à peu près sa tête, et de longues tresses de ses beaux cheveux noirs retombaient en désordre sur son cou et ses épaules. Dans cette simple toilette, la jeune Italienne était beaucoup plus séduisante que la veille sous la parure d'une élégante lorette.

Sans paraître émue de l'effet que sa présence produit sur Adhémar, elle entre dans l'appartement et va se jeter sur le divan, en disant :

— Je savais bien, moi, que vous finiriez par rentrer... Je vous ai entendu tout à l'heure et je suis venue... car je voulais absolument vous parler. Est-ce que c'est moi qui vous ai fait fuir hier, monsieur ?

— Oui, madame, répond Adhémar en tâchant de reprendre un peu de calme.

— Ah ! il paraît que ma vue ne vous est pas agréable... il y avait là une dame... votre maîtresse, sans doute, qui était bien vexée... elle ne voulait pas croire que vous étiez sorti... elle me lançait des regards... ah ! ah...

— Est-ce que vous avez dit que vous me connaissiez... est-ce que vous avez dit... que...

Adhémar n'achève pas, mais il regarde fixement Pépita ; celle-ci laisse un sourire amer errer sur ses lèvres, en répondant

— Non... non... je n'ai rien dit.

Adhémar semble plus tranquille et répond :

— Je vous en remercie... vous vous êtes rappelé la promesse que vous m'aviez faite la dernière fois que je vous vis.

— Oui... mais en vérité, je ne comprends rien à cela.... car enfin vous êtes marié...

— C'est comme si je ne l'étais plus... ou plutôt comme si je ne l'avais jamais été ! répond tristement Adhémar.

— Et votre femme... qu'en avez-vous fait ? qu'est-elle devenue ?

Adhémar fait un mouvement d'impatience, marche quelques instants dans la chambre et va s'asseoir loin du divan en lui disant :

— Ne parlons plus de tout cela... je vous répète que partout on me croit garçon. Vous me désobligeriez beaucoup en disant le contraire... Je n'ai pas besoin de vous dire mes motifs, vous les connaissez parfaitement ; et maintenant voulez-vous me dire ce qui me procure le... enfin ce qui vous amène chez moi...

Pépita se couche à demi sur le divan, laissant flotter son peignoir de manière à ce que sa jambe, qui est fort bien faite, soit entièrement à découvert ; puis, appuyant sa tête sur une de ses mains, elle regarde le jeune homme en cherchant à donner à ses yeux un accent irrésistible. Ce manége terminé, elle murmure à demi-voix :

— Est-ce que vous êtes fâché que je sois venue vous voir ?

— Oui, madame, répond Adhémar d'un ton sévère, et qui annonce que toutes les coquetteries seront en pure perte. La jeune Italienne change de visage, ses lèvres se serrent, ses sourcils se rapprochent, et elle s'écrie avec dépit :

— Soyez persuadé... monsieur... que je ne vous cherchais pas... et que ce n'est pas dans l'espérance... de vous rencontrer que je suis venue en France... Mais, quelques temps après votre départ de Naples, un beau comte milanais me trouva jolie, me fit la cour et me proposa de voyager avec lui. J'acceptai ; je me sentais un goût décidé pour les voyages. Au bout de six mois, mon noble Milanais me laissa à Vienne dans une auberge. Heureusement un jeune lord qui voyageait aussi, eut pitié de mon embarras. Il m'emmena en Russie, puis en Angleterre ; là, je le perdis aussi ; mais j'avais fait connaissance avec un Français fort aimable, et je le suivis à Paris. Voilà près de dix-huit mois que j'habite cette ville. On s'y amuse beaucoup, mais les hommes y sont très inconstants ! malgré cela je m'y plairais infiniment si ma santé n'était pas altérée : les médecins me disent que c'est ma faute, que je passe trop de nuits, que je vais trop au bal... mais je ne les écoute pas. Le plaisir est mon idole, et il me semble que je mourrais d'ennui, si je ne m'amusais pas !.. Je n'aime ni la lecture, ni la campagne, je déteste la solitude. Il faut autour de moi du monde, du bruit... des hommages... des femmes qui rient aux éclats, des hommes qui m'adressent des compliments. Quand tout cela disparaît, quand je me trouve seule avec moi-même... je deviens inquiète, triste, et il me semble que j'ai peur...

Pépita.

Pépita a terminé son récit avec une inflexion de voix toute différente de celle qu'elle avait en commençant; ce n'est plus maintenant une Lays effrontée, c'est une femme qui semble comprendre qu'elle glisse sur une pente où elle doit se perdre, mais qui n'a pas la force de chercher à s'arrêter.

Lorsqu'elle ne parle plus, Adhémar jette sur la jeune femme un regard où il y a plus de pitié que de blâme et lui dit d'un ton plus doux :

— Eh bien!.. je ne vois pas dans tout cela ce qui peut vous amener chez moi.

La jeune Italienne passe sa main sur son front, rejette en arrière ses longues tresses noires, redevient vive et sémillante et répond :

— Monsieur... je sais que vous êtes fort obligeant, fort généreux... en ce moment je suis tourmentée par des créanciers insupportables... ma couturière... une marchande de modes... que sais-je... on ne me laisse pas en repos! Quel ennui que les créanciers, il me faudrait de la fortune... une grande fortune... oh! alors je serais si heureuse!... Ah! je ne sais pas... à Paris... les hommes n'ont pas de grandes fortunes... Je vous certifie que je ne savais plus où donner de la tête... mais en entendant hier prononcer votre nom, oh! je me suis dit: Si c'est lui, il ne refusera pas de m'obliger; il ne le peut pas d'ailleurs; car enfin... si j'ai quitté mon pays... si j'ai fait tant de folies, n'est-ce pas sa faute... n'en est-il pas la première cause...

— Enfin... que vous faut-il... que désirez-vous? dit vivement Adhémar.

— De l'argent!..... ah! l'argent! c'est avec cela qu'on se procure tous les plaisirs! toutes les jouissances... Décidément je ne suis plus romanesque et je commence à comprendre que l'amour n'est rien sans l'argent!

— Je crois que vous n'avez jamais compris l'amour autrement! dit Adhémar d'un air de mépris.

— Ah! vous croyez cela... je pourrais vous répondre bien des choses! mais cela vous ennuierait et moi aussi. J'aime mieux vous prier de me prêter quinze cents francs pour payer mes dettes... vous voyez que ce n'est pas une bien grosse somme.

Adhémar n'hésite pas un moment; il va à son secrétaire, y prend la somme qu'on lui demande, et présente deux billets de banque à Pépita en lui disant :

— Tenez, madame, prenez... je désire que cet argent puisse vous délivrer de vos tourments, et vous procurer ces plaisirs sans lesquels vous ne pouvez plus vivre... mais... je vous en prie, souvenez-vous de votre promesse; ne parlez jamais de moi... oubliez que vous m'avez connu, c'est tout ce que je vous demande.

Pépita prend les billets de banque; mais elle regarde le jeune homme d'une façon singulière, en balbutiant :

— Que j'oublie que je vous ai connu... voilà tout ce que vous désirez de moi... je tâcherai de ne plus vous importuner puisque mes visites vous sont si désagréables.

La jeune Italienne s'est levée; elle fait quelques pas dans la chambre, puis s'arrête, regarde fixement Adhémar et lui dit :

— Vous avez donc entièrement cessé de voir votre femme depuis qu'elle a découvert...

Adhémar l'interrompt, en s'écriant avec impatience :

— Je vous ai priée de ne plus me parler du passé... vous êtes la cause de toutes mes peines... car j'aimais ma femme... et je l'aime encore...

— C'est l'effet de la séparation! dit Pépita d'un air railleur.

— Enfin, je vous le répète, je suis garçon aux yeux du monde. Je le serai toujours désormais.

— Madame n'a donc pas voulu vous pardonner? cela m'étonne; car...

— Par grâce, Pépita, cessons cet entretien. Il devrait être également pénible pour nous deux... Je vous ai remis ce que vous désiriez... je n'ai plus rien à vous dire.

— Comme vous voudrez; moi, j'aurais pu vous dire quelque chose; mais puisque vous ne le voulez pas... Ah! au fait, vous avez raison, il faut oublier tout cela. *Adio, Signor*... Ah! notre proverbe a raison; *Lontano dagli occhi, lontano del cuore!* c'est dommage pourtant!...

Pépita regarde encore Adhémar, lui sourit, va se mirer dans la glace, s'entortille dans son peignoir et sort enfin de l'appartement après s'être retournée plusieurs fois pour voir si le jeune homme ne la rappellera pas.

Lorsqu'elle est partie, Adhémar semble respirer plus librement; il va s'assurer si sa porte est bien fermée, puis il revient faire ses paquets en se disant :

« Je ne puis plus supporter la société de cette femme... comme on change, et cependant je la trouvais si jolie... elle l'était en effet. Je n'ai pas dû lui refuser ce qu'elle me demandait! trop heureux si à ce prix elle me laisse en repos. Cela diminue beaucoup mes finances... et ces termes que je vais payer... heureusement le prix de mes meubles me donnera le temps d'attendre les nouvelles de ce bâtiment... en attendant je vivrai avec économie... Il y a longtemps que je me promets cela.

Bientôt il peut, à travers le feuillage d'un buisson, voir tout à son aise Charlésia et le petit garçon. — Page 62.

Le portier monte au bout de quelques temps avec ses quittances, Adhémar le paie en lui disant :

— Et le tapissier?

— Il va venir, monsieur, je suis allé l'avertir; monsieur quitte donc Paris, qu'il vend ses meubles?

— Apparemment.

— Alors s'il venait du monde pour monsieur... cette grande dame qui venait souvent les matins... avec un voile sur son chapeau...

et qui filait devant ma loge... prissst!... à peine si j'avais le temps de la voir...

— Si on vient, vous direz que je suis en voyage et que vous ne savez pas où.

— Ah! très bien. Et s'il venait des lettres.

— Il n'en viendra pas. D'ailleurs vous les garderez, et je passerai... dans quelque temps, m'informer s'il y en a.

— Ah! fort bien... monsieur quitte la maison, à présent que nous avons une lorette de plus... Je suis sûr que son logement ne sera pas longtemps vacant... Le propriétaire m'a dit souvent : Louez à ces dames là, et si elles ne paient pas, gardez-les toujours... les autres paieront pour elles, ça fait venir du très beau monde... en hommes. Ah! voilà votre tapissier, monsieur.

Adhémar dit au marchand de meubles qu'étant obligé de quitter Paris, il désire revendre son mobilier, et qu'il s'adresse à lui, parce que, lui ayant fourni tout, il doit, mieux que personne, savoir que cela est neuf, beau, bon et à la mode.

Le tapissier fait la grimace en répondant :

— A la mode! mais, monsieur, il y a six mois que je vous ai fourni tout cela.

— Eh bien! est-ce qu'à Paris les meubles changent de forme tous les six mois.

— Quelquefois en moins de temps, monsieur, et c'est extraordinaire comme les goûts ont changé depuis cet hiver... On ne veut plus de chaises de ce genre-là... on emploie un autre bois pour les secrétaires... On a maintenant sur sa cheminée du bronze artistique, les lits n'ont plus cette forme...

— Je comprends, monsieur, je comprends! s'écrie Adhémar avec impatience. Tout cela était charmant, de bon goût, de tout temps, quand vous me l'avez vendu; et cela est affreux, passé de mode et de nulle défaite quand je veux vous le vendre. Enfin, voyez ce que vous voulez me donner de tout ce qui est ici.

L'industriel passe en revue le mobilier que cependant il doit très bien connaître; après avoir regardé longtemps chaque objet, il dit à Adhémar :

— Monsieur, pour vous obliger et parce que j'ai déjà fait des affaires avec vous, je vous donnerai deux mille francs de tout ce qui est ici; mais dans ce moment où les affaires vont si mal... il est impossible de vous offrir plus.

— Deux mille francs... Je perds à peu près les deux tiers de ce que j'ai acheté il y a six mois...

— Eh! monsieur, dans le commerce on est bien heureux quelquefois de ne perdre que les deux tiers...

— Je vous avoue, monsieur, que j'entends fort peu le commerce! n'importe, j'accepte vos deux mille francs.

— Je vais vous les chercher, monsieur, et puis je pourrai faire enlever... Portier... pourrai-je faire enlever?...

— Oui! oui! certainement! répond le concierge!... Oh!... monsieur ne doit rien...

Adhémar, qui est devenu rouge de colère à cette question de l'industriel, lui saisit le bras et le lui serre avec violence, en s'écriant :

— Pour qui donc me prenez-vous? monsieur, votre question est une impertinence!...

Le tapissier se confond en excuses, en disant qu'il a seulement voulu se mettre en règle ; il sort pour chercher l'argent, et Adhémar envoie son portier lui chercher une voiture.

« Deux mille francs!... ce que j'ai payé cinq mille trois cents il y a six mois! se dit Adhémar... Enfin... puisque c'est ce qui arrive dans le commerce. Je vais me faire conduire au Marais... je chercherai un logement modeste, je dépenserai huit ou neuf cents francs pour le meubler. Et plus tard, quand j'aurai touché mes fonds... nous verrons. »

Le tapissier est revenu apporter le prix du mobilier, Adhémar fait descendre ses paquets que l'on porte ensuite dans une voiture, et il va y monter, lorsque le portier lui remet une lettre, en murmurant :

— En voilà une qui arrive à temps pour vous trouver... le facteur sort d'ici... c'est trois sous... Je vous l'aurais gardée, mais si c'est pressé... pour peu que vous soyez six mois en voyage...

Adhémar prend la lettre, il a reconnu l'écriture de M. Bourdichon. Il se retire à l'écart, impatient de savoir ce que le mari de Mathilde lui écrit, et lit :

« Mon cher Marilly, que devenez-vous donc? voilà trois semaines » que l'on entend pas parler de vous... sans doute quelque partie » de campagne, quelque bonne fortune vous occupent, car vous êtes » un homme de plaisirs. J'ai une nouvelle à vous annoncer, elle n'est » pas agréable! mais il faut recevoir les bonnes comme les mau- » vaises; heureusement vous êtes riche et je suis persuadé que cela » vous affectera peu. Le bâtiment sur lequel était nos marchan- » dises a péri presqu'en vue du port, on n'a pu sauver que les pas- » sagers, et par malheur rien n'était assuré. Je suis désolé de vous » avoir engagé dans cette affaire, heureusement vous n'y aviez mis » que vingt mille francs; j'en perds trente. Monfignard qui en perd » quinze, est d'une humeur diabolique! moi, je n'y pense déjà » plus, et je pense que vous ferez bien vite comme moi. Venez donc » faire une bouillotte, nous tâcherons de nous venger de la fortune. » A propos, ma femme a été malade, elle a gardé le lit huit jours; » mais son amie, madame Valméran, est venue la soigner et lui te- » nir fidèle compagnie. C'est une femme charmante; Monfignard en » est décidément amoureux ; il pousse vigoureusement sa pointe de » ce côté-là ; il dit que cela va bien et fait jabot; venez donc nous » voir, nous rirons de tout cela.

» Tout à vous,

» BOURDICHON. »

Tout l'effet produit par la première partie de cette lettre est bien vite détruit par la seconde. Adhémar n'a pu recevoir, sans un vif chagrin, la nouvelle de la perte du bâtiment qui portait ses dernières espérances de fortune; mais en apprenant que Charlésia retourne chez Mathilde, que Monfignard lui fait la cour, et qu'il se vante de réussir, il a déjà oublié la perte qu'il vient d'essuyer; il ne songe plus qu'à retourner chez Bourdichon, et à s'assurer par lui-même si, en effet, le beau Monfignard est bien traité par Charlésia, car, à cette seule pensée, son sang s'allume, sa tête s'exalte, et déjà il roule dans son esprit mille projets de vengeance.

— Tous les paquets sont dans la voiture, et il ne manque plus que monsieur : dit le portier en s'approchant d'Adhémar. Celui-ci se rappelle alors sa situation. Déjà, on va et vient dans la maison, et la voix de mademoiselle Athénaïs retentit dans l'escalier; elle cause avec les autres femmes de chambre et leur conte que toute la nuit madame Polatinskifkoff a été incommodée de son souper, qu'il a fallu qu'elle se lève pour lui faire du thé, et que c'est bien *embêtant*.

Ne voulant pas être surpris par les lorettes, Adhémar se hâte de monter en voiture :

— Où allons-nous? dit le cocher.

Adhémar s'apercevant que le portier est resté là, contre la voiture, pour entendre ce qu'il va répondre, crie :

— Aux Messageries royales!

La voiture part. Lorsqu'on est dans une autre rue, Adhémar dit à son cocher :

— Nous n'allons pas aux Messageries. Conduisez-moi dans le Marais... trouvez-moi, par là, un appartement de garçon à louer, et je vous donnerai pour boire.

Le cocher fait claquer son fouet, en répondant :

— Suffit! j'entends!... je vas vous mener dans la maison de Poupoule... il y a toujours des logements de reste, là.

Adhémar s'en rapporte au cocher; il s'est enfoncé dans le fond de la voiture et au lieu de s'occuper de sa situation, il ne pense qu'à Monfignard et à Charlésia.

CHAPITRE XVII.

SOIRÉE CHEZ BOURDICHON.

Il était huit heures du soir, le jour était sur son déclin, cependant on n'avait pas encore allumé dans le salon de M. Bourdichon, et la société, après être sortie de table, jouissait de cette douce liberté qui suit toujours le dîner, et qui précède la soirée, dans les maisons de bonne compagnie.

M. Bourdichon prenait l'air à une croisée, tout en causant avec le beau Monfignard, et lui parlant d'affaires de bourse, conversation qui n'empêchait pas le beau jeune homme de carresser les boucles de ses cheveux.

Un peu plus loin, M. Carcassonne, assis devant une table de jeu, plaçait et déplaçait des cartes, s'efforçant de se rappeler un tour dont il voulait amuser la société.

A l'autre extrémité du salon, madame Carcassonne était assise auprès de Dalbrun, auquel elle semblait parler avec beaucoup de feu, et qui l'écoutait, en laissant échapper de fréquents éclats de rire.

Enfin Mathilde, encore pâle et faible, était à demi couchée sur un divan, et près d'elle était Charlésia, qui lui tenait la main, et paraissait très attentive à ce qu'elle disait.

— Il ne m'aime plus... oh! c'est tout à fait fini, je le vois bien! dit Mathilde après un moment de silence. Voilà vingt-deux jours que je ne l'ai vu... que je n'ai eu de ses nouvelles!... vingt-deux jours!... j'aurais pu mourir!... il ne s'en serait pas inquiété!

— Il est peut-être à la campagne... ou en voyage, dit Charlésia, mais, du ton d'une personne qui n'est pas elle-même persuadée de ce qu'elle avance, et ne désire pas persuader les autres.

— A la campagne...... il n'y resterait pas trois semaines... En voyage... quoi faire?.... pour être plus loin de moi, alors!... mais non, il n'est pas en voyage.... je m'en suis informée, d'ailleurs... et puis il a trop de choses qui le retiennent à Paris!

— Quoi donc? dit vivement Charlésia.

Mathilde regarde fixement son amie en répondant :

— Des maîtresses, sans doute!... d'autres passions!... Quand un homme cesse de nous aimer, c'est ordinairement parce qu'il en aime une autre.

— Tu as raison; mais enfin... cet amour ne pouvait toujours durer... surtout avec un homme inconstant comme M. Adhémar! Puisque cela devait finir, un peu plus tôt, un peu plus tard... qu'importe?... tu devrais l'oublier et te faire une raison!

— Finir! au bout de cinq mois! ah! grand Dieu!... perdre le repos de ma vie pour cinq mois de bonheur!

— Il y a des amours qui paraissent bien profonds, et qui durent moins que cela encore! dit Charlésia, et cette fois d'un air entièrement persuadé.

— Oui... tu dois savoir cela aussi, toi... quoique tu n'aies pas voulu me l'avouer.... L'amour est une passion cruelle, n'est-ce pas? et nos faiblesses ont quelquefois des suites... bien funestes.

Charlésia ne répond rien, et ne semble pas attacher un sens mystérieux à ces paroles de son amie, qui a pourtant eu l'air de les dire avec intention.

— Heureusement tu ne m'as pas abandonnée, toi! reprend Mathilde après un moment. Tu as eu pitié de ton amie... tu as deviné pourquoi je souffrais, pourquoi j'étais malade... tu as compris quel était ce mal qui me minait... qui me mine encore!... Ah! sans toi, je serais morte, car je n'aurais eu personne à qui parler de lui! personne pour épancher mes chagrins... pour pleurer... car les larmes semblent moins amères lorsqu'une amie est près de nous, qui nous soutient... nous console!... Ah! n'être plus aimée... vois-tu, c'est affreux quand on aime encore.

En disant cela, Mathilde prenait convulsivement les mains de Charlésia; celle-ci lui fait signe de se contenir en lui montrant qu'elles ne sont pas seules.

— Est-ce que tous ces gens-là s'occupent de moi! répond Mathilde en faisant un léger mouvement d'épaules.

— Mais, ton mari...

— Oh! mon mari, moins que les autres! Tu l'as vu, j'ai été huit jours sans pouvoir quitter le lit, et avec une fièvre violente... a-t-il passé une seule soirée près de moi?... Je te le répète... je n'ai plus que toi... car tu me plains, n'est-ce pas?

Ces mots sont accompagnés d'un regard qui semble embarrasser Charlésia, qui pourtant répond : « Est-ce que tu en doutes? » mais d'un ton qui pourrait effectivement en faire douter.

— Et, depuis trois semaines... tu ne l'as pas vu... toi? reprend Mathilde en cherchant, avec ses yeux, à se glisser dans le fond de l'âme de son amie.

— Vu... M. Adhémar?...

— Sans doute!

— Et où donc l'aurais-je vu?... est-ce que tu crois qu'il vient chez moi?

— Non, car tu m'as juré que... tu ne le recevrais pas... que tu ne le connaissais pas, et je te crois..... ce serait si horrible de me tromper..... ah! tu n'en es pas capable!...

La manière dont Mathilde dit cela ne prouve pas qu'elle en soit bien persuadée. Charlésia jette sur elle un regard plein de douceur et de pitié, en murmurant :

— Tu me soupçonnes encore...

— Oh! non... non... pardonne-moi; tiens, quand tu es à côté de moi, je suis mieux, je suis plus tranquille... je voudrais que tu ne me quittasses jamais.

— Ne m'as-tu pas dit que ton mari lui avait écrit hier soir?

— Oui, M. Bourdichon a dû l'informer du triste résultat d'une affaire où il avait placé vingt mille francs... tout est perdu! Heureusement M. Adhémar est riche, et je pense que cette perte lui sera peu sensible.

— Comment sais-tu qu'il est riche?

— Mais... je le crois à sa manière de vivre... à son indifférence lorsqu'il perd au jeu, où il joue assez cher... Enfin, dernièrement, son refus d'épouser mademoiselle Sublimé prouve encore qu'il ne tient pas à l'argent...

Charlésia semble réfléchir et ne répond rien; Mathilde reprend :

— M. Bourdichon a dû lui écrire que j'avais été très malade... eh bien! tu le vois... il ne vient pas.

— La soirée n'est pas avancée... il viendra peut-être...

— Ah! si je pouvais l'espérer!...

— Eh bien! Carcassonne, auras-tu bientôt fini d'arranger tes cartes? dit M. Bourdichon en quittant la fenêtre. Que diable fais-tu là?

— Je cherche un tour!... il s'agit de mettre les quatre dames en long et les rois en travers...

— Tu n'y vois plus clair, c'est pour cela que tu ne peux pas mettre tes dames en long... Ma chère amie, dis donc qu'on allume... mais non, ne te dérange pas, je vais sonner.

— Il me semble pourtant que ce n'est pas bien difficile d'arranger les cartes comme vous le voulez, dit Dalbrun en se levant pour s'approcher de la table à jeu.

— Ah! croyez cela! mais ce n'est pas tout, il faut aussi placer les valets et les as... Ma femme, te rappelles-tu ce tour... où on pose les dames en long?...

— Vous ne m'avez jamais appris cela, mon cher ami; posez vos dames comme vous voudrez, et ne m'ennuyez pas avec vos tours de cartes!... Je n'ai jamais su faire que des châteaux avec les cartes; mais j'en faisais qui étaient haut.... comme cette chambre.

— Vous employiez plus d'un jeu de piquet pour cela? dit Dalbrun en riant.

— Ah j'avais tant de cartes!... chez mes parents on jouait beaucoup; c'est au point qu'à la cuisine on n'employait que de vieilles cartes pour se chauffer.

— On nous a souvent parlé d'*Oreste* et de *Pylade*... d'*Achille* et de *Patrocle*, dit Monfignard en s'approchant des deux dames placées sur le divan; mais je doute que l'antiquité ait jamais produit une amitié plus édifiante que la vôtre, mesdames!

Charlésia sourit tristement; Mathilde répond :

— C'est que, quand les femmes aiment, monsieur, elles... comprennent ce sentiment-là mieux que les hommes, et que ce n'est pas pour elles une simple distraction.

— En fait d'amour, mesdames, je sais que vous avez la réputation de l'emporter sur les hommes; mais, en amitié, j'avais cru jusqu'à présent que ceux-ci avaient la pomme, outre les héros que je vous citais tout à l'heure; remarquez bien que les modèles d'amitié que nous offre l'antiquité, sont toujours des hommes *Damon* et *Pythias*, *Nisus* et *Euriale*, *Thésée* et *Pirithoüs*, *Scipion* et *Lelius*... et une foule d'autres que je pourrais vous citer encore; mais il n'est jamais question de l'amitié de deux femmes.

— C'est que ce sont les hommes qui écrivent l'histoire, dit Dalbrun en riant.

— Ou, plutôt, c'est qu'on a pensé que, ces dames devant être tout à l'amour, il ne leur restait plus de place pour d'autres sentiments, reprend Monfignard en lançant à madame Valméra un regard où il met toute l'expression dont il est susceptible.

— De quoi parlez-vous... d'amitié... d'héroïsme d'amitié? dit madame Carcassonne en s'approchant du divan. Oh! moi, quand j'aime bien une personne, je me jetterais dans le feu pour elle!....

— Il paraît alors que vous n'avez jamais bien aimé, dit Dalbrun, car vous n'avez pas la moindre marque de brûlure.

— C'est que l'occasion ne s'est pas présentée. En revanche, une fois, je me baignais dans la rivière... à Saint-Ouen... ou à Saint-Maur, ou à Saint-Cloud... ça ne fait rien. Une de mes amies se baignait aussi avec son mari... lui se tenait un peu plus loin... par décence... Cependant, nous avions des maillots... mais le monsieur n'en avait pas. Je nage comme un poisson, moi. Tout à coup nous entendons le mari de mon amie qui nous crie : « J'ai une crampe... je me noie ! » En entendant cela, mon amie se trouve mal ; je la vois qui flotte sur l'eau ; je cours d'abord à elle ; je la soutiens sur l'eau d'une main, ensuite, nageant sur l'eau jusqu'au mari, je le prends.. je ne sais comment... je le saisis par... n'importe quoi, et je les ramène tous deux au rivage, sans être même fatiguée !

— Voilà un trait digne d'un dauphin! s'écrie Dalbrun.

— Comme elle justifie bien le surnom de Blaguanville qu'on lui a donné! murmure Monfignard en se retournant vers Dalbrun.

L'arrivée de plusieurs personnes change le cours de la conversation. Bientôt on forme un wisth et une bouillotte ; mais Monfignard a refusé de jouer, parce qu'il préfère causer avec les dames et surtout avec Charlésia, près de laquelle il cherche sans cesse à se rapprocher. Quant à M. Carcassonne, obligé d'abandonner la table de jeu, il a été avec son jeu de cartes se retrancher près d'une console, sur laquelle il cherche toujours à mettre ses dames en long et ses rois en travers.

Mathilde saisit un moment où l'on ne peut l'entendre, pour dire à l'oreille de son amie :

— Décidément, M. Monfignard est très amoureux de toi.

— Tu crois? répond madame Valméran d'un air fort indifférent.

— Mais c'est assez visible... au reste, il ne s'en cache pas.

Je ne puis pas empêcher ce monsieur d'être amoureux, si cela l'amuse ; mais je lui conseille de ne point prendre la chose au sérieux, car il perdrait son temps!

Le front de Mathilde se rembrunit, et elle attache ses yeux sur Charlésia, en lui disant :

— Tu es bien insensible, ma chère : M. Monfignard est pourtant un fort beau cavalier... il a une fortune honorable... S'il te demandait ta main... tu es trop jeune pour rester toujours veuve...

— Je resterai cependant toujours comme je suis maintenant.

— Oh ! on dit cela... peut-être un autre te ferait penser autrement.

En ce moment Adhémar entre dans le salon ; sa mise, toujours de bon goût, est encore plus soignée, plus recherchée que de coutume ; mais son visage est pâle, et tous ses traits sont altérés.

En apercevant Adhémar, Mathilde tressaille et presse fortement la main de son amie.

Charlésia a changé de couleur et quitte brusquement la main de Mathilde ; Monfignard a fait une grimace très prononcée ; les autres personnes accueillent avec des démonstrations d'amitié celui que l'on n'avait pas vu depuis longtemps.

— Eh ! le voilà, ce cher Adhémar!

— D'où diable sort-il ?

— Eh bien, mon cher ami, nous sommes enfoncés, c'est le cas de dire ! s'écrie Bourdichon en tendant la main au jeune homme : que voulez-vous, c'est un malheur!

— Je l'avais déjà oublié ! répond Adhémar.

— Bravo ! voilà ce que c'est que d'avoir de la philosophie ! dit Dalbrun.

— Et de la fortune ! reprend Bourdichon.

Adhémar s'est dirigé du côté de Mathilde ; mais en apercevant Charlésia assise près d'elle, il s'arrête embarrassé, et semble incertain s'il doit avancer. Il se décide cependant, et va saluer les deux dames d'un air contraint ; puis, tout en regardant Charlésia, il dit à Mathilde :

— J'ai appris, madame, que vous aviez été malade... si je l'avais su plus tôt... je serais venu savoir de vos nouvelles...

— Ce n'est pas madame... c'est moi qui ai été malade, monsieur, répond Mathilde d'un ton de dépit. Adhémar baisse les yeux en rougissant ; Charlésia se lève brusquement, et va s'asseoir à une autre extrémité du salon.

— Oui, monsieur, oui... j'ai bien souffert, je souffre bien encore, reprend Mathilde ; c'est vous qui en êtes la cause, vous le savez bien ; et, en revenant ici, au lieu d'être touché du mal que vous m'avez fait, c'est elle seule que vous regardez... c'est d'elle que vous semblez occupé... ah ! je suis bien malheureuse!

Mathilde porte son mouchoir sur ses yeux pour essuyer les larmes dont ils sont pleins, et fait signe à Adhémar de s'asseoir près d'elle. Celui-ci n'ose refuser, il craint qu'on ne remarque l'émotion de Mathilde : il voudrait pouvoir essuyer ses pleurs, la consoler, et pourtant il est contrarié de s'asseoir à côté d'elle ; il s'y place comme un écolier que son professeur force à se mettre à l'étude. Mathilde lui parle avec tendresse, et il l'écoute d'un air distrait ; mais bientôt il ne l'entend plus, il ne sait même plus qu'elle lui parle ; car Monfignard est allé s'asseoir auprès de madame Valméran ; il lui adresse des propos galants, et celle-ci, contre son ordinaire, lui sourit, semble l'écouter avec plaisir ; ce qui enchante tellement le dandy, que son babil en augmente et qu'il ne s'est jamais trouvé autant d'esprit.

Il y avait déjà trois fois que Mathilde disait tout bas à Adhémar : « je n'ai pas cessé de vous aimer, moi ! voulez-vous que j'aille chez vous demain matin... le voulez-vous... me recevrez-vous avec plaisir ?... dites donc ?... mais dites donc ?... » lorsqu'Adhémar, se levant brusquement, va se poser devant Monfignard, le regardant d'un air ironique et même impertinent. Le bel homme semble surpris de l'action d'Adhémar ; cependant sans avoir l'air d'y faire attention, il continue de causer avec Charlésia et affecte même de rire de ce qu'elle dit. Adhémar ne se contient plus, il va provoquer Monfignard... lorsque son regard rencontre celui de Charlésia. L'expression de ce regard semble le terrifier ; il baisse les yeux, devient tremblant et s'éloigne sans dire un mot.

Madame Valméran ne tarde pas à quitter sa place ; et, après avoir été dire adieu à Mathilde, qui n'a pas la moindre envie de la retenir, elle sort du salon en refusant la proposition de Monfignard, qui voulait absolument la reconduire.

Mathilde n'a pas cessé de regarder Adhémar ; ses yeux, animés par le dépit et la jalousie, ont repris tout leur éclat, ses joues sont pourpres, son front est brûlant.

— Vous avez une mine charmante ce soir, ma chère amie, lui dit la petite Carcassonne, vous avez des couleurs, des yeux brillants...

— Oui... oui... oh ! je me sens très bien !

— Votre bonne amie est déjà partie.

— Oui... elle est partie.

— Quelle femme aimable... spirituelle... jolie !... Dites donc, monsieur Monfignard, savez-vous que vous lui parliez avec un feu... hum ! vous êtes un terrible séducteur !

Monfignard se rengorge dans sa cravate, se regarde dans une glace et répond d'un air suffisant :

— Quand cette dame m'écouterait ! après tout, elle est la maîtresse... et il me semble qu'elle pourrait plus mal choisir...

— Monsieur voudrait-il nous donner à entendre que cette dame est sensible à son hommage ? dit Adhémar en se rapprochant de Monfignard qu'il regarde d'un air courroucé.

— Eh bien, pourquoi pas... est-ce que cela vous intéresse, monsieur ?... est-ce que vous le trouveriez mauvais ? répond le bel homme d'un ton goguenard.

— Il y a des hommes si avantageux ! qui se vantent de choses qui ne sont pas.. qui cherchent à compromettre la réputation d'une femme.

— J'espère, monsieur, que ce n'est pas pour moi que vous dites cela ?

Adhémar va répondre, lorsque Mathilde, qui s'est levée avec peine, va se placer entre ces deux messieurs, en s'écriant :

— Eh bien, messieurs... qu'est-ce cela veut dire?... j'espère que vous n'oublierez pas que vous êtes chez moi et que mon amie ne deviendra pas un sujet de discorde... Si elle le savait, je suis persuadée que vous ne la reverriez jamais ici. Monsieur Adhémar, voulez-vous avoir la bonté de me donner votre bras jusqu'à mon appartement, car je me sens fatiguée et je vais me retirer.

Les deux jeunes gens se sont tus. Mathilde a pris le bras d'Adhémar, et elle sort avec lui du salon ; il garde le silence, car il sent bien qu'il s'est laissé emporter par la jalousie et ne sait comment s'excuser ; mais, arrivée dans son appartement, Mathilde lui dit :

— Vous êtes un monstre, monsieur, votre conduite est infâme avec moi... la passion que vous éprouvez pour madame Valméran vous fait oublier jusqu'aux convenances... Cette passion, vous n'avez pas même cherché à la cacher aujourd'hui... Ah ! je ne la verrai plus cette femme... tout est fini entre nous... La nommer mon amie me serait désormais impossible... Ce soir, vous avez brisé les derniers liens qui nous unissaient... Monsieur est furieux de ce que Charlésia écoute les galanteries de M. Monfignard... monsieur veut se faire le chevalier, le défenseur de la vertu de cette dame... sa vertu ! ah ! ah ! vous me faites pitié...

— Que voulez-vous dire? que signifient ces paroles, madame? reprend Adhémar qui sent renaître toute son énergie.

— Cela veut dire, monsieur, que madame Valméran, avec son air sévère, ne vaut pas mieux qu'une autre.

— Pourquoi... parlez, madame, qui vous fait penser cela?...

— Oh! vous feignez de ne pas me comprendre... mais, cet enfant qu'elle a eu... qu'elle fait élever en secret... si ce n'est pas vous qui le lui avez fait... il faut bien que ce soit un autre.

— Un enfant! s'écrie Adhémar qui semble frappé par la foudre. Un enfant!... elle a un enfant!... oh! non, cela n'est pas... vous en imposez, oh! cela ne peut pas être.

Mathilde, effrayée de l'effet que ce qu'elle vient de dire produit sur Adhémar, répond en tremblant :

— Oui... cela est... Quoi, vous l'ignoriez. J'étais persuadée, moi, que cet enfant était la suite de votre liaison avec elle...

— Elle a un enfant... mais où est-il? Comment savez-vous cela... ah! madame, il me faut la preuve de ce que vous venez de me dire.

— Je vous la donnerai, monsieur

— Quand cela?

— Demain matin... soyez à neuf heures à l'entrée du faubourg Saint-Antoine... j'irai vous y prendre avec une voiture et je vous ferai voir que je ne vous ai point menti.

— Demain à neuf heures... il suffit, madame, j'y serai... je vous attendrai.

— Adhémar, vous me quittez donc ainsi!

Mais déjà Adhémar s'est éloigné sans vouloir en entendre davantage; il traverse rapidement le salon où est la société, prend son chapeau et sort comme un fou; sans répondre à Bourdichon qui lui offre une place à la bouillote.

— Qu'est-ce qu'il a donc ce soir? s'écrie le mari de Mathilde; je lui ai trouvé un air tout singulier.

Dalbrun secoue la tête sans répondre, et Monfignard dit en riant :

— Ce monsieur est très vexé... parce que madame Valmeran a beaucoup causé avec moi! c'est désolant!... mais une autre fois, j'espère qu'il ménagera un peu plus ses paroles, sans quoi, on pourrait le rappeler à la politesse.

— Ma femme! ma femme! s'écrie Carcassonne avec un transport de joie, je l'ai trouvé... mon tour!... je le tiens... je sais mettre les dames en long.

— C'est bien, mon ami, répond la petite dame, tu me montreras cela quand nous serons chez nous.

CHAPITRE XVIII.

L'ENFANT. — L'INCONNU.

Le cocher de fiacre auquel Adhémar s'était confié pour avoir un logement, avait justement sa maîtresse cuisinière chez un vieux propriétaire de la rue du Perche, au Marais. Poupoule, c'était le nom de la maîtresse du cocher, avait plusieurs fois dit à son amant de tâcher de lui envoyer des locataires, et celui-ci s'était arrêté tout fier avec la voiture dans laquelle était le monsieur qui cherchait un logement.

Adhémar, toujours préoccupé de tout autre chose que de se loger, avait sur-le-champ accepté deux petites chambres fort laides, et dont les papiers étaient en plusieurs endroits recollés avec des clous. Il avait fait venir un tapissier du quartier, mais cette fois il avait été très modeste, et, moyennant trois cents francs, avait eu sur-le-champ un mobilier d'occasion. Cela ne ressemblait plus à celui de la rue Navarin, mais enfin il y avait à peu près tout ce qu'il faut pour un garçon qui ne compte pas donner des soirées.

En sortant de chez Bourdichon, Adhémar est entré comme un insensé dans sa nouvelle demeure. Il n'a pas répondu à Poupoule, qui cause chez le portier, et lui offre de la lumière. Il se trouve, sans savoir de quel côté sont ses meubles, dans un logement qu'il connaît à peine; en cherchant son lit, il renverse la table, les chaises, enfin il se jette sur sa couchette, en se disant :

« Mon Dieu! si je pouvais dormir! Ah! que je voudrais donc être à demain!... Charlésia aurait un enfant!... ah! je ne puis le croire! Mathilde s'est abusée, ou elle aura voulu se venger de moi en me désespérant... Charlésia m'aurait trahi!... mais que dis-je! n'en avait-elle pas le droit?... ne l'avais-je pas moi-même dégagée de ses serments!... aurais-je des reproches à lui adresser!... et cependant je ne puis pas croire que Mathilde m'ait dit vrai!. »

La nuit paraît bien longue à celui qui souffre, qui attend, qui espère encore que le jour suivant lui rendra la tranquillité. La couchette d'occasion était bien dure aussi en comparaison du lit moelleux de son dernier appartement; mais Adhémar s'y serait trouvé aussi bien couché que dans un palais, s'il avait pu retirer de son cœur le trait cruel qui le déchirait.

Au point du jour, Adhémar se lève; pour tâcher de passer le temps, il se met à sa croisée et regarde son nouveau voisinage, mais ses fenêtres donnent sur une cour triste et sombre. Quelques pots de réséda et de giroflée sont les seuls ornements que l'on se permette. Quel changement avec la belle vue de la rue de Navarin! mais le nouveau locataire n'en est pas attristé; il regarde sans voir, ou plutôt sa pensée est ailleurs, et il ne s'occupe pas de ce qu'il voit.

Tout à coup une espèce de satisfaction brille sur son visage; il songe que la rue du Perche n'est pas bien loin de la place de la Bastille où il a rendez-vous avec Mathilde, et il se trouve presque heureux de demeurer au Marais.

A huit heures du matin, il sort, va se promener sur les boulevards, et se rend enfin à l'endroit où l'on doit le trouver. Neuf heures sonnent, et Mathilde ne paraît pas. Dix minutes s'écoulent, qui paraissent des siècles à Adhémar; déjà il se dit : « Elle ne viendra pas, parce qu'elle ne saurait me prouver ce qu'elle m'a dit hier. » Et l'espoir commence à renaître dans son âme, lorsqu'une citadine, qui arrive par les boulevards, s'arrête à l'entrée du faubourg. Une femme met la tête à la portière. C'est Mathilde; elle aperçoit Adhémar : en un instant il est auprès d'elle, et le cocher se remet en route.

Mathilde est encore plus abattue que la veille, mais une agitation nerveuse, en donnant par moment de l'éclat à ses yeux, semble lui tenir lieu des forces qu'elle a perdues. En apercevant Adhémar, une légère rougeur est venue colorer ses joues; mais elle disparaît bien vite pour faire place à une pâleur extrême.

Adhémar s'est assis à côté de Mathilde, sans prononcer un mot. Pendant quelque temps la voiture roule, et tous deux continuent à garder le silence; enfin c'est Mathilde qui se décide à le rompre.

— Vous désirez sans doute savoir, monsieur, où je vous conduis, et comment je suis parvenue à découvrir ce secret que je vous ai communiqué hier... je vais vous le dire, car je n'ai pas de secret pour vous, moi, monsieur, vous verrez que le hasard a tout fait.

— Je vous écoute, madame.

— La dernière fois que j'allai chez vous... où vous me reçûtes si mal... je partis bien brusquement... je ne sais pas si vous vous en souvenez... j'espérais pourtant que vous me rappelleriez... je restai quelques minutes dans votre escalier... mais j'espérais en vain, oh! vous étiez trop content d'être débarrassé de moi!

Mathilde s'arrête très émue, mais Adhémar ne dit pas un mot et continue de regarder à ses pieds. La jeune femme reprend d'une voix plus assurée :

— J'oublie toujours que ce n'est pas de moi que je dois vous entretenir; pardon, monsieur, cela ne m'arrivera plus. En sortant de chez vous, je pris une voiture et me fis conduire chez... madame Valméran... je voulais avoir une explication avec elle... je voulais la supplier encore de me dire si vous étiez... ou si vous aviez été son amant. Au moment d'arriver chez Charlésia, je vois de loin monter dans une voiture. Il me vint à la pensée qu'c'est chez vous qu'elle va... ou qu'elle se rend à un endroit où vous devez la rejoindre... Enfin, je ne puis vous dire tout ce qui me vient à l'esprit; mais je dis à mon cocher : « Suivez de loin cette voiture et allons où elle va. » Madame Valméran se fit conduire à Saint-Maur, et descendit devant une jolie maisonnette dans laquelle elle entra. Mon cocher avait eu l'esprit de s'arrêter assez loin pour ne pas être remarqué. Je descendis aussi de voiture et je me tins à l'écart, ne perdant pas de vue la maisonnette; bientôt je vis Charlésia sortir, tenant par la main un petit garçon qui peut avoir deux ans ou un peu plus...

— Vous l'avez vue avec cet enfant? s'écrie Adhémar en regardant fixement Mathilde.

— Oui, monsieur, oui, je l'ai vue... Ah! vous me regardez à présent... il fallait cela pour vous faire lever les yeux.. Eh bien! mo trouvez-vous assez changée!... croyez-vous m'avoir fait assez de chagrin!...

— De grace, madame... achevez donc!...

— Ah! c'est juste... j'allais encore vous parler de moi... comme si cela vous intéressait! Je vis donc madame Valméran avec cet enfant... Elle alla se promener assez longtemps sur les bords de la Marne; je ne la suivais que de très loin, car je n'aurais pas voulu être vue; je ne pouvais donc pas entendre ce qu'elle disait à l'enfant, mais je la voyais le caresser, l'embrasser à chaque instant... Oh! elle paraît l'aimer beaucoup. Enfin, elle le ramena à la maisonnette, et, au bout de quelques instants, remonta dans sa voiture et partit. Cette fois, je ne la suivis pas; mais quand je fus certaine qu'elle était déjà éloignée, j'entrai à mon tour dans la maison, je pris le premier prétexte venu... Je trouvai d'ailleurs une paysanne qui aimait beaucoup à causer. Après avoir eu l'air de chercher dans le pays une domestique qui devait l'habiter, je caressai le petit garçon, et je dis à la paysanne : « Il me semble que je viens de rencontrer ce joli petit garçon avec une dame?... — C'est sa maman, me répondit aussitôt la villageoise; elle vient presque tous les jours voir son petit Charles... Oh! elle l'aime bien, elle lui apporte toujours des bonbons, des joujoux... »

— Cet enfant s'appelle Charles... et la paysanne vous a dit que madame Valméran était sa mère? murmura Adhémar d'un air sombre.

— Oui, monsieur, je vous répète mot à mot ce qu'on m'a dit. En faisant jaser la mère Mignot, c'est le nom de la paysanne, j'ai su qu'elle n'avait l'enfant chez elle que depuis l'époque du retour de Charlésia; enfin, elle m'a dit aussi que la mère du petit Charles venait le voir presque tous les jours... toujours seule... c'est de cela surtout que je m'informai. J'en savais assez, je partis. Depuis j'eus la curiosité de revenir à peu près à la même heure au même endroit, et j'aperçus encore Charlésia se promenant dans la campagne avec... son fils. Voilà pourquoi je vous conduis à Saint-Maur. Je pense, monsieur, que vous y verrez ce que j'y ai vu, et vous aurez la preuve que je ne vous ai point menti, en vous disant que... madame Valméran a un enfant... et un enfant qui n'est pas de feu M. Valméran.

Mathilde a cessé de parler, Adhémar ne lui fait plus aucune question, il paraît absorbé par ce qu'il vient d'entendre. Après quelques minutes de silence, c'est encore Mathilde qui le rompt, en s'écriant :

— Et maintenant, monsieur, vous ne pouvez plus me nier votre passion pour madame Valméran; car si vous ne l'aimiez pas, si elle vous était indifférente, que vous importerait qu'elle eût un enfant! pourquoi la découverte de ce secret vous aurait-elle causé une émotion si violente? Hier, d'ailleurs, votre dépit, votre jalousie étaient visibles, lorsque M. Monfignard causait avec Charlésia. Vous n'avez pas pu y tenir... vous m'avez quittée impoliment pour aller vous placer près d'eux... vous avez presque provoqué ce monsieur... ce qui eût été fort mal chez des étrangers... mais ce qui chez moi était de votre part un acte de cruauté... car vous deviez bien savoir que je souffrais des tortures, que j'étais au supplice... Que vous importe à vous! vous ne voyez plus que la dernière que vous aimez! les autres ne sont plus rien!... Et moi... moi... pour vous je trahis l'amitié : car ce que je fais aujourd'hui est bien mal, je le sais... mais après tout, Charlésia n'a pas eu assez confiance en moi pour me dire ses secrets... pourquoi donc la ménagerais-je... lorsqu'elle me fait perdre votre cœur?... Oh! je la déteste à présent... car vous l'aimez... vous ne vous en cachez plus... vous l'aimez, n'est-ce pas?...

Mathilde serrait le bras d'Adhémar, et sollicitait une réponse, mais tout à coup celui-ci ouvre la portière, passe sa tête en dehors, et s'écrie :

— Nous sommes à Saint-Maur, madame.

— C'est bien, monsieur, le cocher sait où il doit s'arrêter, mais j'espère, monsieur, que vous ne me compromettrez pas... que vous ne parlerez pas à madame Valméran... que vous aurez quelque pitié de moi.

— Soyez tranquille, madame, je n'ai pas l'intention de parler à... cette dame... ni de lui laisser voir que j'épie ses actions.

La voiture s'arrête dans une espèce de ruelle écartée où elle a l'ordre de l'attendre. Mathilde descend et prend le bras d'Adhémar, qui ne le lui offrait pas. Elle s'appuie fortement sur ce bras qu'elle tient contre elle... et la faiblesse de sa santé sert alors d'excuse à la faiblesse de son cœur.

Après avoir marché quelque temps par des chemins de traverse, athilde montre de loin à son compagnon une maisonnette devant quelle un fiacre est arrêté, et lui dit :

— C'est là... Charlésia est déjà arrivée... cette voiture qui attend là vous l'annonce. Elle sera sans doute allée, suivant son habitude, se promener sur les bords de la Marne avec l'enfant... Venez... Descendons par ce sentier, nous la trouverons... mais marchons avec prudence... regardons au loin, devant nous.

Adhémar se laisse conduire. Mathilde le fait descendre par un chemin fort joli, jusques aux bords de la rivière. Là, des buissons, des touffes de saules empêchent souvent de voir devant soi. De temps à autre, Mathilde s'arrêtait, regardait, écoutait, mais elle ne quittait pas le bras de son compagnon; Adhémar portait de tous côtés ses regards inquiets, mais ne prononçait pas un seul mot.

Tout à coup Mathilde s'arrête brusquement et fait faire à Adhémar quelques pas en arrière, en lui disant bien bas :

— Elle est là... assise contre un saule... heureusement je l'ai aperçue à temps... quelques pas de plus, et elle nous voyait. Tenez, en tournant par ici, nous serons fort près d'elle, et elle ne pourra pas nous voir.

Adhémar est tremblant, il vient en effet d'apercevoir une femme assise sur le gazon, il ne se sent plus la force d'avancer; mais Mathilde lui prend la main, le guide, et bientôt il peut, à travers le feuillage d'un buisson, voir tout à son aise Charlésia et le petit garçon, qu'elle tient sur ses genoux.

Une pâleur mortelle a couvert le visage d'Adhémar, lorsqu'il a reconnu madame Valméran. Mathilde s'en aperçoit et en est effrayée; elle lui presse la main, en lui disant tout bas :

— Allons! du courage!... monsieur, du courage!... j'en ai bien eu, moi... et vous ne souffrirez pas plus que je n'ai souffert.

Charlésia tient le petit garçon sur ses genoux. De temps à autre elle l'embrasse, passe sa main dans ses cheveux, et semble le considérer avec attendrissement.

Bientôt la voix enfantine du petit Charles se fait entendre, et ceux qui sont cachés derrière le buisson ne perdent pas un mot de ce qui se dit :

— Ma bonne petite maman, je voudrais bien avoir une voiture avec un dada, pour promener mon polichinelle dans le jardin.

— Je t'en apporterai une, mon ami, tu sais bien que je te donne tout ce que tu me demandes.

— Oui, tu es bien bonne.

— Et tu m'aimes bien aussi?

— Oh! oui.

— Et la mère Mignot ne te fait pas pleurer, n'est-ce pas?

— Oh! non; elle joue avec moi, et Pierrot aussi... il est bien gentil, Pierrot.

Charlésia embrasse tendrement l'enfant, en murmurant encore : « Pauvre petit! » Elle reste ensuite assez longtemps livrée à ses réflexions, qui ne sont pas gaies, à en juger par des larmes qui coulent lentement de ses yeux, et qu'elle ne pense même pas à essuyer. Elle se lève enfin et prend la main du petit garçon en disant :

— Viens, Charles, il faut retourner chez madame Mignot.

Charlésia a repris avec l'enfant le chemin de la maisonnette; bientôt on les perd de vue; mais les deux personnes qui les observaient sont restées à la place qu'elles occupaient. Adhémar, accablé par ce qu'il vient de voir, semble ne plus avoir la force de faire un pas; Mathilde le regarde attentivement et cherche à deviner ce qui se passe au fond de son cœur.

— Eh bien, monsieur, vous avais-je trompé? dit Mathilde; ai-je calomnié madame Valméran? vous ai-je prouvé ce que j'avançais?

— Non, vous ne m'aviez pas trompé! murmure Adhémar; il ne me reste plus aucun doute!

— Madame Valméran va sans doute repartir pour Paris, désirez-vous aller chez la paysanne... la questionner sur l'enfant qui est confié à ses soins.

— Non, oh! c'est inutile : j'en sais assez... nous pouvons retourner à Paris.

— Donnez-moi votre bras, alors... car je ne suis pas forte encore... et c'est tout ce que je pourrai faire que de regagner notre voiture... Mon Dieu! vous tremblez aussi... qu'avez-vous donc?...

— Rien, madame... cela va se passer.

— Ce que vous venez de voir vous a fait bien de la peine! Si je l'avais su... et pourtant vous n'avez pas craint de m'en faire, vous. Mais vous l'aimez donc bien, cette femme!... mais que vous a-t-elle fait pour que vous soyez si désespéré de sa perfidie!...

C'est donc parce qu'elle ne vous aime pas que vous en êtes si épris?... Adhémar... répondez-moi...

— Je ne puis rien vous dire, madame; vous nier que des rapports aient existé entre madame Valméran et moi, serait maintenant trop absurde; mais je ne puis vous dire de quelle nature fut notre liaison. J'ai eu bien des torts envers vous, madame, je le sais... j'en suis affligé; mais, en revoyant chez vous... votre amie, je n'ai pas été maître de mon émotion... et votre jalousie a fait le reste.

— Ces torts... Adhémar, il ne tient qu'à vous que je les oublie...

Adhémar ne répond rien; mais il ramène sa compagne à l'endroit où la voiture les attendait. Il fait monter Mathilde et se place auprès d'elle. Le cocher est remonté sur son siége, et part. En ce moment, Adhémar, en regardant par la portière, aperçoit à une cinquantaine de pas, et arrêté contre un massif d'arbres, un homme dont le costume est presque celui d'un mendiant, et qui a les yeux fixés sur la voiture et les personnes qui sont dedans.

— C'est lui, s'écrie Adhémar, c'est encore cet homme, oui... oui... Oh! je le reconnais bien... le regard de ce misérable semble toujours me narguer... m'insulter...

— Quel homme? de qui voulez-vous parler? demande Mathilde avec inquiétude.

— Eh! mon Dieu! je ne sais... un inconnu... un être que je trouve sans cesse attaché à mes pas. Oh! mais aujourd'hui il ne m'échappera pas, il faut que je lui parle... je le forcerai bien à s'expliquer... Cocher! cocher, arrêtez...

— Comment... que voulez-vous faire?... vous allez me quitter...

— Non, je vous rejoindrai... allez toujours, mais il faut absolument que je sache quel est cet homme : il y a trop longtemps que cet espionnage dure, je veux y mettre un terme.

Le cocher vient d'arrêter sa voiture; Mathilde essaye en vain de retenir Adhémar : il ne l'écoute pas; il ouvre la portière, descend et se met à courir du côté où était son inconnu. Mais il porte vainement ses regards au loin : il ne l'aperçoit plus; il marche toujours, et, rencontrant une jeune fille qui cueille de l'herbe, lui demande si elle a vu l'homme dont il lui donne le signalement.

— Oui, monsieur, répond la jeune fille, je l'ai aperçu qui allait du côté de Vincennes; il est entré dans le bois par là... oh! il marchait bien vite.

— N'importe! se dit Adhémar en se dirigeant vers la partie du bois qu'on vient de lui indiquer. « Dussé-je passer la journée à parcourir le bois, il faut que je retrouve cet homme. Je ne sais quoi me dit qu'il est pour quelque chose dans ce qui m'arrive depuis quelque temps. »

CHAPITRE XIX.

SÉJOUR AU HAVRE. — LA TABLE D'HOTE.

Pendant près de trois heures, Adhémar parcourt le bois de Vincennes, s'informant, demandant, cherchant partout cet homme qu'il brûle de retrouver; mais il lui est impossible de le rejoindre, et, harassé de fatigue, il se décide enfin à retourner à Paris.

Arrivé chez lui, Adhémar se jette sur un siége; il regarde ce qui l'entoure; il lui semble un moment que tout ce qui lui arrive est un rêve : ce nouveau local, auquel il n'est pas encore habitué, son voyage à Saint-Maur, ce qu'il vient d'y voir, la perte de ses vingt mille francs, tout cela l'étourdit, le grise et lui fait l'effet d'un songe. Mais, devenu plus calme, quand il est forcé de se dire que tout est bien réel, alors une sombre tristesse, un découragement total s'emparent de lui, et, portant sa main sur une paire de pistolets qui est dans son secrétaire, il se dit :

« J'ai tout perdu, bonheur, fortune... espérance... Oui, cette espérance qui ne m'avait jamais abandonné... ce souvenir de Charlésia qui me suivait au milieu de mes folies... je dois le repousser maintenant!... J'espérais qu'elle ne profiterait pas de cette liberté que je lui avais rendue... je me trompais Tout est fini pour moi... n'ai-je donc pas le droit de me débarrasser d'une existence qui ne m'offre plus que des ennuis et des regrets?... »

Et la main d'Adhémar caressait un des pistolets, qu'il avait saisi; mais, au bout de quelques instants de méditations, il jette l'arme de côté en s'écriant :

« Si j'ai perdu l'amour de Charlésia, si j'ai dissipé ma fortune... si je n'ai plus rien enfin, n'est-ce pas ma faute?... et je n'aurais pas le courage de supporter les conséquences de mon inconduite!.. Non, se donner la mort est une lâcheté; car c'est abandonner la position où le sort nous a mis, c'est de plus une sottise dans laquelle notre vanité veut nous survivre à nous-même... nous voulons encore faire parler de nous après notre mort!... Pauvres sots que nous sommes!... si la plupart de ceux qui ont cédé à cette résolution funeste avaient pu entendre ce que l'on a dit d'eux, et savoir comme ils seraient vite oubliés, ils auraient bien regretté d'avoir pris ce triste parti. Non, je saurai supporter l'adversité; il y a plus de courage à cela qu'à se tirer un coup de pistolet; et d'ailleurs peut-on jamais deviner l'avenir? peut-on prévoir ce que la Providence saura faire pour nous?... Eh bien! si le malheur me poursuit, je lutterai avec lui, je serai homme, enfin... J'ai fait bien des folies pour les femmes... je leur ai dû tous mes plaisirs et toutes mes peines... Celle que j'éprouve aujourd'hui est plus forte que toutes les autres, mais il faut savoir la supporter. »

Satisfait de sa résolution et ayant retrouvé toute son énergie, Adhémar pense sérieusement à sa position et aux moyens de se créer un avenir. Il ne possède plus que les deux mille francs, produit de la vente de son élégant mobilier; s'il ne prend aucun parti en ce moment, il faudra bien qu'il cherche un emploi, une place, lorsqu'il aura mangé son dernier écu, et il lui semble plus sage de s'en occuper avant. Il sent bien aussi qu'il doit renoncer aux bals, aux soirées de bouillotte et à toutes les occasions de dépenses; mais maintenant il quittera tout cela sans regrets, car il ne veut plus se retrouver avec Charlésia, et il a pris la ferme résolution de ne plus aller dans les maisons où il pourrait la rencontrer.

Cependant, comme il ne voudrait pas que l'on pût deviner le mauvais état de ses finances, il aura le plus grand soin de sa toilette; il tâchera d'avoir encore des gants frais et des bottes vernies, afin que, d'après son costume, on le croie toujours dans une brillante situation. On voit que le courage d'Adhémar n'était pas encore assez fort pour triompher de sa vanité.

Pendant un mois, Adhémar parcourut Paris, cherchant dans sa tête ce qu'il pourrait faire, mais ne voulant s'adresser à aucune de ses connaissances, à aucun de ses amis du beau monde pour trouver un emploi; car c'eût été leur dévoiler sa position, et, en le disant à une seule personne, sous le sceau du secret, il savait bien que c'eût été comme s'il l'avait dit à tout le monde.

Maintenant, au lieu d'aller dîner comme autrefois au café de Paris ou chez Véfour, Adhémar se glisse furtivement dans les restaurants à quarante sous, qu'il a soin de choisir dans les quartiers les plus éloignés, et où il ne reste que le temps bien juste de dîner, n'y causant avec personne et se plaçant dans les endroits où l'on est le moins en vue.

Au bout de ce mois, Adhémar s'est beaucoup promené dans Paris, mais il n'en est pas plus avancé. Il est fort difficile de trouver un emploi, lorsqu'on ne veut s'adresser à personne. Quinze jours s'écoulent encore; un matin, en réfléchissant à ce qu'il pourrait faire, Adhémar se rappelle un ancien ami de sa famille, riche négociant établi au Havre, qui lui a souvent fait des offres de services lorsqu'il venait à Paris et l'a beaucoup engagé à le voir au Havre, et il s'écrie :

— Allons trouver M. Bonnefond, c'est un excellent homme, il m'emploiera dans sa maison ou me trouvera une place; je ne serai plus à Paris, cela n'en vaudra que mieux. Comment diable n'ai-je pas eu cette idée-là plus tôt.

Deux heures après, Adhémar avait retenu sa place pour le Havre; il revenait chez lui, faisait ses malles, appelait mademoiselle Poupoule et la priait d'aller lui chercher le tapissier qui lui avait vendu ses meubles, parce qu'il quittait Paris le lendemain.

Le tapissier arrive, il fait la grimace comme son confrère de la Chaussée-d'Antin, quand on lui dit qu'il s'agit d'acheter au lieu de vendre. Il examine minutieusement tout ce qu'il connaît très bien. Adhémar s'impatiente encore; l'infortune n'a pas changé son humeur, il s'écrie!

— Eh bien! monsieur, que donnez-vous de tout cela?...

— C'est bien mauvais, c'est bien vieux, bien délabré, dit le tapissier en secouant la tête.

— Vous m'avez dit que c'était encore fort bon et parfaitement conservé, quand vous m'avez vendu cela il y a six semaines.

— C'est qu'en six semaines monsieur a beaucoup usé ses meubles.

— Je ne comprends pas comment, en si peu de temps, j'ai pu user mes chaises et mon lit, n'ayant jamais reçu personne chez moi... enfin terminons...

Le tapissier offre quatre-vingt-dix francs de ce qu'il a vendu cent écus, Adhémar accepte en se disant :

« Si je continue de faire ce commerce-là, certainement je ne m'enrichirai pas ! espérons que ce sera ma dernière affaire de ce genre. »

Le lendemain Adhémar était en route pour le Havre. A son arrivée dans cette ville, il se dit :

« Irai-je sur-le-champ chez M. Bonnefond, où descendrai-je à un hôtel. Ce dernier parti me semble préférable. Il y a plus d'un an que je n'ai vu ce monsieur ; arriver chez lui et à l'heure du dîner, ce serait peut-être indiscret... si je ne venais pas lui demander un service, j'irais sans balancer... mais l'infortune rend timide... allons à l'hôtel. »

Un commissionnaire offre au voyageur de le conduire à une hôtellerie. Adhémar suit son guide, et celui-ci, jugeant, comme c'est l'usage, de la dépense que l'on veut faire par la mise que l'on a, conduit Adhémar à l'hôtel de l'Europe, un des meilleurs hôtels de la ville.

— Ce n'est pas ici que je ferai des économies, se dit Adhémar, mais comme je n'y resterai que peu de temps, je puis bien me permettre d'y loger.

On demande à Adhémar s'il veut dîner à table d'hôte ; il accepte, et on l'engage alors à se rendre dans la salle où les voyageurs venaient de se mettre à table, et procédaient déjà à la consommation avec cette activité qui distingue les personnes habituées à manger à table d'hôte.

Je voudrais pouvoir vous offrir plus... mais je ne suis plus moi même dans une brillante position. — Page 67.

Adhémar se trouvait placé entre un commis voyageur et un courtier en vins. Le commis voyageur prenait de tout ce qui passait devant lui ; mais son assiette ressemblait à un chemin de fer, les objets y disparaissaient avec une telle rapidité qu'il était impossible de les reconnaître. Le courtier, qui paraissait vouloir lutter de vitesse avec le commis, ne pouvait y parvenir ; à chaque instant, il manquait de s'étrangler en avalant de travers.

Adhémar s'occupait peu de ses voisins ; et comme on était trente à table, il n'avait pas encore aperçu le moitié des convives, lorsqu'un petit cri part en face de lui ; il lève les yeux et aperçoit toute la famille Sublimé assise à la table d'hôte

C'est mademoiselle Idalie qui a jeté un cri en reconnaissant Adhémar ; puis elle a poussé sa mère, celle-ci a poussé son mari qui pousse son fils qui allait boire, et qui renverse son vin sur la table, en disant :

— C'est la faute à papa qui m'a poussé... pourquoi donc que tu me pousses, papa ; c'est bête ça !

Dardanus ne répond rien, il regarde une boîte à musique qu'il a placée devant lui sur la table, afin qu'elle fasse l'admiration des voyageurs ; mais à une table d'hôtel les voyageurs ont pour habitude de n'admirer que ce qu'on leur sert, et M. Sublimé était obligé de faire tout seul l'éloge de sa musique.

En reconnaissant les personnes qui sont devant lui, Adhémar leur fait un salut poli ; mais mademoiselle Idalie détourne la tête d'un air dédaigneux ; sa mère feint de ne point le reconnaître, et le mari qui avait déjà commencé à rendre le salut, reçoit sous la table un grand coup de genou qui lui ôte l'envie d'être honnête.

Malheureusement le petit prodige n'ayant pas reçu de coup de genou, s'écrie en apercevant Adhémar :

— Tiens, voilà monsieur Marilly ! ah ! bonjour monsieur Marilly, vous venez donc au Havre aussi... nous venons prendre des bains de mer, nous autres, parce que ma sœur a toujours la courante depuis que vous n'avez pas voulu l'épouser... Oh ! je sais tout ça, moi, je suis un finot !

Il n'est pas facile de rendre l'effet produit par le petit discours de M. Eudoxe : mademoiselle Idalie est devenue verte (ce qui donne un nouveau poids à l'indiscrétion de son frère) madame Sublimé ne sait plus quelle contenance tenir, et mâche sa serviette en croyant ronger une côtelette ; Dardanus regarde son assiette d'un air confus, et la plupart des voyageurs cèdent à une envie de rire qui se prolonge assez longtemps et qu'Adhémar ne peut s'empêcher de partager.

Madame Sublimé ne tarde pas à prendre la parole, et avec ce ton prétentieux qui ne la quitte jamais, elle dit :

— J'espère que la société ne prendra pas au sérieux le discours d'un enfant qui ne comprend pas la portée de ses paroles !

— On ne peut rien trouver de sérieux dans tout cela ! dit un jeune homme en continuant de rire.

— Nous venons au Havre dans l'unique but de notre agrément, reprend madame Sublimé, la vue de la mer ne peut qu'étendre et développer les idées intellectuelles ; c'est un sujet dont je compte parler beaucoup dans un ouvrage scientifique que j'ai sur le tapis... Au reste, je ne regretterai pas mon voyage ; les environs du Havre sont charmants, la végétation y est superbe ! j'ai vu, devant une maison de campagne, à Ingouville, un magnifique *pinus* et un admirable *populus*. Je voudrais bien avoir un pareil *pinus* dans mon jardin.

Le discours mêlé de latin de madame Sublimé est sur le point de produise sur la société le même effet que celui de son fils ; cependant on se contient ; mais le courtier placé près d'Adhémar, dit à demi-voix :

— Si cette dame a quelque chose sur le tapis, il me semble qu'elle ferait très bien de l'y laisser.

Mortifiée de ne produire aucune admiration, madame Sublimé prend un air de mauvaise humeur et se concentre dans son assiette. Au bout de quelques instants mademoiselle Idalie dit à sa mère

— Je me sens indisposée... je veux quitter la table. La mère se lève, fait un signe impératif à son mari, qui se résigne à regret à en faire autant ; il n'est pas aussi facile d'emmener le jeune prodige, il se met à crier qu'il a encore faim et qu'il veut du dessert. On l'entraîne, ou plutôt on l'emporte de la salle à manger. Ainsi disparaît la famille Sublimé qui, à dater de ce jour, cesse de dîner à table d'hôte.

Après le dîner, Adhémar songe à se rendre chez le vieux négociant qu'il connaît ; il se rappelle son adresse et se dirige vers sa demeure, persuadé qu'il sera reçu à bras ouverts ; mais lorsqu'il demande M. Bonnefond au portier de la maison, on lui répond :

— M. Bonnefond, négociant qui était établi au Havre depuis vingt ans, est allé se fixer à l'île Bourbon, où il avait acheté de grandes propriétés, qu'il veut faire valoir lui même ; il s'est embarqué il y a neuf mois...

— Voilà qui est fait pour moi ! se dit Adhémar en retournant à son hôtel. Le seul ami sur lequel je puisse compter..... la seule personne devant laquelle je n'aurais pas rougi d'avouer ma position !... et qui m'aurait peut-être rouvert le chemin de la fortune ! elle est partie !... pour l'île Bourbon... Je ne connais plus personne au Havre maintenant... que faire ! Mais rappelons-nous que je me suis promis de supporter l'adversité avec courage !... puisque me voici au Havre, restons y ; peut-être y trouverai-je un emploi plus facilement qu'à Paris. Et Adhémar se décide à rester aussi dans le bel hôtel où il est descendu, à continuer de vivre comme les autres voyageurs, car la famille Sublimé est toujours au Havre, où elle prend en effet des bains de mer : et en se logeant modestement, il craindrait qu'elle ne devinât sa position, c'est surtout aux Sublimé qu'il veut le cacher ; s'ils la savaient, toutes ses connaissances de Paris en seraient bientôt instruites.

Et toujours dans le but de cacher le mauvais état de ses finances, Adhémar fréquente le théâtre, les concerts où il aperçoit mademoiselle Idalie et sa famille, qu'il fait maintenant semblant de ne pas connaître, et dont il se tient à une distance respectueuse.

Puis, au lieu de se chercher quelque emploi, Adhémar va tous les jours se promener sur les bords de la mer ; le spectacle majestueux dont on jouit de la jetée porte l'âme aux réflexions. Adhémar en fait beaucoup et souvent sages. il se dit :

« J'avais six mille francs de revenu. C'est une fortune modeste, mais raisonnable ; j'avais épousé une femme fort riche... mais je me suis séparé d'avec elle... elle prétendait m'abandonner la moitié de ses biens... je l'ai refusée, et je le devais, c'était elle que j'avais épousée et non pas son or ! Pour me consoler... me distraire... par vanité enfin, j'ai vécu longtemps comme si j'étais riche !... et à présent je n'ai plus que quelques centaines de francs... si du moins j'avais des talents... si j'étais peintre... poëte... musicien... je trouverais des ressources en moi-même !... Qu'un artiste fasse des folies... son talent lui reste du moins, il ne peut pas le dissiper comme sa fortune ; il est sûr de le retrouver dans l'adversité... c'est un ami fidèle qui ne nous abandonne pas quand nous revenons franchement vers lui. Mais je n'ai aucun talent !... moi !... et j'ai tout dissipé ! Je suis donc bien plus fou que les autres.

Ah ! je vous remercie, madame, car vous m'apprenez à ne pas regretter le temps où je vous connaissais. — Page 70.

Après un mois de réflexions et de promenades aux bords de la mer, Adhémar aperçoit, un matin, un beau bâtiment vers lequel on porte des ballots, des marchandises, tout annonce qu'il doit bientôt mettre à la voile. Un matelot venant de ce bâtiment passe près d'Adhémar qui lui dit :

— Quelle est la destination de votre bâtiment !

— Bourbon, répond le matelot, nous partons dans huit jours si le vent n'es pas contraire.

« Bourbon ! se dit Adhémar, mais c'est là où est allé s'établir M. Bonnefond... si j'allais retrouver ce vieil ami de ma famille... si je me rendais aussi à l'île Bourbon... voilà un bâtiment qui m'y transportera... et dans un autre climat j'oublierai Paris... et je ferai plus facilement fortune qu'en restant en France. »

L'idée de quitter la France ne séduisait pas beaucoup Adhémar ; mais plus il réfléchissait et plus il pensait que le meilleur parti qu'il eût à prendre dans sa position était d'aller à l'île Bourbon retrouver M. Bonnefond.

Le lendemain il va trouver le capitaine du bâtiment, et lui demande combien il lui prendra pour le transporter à Bourbon.

— Avez-vous une cargaison, une pacotille à emporter ? dit le capitaine.

— Rien, que moi et la malle contenant mes effets.

— Cela vous coûtera douze cents francs ; mais vous serez bien nourri, vous ne manquerez de rien. Faites vos réflexions... comme vous n'avez pas de pacotille, il suffira de m'avertir d'ici à quat[re jours.]

Adhémar retourne se promener sur la jetée et se dit : « Deux cents francs, j'en avais deux mille... j'ai dépensé à peu près quatre cents francs depuis que je suis ici. Je puis partir, il me restera encore quatre cents francs en arrivant à Bourbon, c'est bien suffisant dans un pays où je vais pour gagner de l'argent et non pour en d[épenser.]

penser. Allons, c'est décidé, je partirai. A Paris, on m'oubliera bien vite! et déjà peut-être a-t-on cessé de penser à moi. »

Quoique sa résolution soit prise, Adhémar ne se presse pas d'aller avertir le capitaine; il laisse s'écouler les quatre jours, mais alors se rappelant qu'il n'a plus de temps à perdre s'il veut être admis au nombre des passagers, il se met en route en se disant :

« Le sort est jeté! allons retenir ma place : »

En approchant des bords de la mer, Adhémar aperçoit deux jeunes femmes, qu'à leur tournure gracieuse et coquette il est facile de reconnaître pour des Parisiennes. Il jette sur elle un regard d'amateur, et n'est pas peu surpris de retrouver au Havre les deux lorettes de la rue de Navarin, la gentille Nonore et madame Polatinskifkoff.

De leur côté, les deux dames reconnaissent Adhémar, elles viennent à lui en riant et en s'écriant

— Ah! c'est monsieur chose!... notre ci-devant voisin de Paris...

— Monsieur Adhémar, je me rappelle maintenant le nom de monsieur.

— Moi-même, mesdames, je ne m'attendais pas au plaisir de vous rencontrer au Havre.

— Ah! c'est une fugue! une idée qui nous a prise à toutes deux ; Nonore et moi nous brûlions d'envie de voir la mer... et c'est bien naturel, n'est-ce pas! Moi j'ai vu bien des choses depuis que je suis au monde et je n'avais pas vu la mer!... M. Ribobiche est allé faire un voyage en Belgique, j'ai profité de ça... Nonore était brouillée avec son bienfaiteur, elle n'a pas mieux demandé que de m'accompagner... et nous sommes parties!... et nous voilà arrivées depuis hier, et logées à *Frascati*, rien que ça, où l'on prend des bains de mer!

— Oh! nous en prendrons! nous prendrons de tout! d'abord nous sommes venues pour nous amuser... Oh! si vous saviez ce que nous avons déjà mangé d'huîtres depuis hier! c'est effrayant... mais moi, ça me passe comme une lettre à la poste... et puis on a un appétit d'enfer ici... Dieu que c'est beau les bords de la mer... sans compter l'agrément de ramasser des coquillages... Il y en a de charmants... nous rapporterons à Paris chacune un pucelage... hein! c'est ça qui est gentil.

— Qu'elle est bête, cette Nonore!

— Mais dame! ça se dit... c'est le nom propre de la coquille, n'est-ce pas, monsieur Adhémar?...

— Mais à propos, reprend madame Polatinskifkoff, nous ne devrions pas vous parler, car vous vous êtes bien mal conduit avec nous... avec moi surtout.

— Qu'ai-je donc fait, madame?

— Ah! monsieur ne se souvient plus comme il a disparu de chez moi au moment de souper... nous l'avons attendu fort longtemps... et cette pauvre Azéma! était-elle vexée...

Adhémar cherche à s'excuser, Nonore l'interrompt en lui disant :

— Oh! nous savons bien le fin mot... c'est madame Folicourt qui vous a fait sauver...

— Madame Folicourt...

— Oui, oui, l'Italienne... vous la connaissez, vous n'avez pas voulu vous trouver entre elle et Azéma, ça se conçoit tout de suite. Et la preuve que vous la connaissez, c'est qu'elle est descendue chez vous le lendemain à cinq heures du matin... Athénaïs qui guettait je ne sais quoi dans l'escalier, l'a entendue ouvrir sa porte... vous voyez qu'on est instruite!

Adhémar ne peut s'empêcher de soupirer, puis il dit à Azurine :

— Elle ne vous a pas accompagnée au Havre, votre voisine?

— Oh! cette pauvre Folicourt, répond Azurine d'un ton triste, elle n'est pas en état de voyager, de s'amuser...

— Pourquoi... qu'a-t-elle donc?...

— D'abord, elle ne demeure plus dans notre maison; elle a tout vendu et elle a filé... un pouf! c'est une mangeuse d'argent! elle dévorerait le veau d'or, celle-là! Mais comme elle s'amuse trop, et qu'elle n'était pas déjà bien portante, elle est tombée sérieusement malade il y a un mois déjà... ah! si vous saviez comme elle est changée... c'est de la poitrine qu'elle souffre, et son mal a fait des progrès effrayants... et puis quand on n'est plus heureuse... qu'on manque de mille choses... on s'affecte et ça ne guérit pas...

— Comment... cette jeune dame serait dans la peine?...

— Elle est dans la débine la plus complète... tous ses adorateurs l'ont abandonnée depuis qu'elle est malade... il est certain qu'elle est vieillie de dix ans depuis deux mois!... je suis allée la voir quatre jours avant de partir... elle n'avait pas de quoi acheter les médicaments que son médecin lui ordonne... je lui ai même prêté dix francs... elle ne me les rendra jamais!... mais j'en ai fait le sacrifice... Nous allons nous promener sur la jetée... venez-vous avec nous, monsieur Adhémar, vous nous ramasserez des coquillages?...

Depuis quelques moments, le jeune homme paraissait tout pensif, madame Polatinskifkoff répète sa proposition, et il répond enfin :

— Je vous remercie, mesdames, je ne puis avoir ce plaisir... je retourne sur-le-champ à Paris.

— Comment, vous allez partir, ah! quel dommage! attendez donc deux jours seulement, et nous repartirons avec vous.

— Je ne le puis... une affaire importante, il faut que je parte aujourd'hui même... Ah! voudriez-vous me donner l'adresse de Pépita, je veux dire de madame Folicourt.

— Vous voulez aller la voir maintenant qu'elle est malade... ah! c'est bien cela... vous valez mieux que les autres, vous. Madame Folicourt demeure maintenant dans le faubourg Saint-Martin, dans le haut... je ne sais pas le numéro, mais c'est presqu'en face Saint-Laurent. Une assez vilaine maison... sale... noire...

— Merci, je trouverai. Adieu, mesdames, je regrette de ne pouvoir jouir plus longtemps de votre société.

— Adieu, monsieur Adhémar, venez nous voir à Paris, nous vous donnerons de nos coquillages.

Les deux lorettes s'éloignent en riant, en sautillant, en se livrant à toute la gaieté de leur caractère ; quant à Adhémar, au lieu de se diriger vers le bâtiment, comme il en avait d'abord l'intention, il retourne à son hôtel en se disant :

« Je ne puis laisser à Paris Pépita malade et sans ressources... Cette femme est la cause de toutes mes peines! et cependant tant qu'il me restera quelqu'argent, je ne l'abandonnerai pas... Au lieu de partir pour Bourbon, je vais retourner à Paris... Je ne crois pas que ce soit le moyen de faire fortune... mais j'ai toujours plutôt consulté mon cœur que mon intérêt, et je serais fâché de changer... »

Le soir même, Adhémar était sur la route de Paris.

CHAPITRE XX.

GÉNÉREUX ET PAUVRE.

En arrivant à Paris, Adhémar prend une voiture, y fait mettre sa malle, ses effets, et se fait conduire d'abord dans le faubourg Saint-Martin, à la hauteur de l'église Saint-Laurent ; il va au pas, examine les maisons en se rappelant les indications qu'on lui a données, et se décide enfin à descendre et à s'informer si l'on connaît madame Folicourt.

Il a déjà parlé à quatre portiers et à deux fruitières, et n'a obtenu que des réponses négatives. A chacune de ses demandes, on n'a pas manqué de lui dire :

— Qu'est-ce qu'elle fait cette dame?...

Impatienté de cette question, il répond avec humeur :

— Que vous importe ce que fait cette dame, du moment que vous ne connaissez personne de ce nom.

Il commence à perdre l'espoir de trouver celle qu'il cherche, il pense que madame Polatinskifkoff aura confondu un faubourg avec un autre, et ne sait à quel parti s'arrêter, lorsqu'en portant ses regards autour de lui, il aperçoit, assis sur une borne placée au coin d'une allée sombre, un homme assez mal vêtu, qui semble l'examiner avec attention.

Adhémar ne peut se défendre d'une vive émotion en reconnaissant son inconnu, cet homme mystérieux qu'il a vainement cherché à retrouver dans le bois de Vincennes. Mais cette fois, au lieu de la fuir, l'étranger vient droit à lui, et lui désignant du doigt la maison devant laquelle il était assis, lui dit d'un ton bref :

— Celle que vous cherchez demeure là...

— Comment savez-vous qui je cherche? répond Adhémar avec surprise.

— N'est-ce pas madame Folicourt... ou plutôt Pépita que vous voulez voir.

— En effet... Mais qui a pu vous dire...

— C'est dans cette maison que vous la trouverez... au second... la porte à droite.

Après avoir dit ces mots, l'inconnu s'éloigne, et Adhémar est tellement étonné, tellement stupéfait de ce qu'il vient d'entendre qu'il ne songe pas à suivre cet homme mystérieux et le laisse partir sans lui en demander davantage.

Lorsque le premier moment de surprise est passé, Adhémar, fâché de n'avoir pas retenu l'inconnu, le cherche des yeux; mais ne l'apercevant plus, il se décide à entrer dans la maison qu'il lui a indiquée. Il pénètre dans l'allée sombre, trouve un escalier sale et raboteux, arrive au second et frappe à la porte à droite.

Une vieille femme qui sent l'eau-de-vie, le vin et le tabac, qui a la figure rouge, bourgeonnée, les yeux chassieux, un tour qui semble verni, et sous lequel passent des cheveux blancs, enfin une mise qui tient le milieu entre la femme de ménage et la portière, ouvre la porte, regarde le jeune homme d'un air étonné et s'écrie :

— Tiens! je croyais que c'était le médecin. C'est pas encore lui... Eh bien! il ne se gêne guère, ce médecin-là... il en prend à son aise! si on m'avait crue, aussi, on aurait pris l'*homéopatre!* Il soigne bien plus *agréabellement*.

— Est-ce ici que demeure madame Folicourt? dit Adhémar à la vieille.

— Oui, monsieur, mame Folicourt, une jolie petite femme... pour vous servir, queu dommage qu'elle *jouisse* d'une si mauvaise santé!

— Y est-elle maintenant... peut-on la voir!

— Si elle y est! j'crois ben! est-ce qu'elle peut sortir; pas plus de force qu'une chiffe... C'est pas l'embarras, c'est pas l'envie qui lui manque! encore *avantre hier*, est-ce qu'elle ne me disait pas : Ma petite mame Lichor. C'est moi, pour vous servir, Joséphine-Désiré-Françoise-Aimable-Zémire, veuve Lichor, garde-malade de père en fils, quinze sous par jour, le double quand on passe les nuits! et encore on s'arrange... je ne suis pas difficile! pourvu que j'aie mon café le matin, ma goutte d'eau-de-vie après dîner, et ma petite trempette de vin pour le soir, ah! mon Dieu, je suis très sobre pour le reste...

Adhémar interrompt le bavardage de la garde-malade en lui disant :

— C'est à madame Folicourt que je voudrais parler un moment.

— Je comprends ben! oh! je comprends tout de suite... Eh ben! écoutez, j'vas vous dire une chose, si c'est de l'argent que vous venez lui demander pour queuque fourniture, je vous préviens qu'elle n'a pas ce qui s'appelle le sou! *avantre hier*, nous avons achevé de manger l'argent de son châle... un beau châle, ma foi! boîteux de six quarts... j'en ai eu un comme ça le jour que *j'épousa* feu Lichor; j'ai été le porter chez ma tante... pas Lichor... le châle; eh ben! je n'ai eu que cinquante francs dessus... ah! ils sont Grecs comme des Turcs... dame! l'argent va vite ici quand on en a! Que voulez-vous, cette chère dame a des fantaisies, des envies, ça tient à son *infection* de poitrine; elle a voulu des huîtres vertes, moi, je lui ai dit : Je ne crois pas que ça vous sera incommode, d'ailleurs, j'en mangerai avec vous... et... alors...

— Je ne viens pas vous demander d'argent, madame, au contraire, allez-donc voir si je puis entrer.

— Oh! du moment que vous n'êtes pas un *anglais*, vous serez bien reçu. Nous appelons *anglais* les créanciers, vous me demanderiez pourquoi, que je ne pourrais pas vous le dire. Mais vous savez dans la conversation, on a comme ça établi des petits sobriquets.

— Ah! madame, je vous en prie...

— J'y vas... j'y vas.

La garde se décide enfin à se rendre dans une pièce qui est au fond, laissant Adhémar dans celle qui sert d'entrée et qui est entièrement dépourvue de meubles.

« Quelle misère! se dit Adhémar. Et malade avec cela!... voilà donc où mène cet amour du plaisir, cette coquetterie, cette inconstance et cette insouciance qui ne voit que le présent sans jamais penser à l'avenir. Mon Dieu! il me semble que je pourrais aussi m'appliquer toutes ces réflexions! »

Madame Lichor revient, en faisant un air qu'elle croit gracieux, dire :

— Vous pouvez entrer, monsieur, madame est entièrement visible, pour vous servir.

Adhémar ne laisse pas la garde en dire davantage, il pénètre dans la pièce voisine qui du moins est meublée; Pépita était assise sur une chaise longue, les pieds posés sur un coussin; quoique souffrante et faible elle était toujours coquette; le bonnet qui couvrait sa tête était fort joli et ses cheveux étaient arrangés avec soin.

En apercevant Adhémar, la jeune Italienne ne paraît pas surprise et fait seulement un léger sourire quant à lui, il est péniblement frappé du changement qui en si peu de temps s'est opéré dans les traits de Pépita.

— J'avais deviné que c'était vous, dit la malade en faisant signe à Adhémar de s'asseoir.

— Et qui pouvait vous faire croire que je viendrais vous voir?

— Comme tous mes adorateurs m'ont abandonnée, qui donc aurait pu venir, si ce n'est vous... qui n'êtes plus mon adorateur. Si j'avais su votre adresse, je vous aurais écrit; mais le portier de la rue de Navarin a dit à tout le monde que vous étiez en voyage.

— Il avait raison; je n'étais pas à Paris, j'y arrive à l'instant... j'avais appris que vous étiez malade... et dans la gêne... je suis venu...

— Cela ne m'étonne pas de votre part, vous avez été si généreux... Vous arrivez bien à propos! je suis sans argent et malade avec cela... mais je guérirai, oh! je guérirai vite. Me trouvez-vous bien changée...

— Mais il est facile de voir que vous avez besoin de beaucoup de soins, de ménagements, et de suivre, surtout, un régime sévère...

— Un régime! ah! vous voilà comme les médecins, vous! qui veulent que je ne bouge pas... que je ne prenne que du lait! Mais vous ne savez donc pas que c'est tout cela qui me tue... parce que cela m'ennuie! Oh! je m'ennuie horriblement... je voudrais sortir, aller au bal... au Ranelagh... j'y danserais si bien! je veux y aller, je...

Un violent accès de toux empêche Pépita de continuer; elle est longtemps avant de pouvoir se remettre; Adhémar sort de son portefeuille un billet de cinq cents francs, et le place devant elle, en lui disant :

— Je voudrais pouvoir vous offrir plus... mais, je ne suis plus moi-même dans une brillante position... cependant, ne vous tourmentez pas... je veillerai sur vous...

— Comment! vous n'êtes pas très riche! oh! c'est singulier, je vous croyais millionnaire... enfin, je vous remercie, monsieur. Ah! dites-moi donc votre adresse, que je puisse envoyer chez vous... ou aller vous remercier quand je serai guérie, ce qui ne tardera pas, je l'espère.

— Je ne reçois aucune visite et il est inutile que vous sachiez mon adresse. Je vous répète que je veillerai sur vous. Adieu, Pépita.

Adhémar se lève et se dispose à s'éloigner, la jeune femme l'arrête en lui disant :

— Attendez... j'ai toujours un grand secret à vous révéler.

— Un secret qui me concerne?

— Mais oui... et beaucoup même...

— Eh bien! parlez!

Pépita passe sa main sur son front, réfléchit pendant quelques instants, et dit enfin :

— Non... au fait... je vous dirai cela plus tard... cela pourrait vous indisposer contre moi... plus tard... nous avons le temps.

— Adieu donc, madame.

— Adieu... vous viendrez me voir, car je m'ennuie beaucoup.

Adhémar ne répond pas et sort de la chambre; en ouvrant la porte, il se cogne contre madame Lichor qui avait son oreille presque collée contre la serrure, mais qui se remet bien vite à faire des révérences en disant :

— Comment trouvez-vous votre malade? Bien faible, n'est-ce pas? dame, on lui ordonne le lait, elle veut de la dinde truffée... moi, je suis bien embarrassée! mettez-vous à ma place...,

Adhémar glisse dix francs dans la main de la garde en lui disant :

— Soignez-la bien, et surtout tâchez qu'elle soit raisonnable !

En recevant les dix francs, madame Lichor a fait un mouvement comme pour embrasser le jeune homme qui s'est reculé bien vite, et elle s'écrie d'un air attendri :

— Ah ! mon cher monsieur ! si je la soignerai ! mais de toute mon âme, d'abord c'est mon état, pour vous servir... mais cette petite femme est gourmande comme une chatte, elle veut ci, elle veut ça ; moi, mon ami, mettez-vous à ma place... encore *avantre-hier*, ne voulait-elle pas de la salade et des œufs durs, pour vous servir !...

Adhémar ne juge pas nécessaire d'en entendre davantage, il se madame Lichor parler toute seule. Il redescend l'escalier en disant :

« A présent, songeons à moi. Il faut me loger... mais je ne veux plus acheter de meubles, car je fais de trop mauvaises affaires quand j'ai besoin de les revendre ; logeons-nous donc en garni. Avant mon voyage en Italie, je me rappelle avoir connu une jeune actrice des boulevards qui demeurait rue de Malte, dans un hôtel garni extrêmement modeste, c'est ce qui me convient maintenant. Si je veux encore obliger les autres, il est temps que je vive avec la plus stricte économie. »

Adhémar se fait conduire au petit hôtel garni de la rue de Malte, où moyennant soixante francs par mois, dont il faut payer la quinzaine d'avance, on l'installe dans une petite chambre assez propre et passablement garnie. A la vérité, les serrures des meubles ne ferment pas bien ; les tiroirs ne veulent pas se tirer, les chaises ne sont pas solides, les armoires ne veulent pas s'ouvrir, mais Adhémar a pris la résolution d'être philosophe, et de se contenter de tout.

Par suite de cette résolution, au lieu d'aller dîner à quarante sous, comme cela lui était arrivé avant son voyage au Havre ; il cherche maintenant des repas plus modestes. Et comme à Paris il y a des traiteurs pour toutes les bourses, il ne tarde pas à découvrir un restaurant à vingt-deux sous. A la vérité, c'est dans le haut de la rue Saint-Jacques ; mais la longueur du chemin ne l'effraie pas, il n'a rien à faire qu'à se promener, et la marche donne de l'appétit.

Dans l'espérance de trouver un emploi, Adhémar lit tous les jours les *Petites affiches*. Quand il a lu : *On demande un commis, on cherche un caissier*, ou d'autres articles de ce genre, il prend en note les adresses, et le lendemain se rend à l'endroit indiqué sur le journal. Comme la toilette d'Adhémar est encore parfaitement soignée, comme sa tournure annonce un petit maître, et ses manières, un homme de bonne compagnie, il est toujours fort bien reçu, et les domestiques ne lui font pas faire antichambre comme à une foule de pauvres diables qui cherchent aussi des places, mais dont la tenue est loin d'être brillante. La personne qui tient un bureau de placement fait un profond salut à Adhémar, lui présente une chaise, et lui dit d'un ton mielleux :

— Que pourrais-je avoir l'honneur de faire pour votre service ?

Et lorsqu'Adhémar a exposé le but de sa visite, on le regarde avec étonnement, et on lui dit :

— Ce n'est sans doute pas pour vous, monsieur, que vous cherchez un emploi si modique ?

— Pardonnez-moi, monsieur.

— C'est que vous ne paraissez pas en avoir besoin... alors, c'est pour apprendre le commerce.

— Précisément, monsieur.

Le placeur termine toujours sa conversation en demandant de l'argent d'avance. Pour être caissier, il faut donner un cautionnement ; pour être commis, il faut être six mois surnuméraire ; mais il est indispensable de payer d'abord les démarches du placeur.

Adhémar se retire alors en se disant :

« Cet homme est un fripon, il me fait l'honneur de me demander plus qu'à d'autres, probablement à cause de ma tenue, mais je n'ai pas de cautionnement à déposer, et je n'ai pas envie de payer pour obtenir une place de surnuméraire. »

La mise élégante d'adhémar le faisait aussi remarquer dans le restaurant à vingt-deux sous où il allait prendre son dîner ; les jeunes gens du quartier chuchottaient entre eux en le voyant ; ceux dont l'habit était devenu sec comme de l'amadou, le regardaient d'un air d'humeur, comme si la vue de son élégance eût choqué leur négligé ; mais Adhémar ne faisait aucune attention à ses voisins, Il se contentait d'être poli avec tout le monde, et souvent, par suite de ses anciennes habitudes, laissait dix sous pour boire au garçon après avoir fait un dîner de vingt-deux sous.

La nouvelle existence qu'il menait, n'avait pas banni du cœur d'Adhémar tous les souvenirs du passé. Mais lorsque l'image de Charlésia revenait occuper son esprit, il faisait son possible pour l'éloigner ; puis il se félicitait de n'avoir encore rencontré personne de ses connaissances d'autrefois, car il eût été embarrassé, si on lui avait demandé pourquoi il ne venait plus dans le monde, et il était bien décidé à n'y point retourner.

Un matin en se promenant dans le quartier de la Cité, Adhémar aperçoit collé sur la muraille une petite affiche écrite à la main. Il s'approche et lit : « Bertrand, épicier, demande tout de suite quel-
» qu'un pour mettre ses livres en ordre et en parties doubles ; il
» offre cent francs par mois si on a une belle écriture. »

« Un épicier ! se dit Adhémar, travailler chez un épicier.... mais après tout, il ne s'agit pas de peser du poivre et d'être dans sa boutique... Cent francs par mois, pour moi maintenant c'est beaucoup, la fierté serait ici de la sottise. Allons nous proposer à M. Bertrand. »

Adhémar regarde l'adresse de l'épicier ; c'était dans une rue voisine ; il s'y rend et aperçoit bientôt la boutique de M. Bertrand ; il éprouve encore un moment d'hésitation, mais il se décide enfin et entre bravement chez l'industriel, où quelques bonnes se faisaient servir divers objets, tandis que sur un autre comptoir des particuliers en blouses ou en vestes buvaient des petits verres d'eau-de-vie ou de liqueur.

Le jeune homme élégant se sent un moment interdit en se voyant au milieu d'un monde si nouveau pour lui, et de leur côté les habitués de l'épicier le considèrent comme s'ils voyaient un nouvel animal du Jardin des Plantes.

— Je désirerais parler à M. Bertrand ? dit Adhémar d'une voix haute.

Un petit homme tout rond, dont la figure rit toujours, et dont les petits yeux ont une expression qui frise la malice, s'avance en ôtant sa casquette, et dit :

— Me voici, monsieur, Bertrand c'est moi, c'est moi qui suis Bertrand.

— Je voudrais vous parler pour affaires... et en particulier, monsieur.

L'épicier paraît très intrigué de ce qu'on demande à lui parler en particulier, cependant il montre à Adhémar une porte au fond de son magasin, lui fait de grandes salutations et passe devant lui, en disant :

— Alors, monsieur, si vous voulez prendre la peine de me suivre, nous allons aller en particulier.... Par ici.... prenez garde, il y a un pas.

Arrivée dans une petite salle encombrée de tonneaux de cassonnade et de pains de sucre, l'épicier salue de nouveau Adhémar, et dit :

— Voilà mon particulier... Pardon, il y a de la marchandise, j'en mets partout... on a si peu de place à Paris... Pourrais-je savoir ce qui me procure l'honneur... J'ai des sucres superbes à dix-neuf sous... et de canne, j'ose m'en flatter.

— Monsieur, dit Adhémar, je vais vous expliquer le sujet de ma visite : Vous avez fait poser des affiches où vous demandez quelqu'un pour mettre vos livres en ordre...

— C'est vrai, c'est moi-même qui ai écrit mon affiche... le fait est que mes livres sont diablement arriérés... Que voulez-vous ! on n'a pas le temps d'écrire ici... toujours du monde à servir jusqu'à minuit... ma femme rend la monnaie... il faut pourtant que je sois à jour.

— Monsieur, j'ai une fort jolie écriture, et je viens m'offrir pour mettre vos livres au net.

L'épicier regarde Adhémar, en roulant des yeux étonnés, puis tout à coup il part d'un éclat de rire, en s'écriant :

— Ah ! elle est bonne la farce... la farce est très bonne.

— Comment, monsieur, de quelle farce parlez vous ?

— De celle que vous voulez me jouer... une plaisanterie, si vous aimez mieux !... oh ! mais je ne gobe pas ça, moi !

— Je ne plaisante pas, monsieur, et je ne comprends pas ce que vous voulez dire !...

— Ah ! très bien !... moi, je comprends le tour !... oh ! je le comprends !... vous autres beaux messieurs.... élégants ! vous aimez beaucoup à vous moquer des épiciers.... c'est votre habitude... vous aurez dit entre vous : « Quelle farce ferons-nous à celui-là ?... »

— Encore une fois, monsieur, vous êtes dans l'erreur, et ..

— Connu ! connu !... on voit bien à qui on a affaire... un homme de votre tournure travailler chez moi... Ah ! ah !... laissez donc...

tenez, c'est sans doute l'un de vous qui aura tracassé un malheureux portier en lui demandant de ses cheveux!... à présent c'est le tour des épiciers!... merci!...

— Mais, monsieur, je vous parle très sérieusement... Je demande à tenir vos livres.

— Laissez donc!... quelque farce là-dessous... Un petit maître en gants serins!... bottes vernies... et qui embaume le... je ne sais quoi!... on connaît son monde, voyez-vous!... Tenir mes livres!... vous auriez parié de faire des pâtés dessus... J'aime à rire, voyez-vous : mais pourtant faut pas me vexer, parce que je me fâche tout comme un autre!

— Ah! morbleu! allez au diable après tout, puisque vous ne voulez pas me croire!...

— Ah! voyez-vous... Monsieur est vexé parce que je n'ai pas donné dedans la mystification... quoique épicier, on est malin, entendez-vous, monsieur.

Adhémar n'en écoute pas davantage; il s'éloigne en regrettant d'être entré chez cet épicier qui ne veut pas croire qu'un jeune homme mis avec élégance, puisse avoir besoin de gagner de l'argent, et il rentre tristement chez lui, en se disant :

« Cette élégance qui surprend ceux auxquels je m'adresse pour trouver un emploi, dans quelque temps je ne l'aurai plus peut-être... si je ne gagne aucun argent, il ne me sera plus possible de renouveler mes effets... Alors, seulement, on devinera ma pauvreté, alors, on commencera à croire que je suis malheureux. Inspirer la pitié! ah! cette épreuve sera la plus difficile à supporter!... Mon Dieu, puissiez vous m'en donner le courage!... Mais, pourquoi m'affliger d'avance... je n'en suis pas encore là. »

Un jour, en traversant rapidement le quartier du Palais-Royal, ne regardant pas autour de lui, de crainte de rencontrer des personnes de connaissance, Adhémar se sent arrêté par quelqu'un qui lui prend le bras et lui serre fortement la main: c'était M. Dalbrun qui venait de reconnaître Adhémar. Celui-ci voit qu'il n'y a pas moyen d'éviter la rencontre; mais de tous les hommes qu'il a vus dans le monde, Dalbrun est celui auquel il reconnaît le plus de mérite, non pas de celui qui provoque les applaudissements ou l'admiration de la multitude, mais ce mérite réel qui inspire l'estime et la confiance, parce qu'il repose sur un esprit juste et des qualités solides.

— Que devenez-vous donc, mon cher monsieur Marilly ? dit Dalbrun en regardant Adhémar avec intérêt. Voilà bien longtemps qu'on ne vous voit plus dans le monde... c'est fort mal de nous abandonner... chacun s'en plaint; vous vous rendez assez de justice, j'espère, pour être certain d'y être regretté.

— Je vous remercie, monsieur Dalbrun; oui, je crois que quelques personnes... comme vous, veulent bien encore quelquefois se souvenir de moi!... mais pour le plus grand nombre qu'importe que je disparaisse de la scène... La société est comme une lanterne magique, de temps à autre il faut renouveler les verres... on ne veut plus des anciens!

— Seriez-vous devenu misanthrope? vous, si gai, si aimable...

— Non, je ne suis pas misanthrope... mais des raisons... que je ne puis vous dire, m'empêchent de retourner dans les sociétés que je fréquentais autrefois.

— Je ne serai pas assez indiscret pour vous demander vos motifs; mais permettez-moi de vous assurer que tout le monde vous regrette... du moins toutes les personnes dont l'amitié peut vous être chère.

Adhémar pousse un soupir et balbutie en hésitant :

— Et... qu'y a-t-il de nouveau dans la société?

— Madame Bourdichon est toujours souffrante et d'une tristesse qu'elle ne peut surmonter; son mari aime toujours à faire sa partie; madame Carcassonne est toujours bavarde et menteuse... elle mérite constamment le sobriquet de Blaguanville qu'on lui a décerné à l'unanimité. La famille Sublimé n'est pas plus spirituelle que de votre temps, quoique madame parle latin et s'occupe d'un grand ouvrage, qu'on ne verra jamais, il faut l'espérer; leur fille n'est pas encore mariée...

— Et madame Valméran ?

— Pendant quelque temps, elle ne venait plus chez son amie... les amies se brouillent quelquefois, et il m'avait semblé voir du froid entre ces deux dames; cependant madame Valméran revient maintenant. Quant à Monfignard, qui... comme vous l'avez pu voir, voulait faire la cour à cette dame, ah! il a été obligé de battre en retraite. Depuis qu'elle revient dans le monde, madame Valméran l'a traité avec tant de froideur et a si mal reçu ses galanteries, que Monfignard a dû renoncer à toute espérance, et, de dépit, il est retourné papillonner près de mademoiselle Sublimé.

Adhémar éprouve un sentiment de plaisir en recevant cette nouvelle, et il ne peut s'empêcher de presser la main de Dalbrun comme pour le remercier de ce qu'il vient de lui apprendre; celui-ci lui dit adieu, en l'engageant à ne plus être si longtemps sans aller voir ses amis.

« Non, Charlésia ne pouvait pas aimer Monfignard, se dit Adhémar en retournant dans son modeste hôtel garni; j'avais bien tort d'être jaloux de ce monsieur!... la fatuité et la sottise ne parviendront jamais à lui plaire. Mais elle en a rencontré un autre qui avait ce qu'il fallait pour toucher son cœur, car elle a un enfant... Je l'ai vu de mes yeux, et j'ai entendu cet enfant l'appeler sa mère! sans cela, je n'aurais pu le croire. Ah! je me garderai bien de retourner dans le monde! je ne veux plus la voir! j'ai déjà assez de peine à l'oublier! et, d'ailleurs, je ne puis plus mener le train d'autrefois. Je sais bien que l'on peut dissimuler sa position; mais on a beau être bien vêtu, lorsqu'on est malheureux, lorsqu'on n'a plus d'argent à dépenser pour ses plaisirs, on grimace la gaieté, et dans tout ce que l'on vous dit, il semble que l'on devine votre mauvaise fortune. Le monde est fait pour les gens heureux; ceux qui ne le sont pas y trouvent plus d'ennui que de distraction. »

Il y avait près de deux mois qu'Adhémar occupait son hôtel garni et il n'avait trouvé aucun emploi. Quelquefois, las de courir inutilement dans Paris, il passait ses journées chez lui. Alors, sa grande occupation était de passer en revue sa garde-robe, de battre et de brosser ses habits, enfin de faire son possible pour conserver dans sa tenue la même élégance qu'autrefois; car, quoique cette élégance l'eût déjà plusieurs fois empêché d'obtenir un emploi, il ne pouvait se décider à y renoncer.

L'hiver et le froid étaient revenus. Un matin, la domestique de l'hôtel garni, tout en allumant du feu chez Adhémar, s'écrie :

— Je perds un bon locataire... le monsieur d'au-dessus... qui logeait dans notre hôtel depuis longtemps et ne songeait pas à le quitter!... ne vient-il pas de faire un héritage!... Il ne s'y attendait pas du tout!... Deux cents mille francs qui vous tombent du ciel, c'est gentil! Aussi M. Blondin a bien vite quitté sa place, et il est parti pour la Picardie où il va entrer dans ses biens... et se régaler de cidre! en v'là des bonheurs!

— Quelle place avait ce M. Blondin? demande Adhémar.

— Il était employé dans une maison de commerce ou de banque... il gagnait quinze cents francs... Mais deux cent mille francs! c'est autre chose. Il a reçu la nouvelle de sa fortune hier, et il part aujourd'hui.

— Savez-vous l'adresse de la maison dans laquelle il était employé ?

— Certainement! j'ai été souvent lui porter des lettres de petites dames qui venaient le demander; c'était un amateur, M. Blondin. C'est rue Saint-Louis, chez M. Desmatures... un banquier en petit... au coin de la rue Saint-Claude. Oh! il est bien connu.

Adhémar n'en demande pas davantage; il s'habille et se hâte de se rendre à l'adresse indiquée, il trouve la demeure de M. Desmatures, demande où sont les bureaux, monte au second, trouve un vieux commis qui taille sa plume et lui indique la porte du cabinet du banquier.

M. Desmatures est un homme entre deux âges, qui a de bonnes manières. Adhémar lui expose le but de sa visite, en lui disant franchement comment il a su qu'il avait besoin d'un commis. Et le banquier lui répond avec la même franchise :

— Ma foi, monsieur, vous paraissez me convenir beaucoup; j'étais, en effet, très embarrassé; M. Blondin m'a quitté fort brusquement, et je ne puis me passer d'une personne pour travailler près de moi, me remplacer quand je sors... ce qui arrive fréquemment. Je fais l'escompte... pas de grandes affaires, mais beaucoup de petites. Mettez-vous là, à ce bureau... vérifiez ces escomptes... je vais tout de suite voir si vous entendez ce travail; alors vous savez ce que je donnais à M. Blondin, quinze cents francs, et ce sera une affaire faite entre nous.

Adhémar se place sur-le-champ à un petit bureau qui est près de celui de M. Desmatures, et il se met avec ardeur à la besogne. De temps à autre, le banquier vient voir ce qu'il fait et s'écrie :

— Bien! bien!... oh! vous allez! vous comprenez à merveille! oh! je vois que vous ferez mon affaire.

— Adhémar est enchanté, il se dit tout bas :

« Enfin, me voilà donc placé... et ce n'est pas chez un épicier... et ici on ne trouvera pas mauvais que je sois bien mis. »

Il y avait près de deux heures qu'Adhémar travaillait dans le cabinet de M. Desmatures, lorsqu'une porte qui communique à l'intérieur de l'appartement s'ouvre, et une jeune femme, habillée comme on l'est chez soi, entre en disant au banquier :

— Eh bien ! mon ami, vous ne venez pas déjeuner... mais il est onze heures passées... venez donc, tout sera froid.

— Pardon, ma chère amie, me voici, répond M. Desmatures en quittant son bureau ; c'est que je mettais au fait mon nouveau commis, monsieur qui va remplacer Blondin..

Adhémar s'est déjà retourné en entendant la voix de la jeune dame ; celle-ci en fait autant, tous deux se regardent, et restent saisis en se reconnaissant. Emmeline, car c'est elle qui vient d'entrer dans le cabinet, sait cependant dissimuler sa surprise, et, après avoir fait une légère inclination de tête à Adhémar, dit:

— Ah ! c'est monsieur qui remplace M. Blondin !... Eh bien !... mon ami, cela n'empêche pas que vous veniez déjeuner, car j'ai très faim.

— Me voici, ma bonne amie, me voici.

M. Desmatures donne encore quelques comptes à copier à son nouveau commis, puis il suit la jeune dame, et le laisse seul dans le cabinet.

« Emmeline ici ! se dit Adhémar, qui est tout ému encore de la rencontre. Elle a quitté son Réginald, ce n'est pas cela qui m'étonne, car depuis longtemps elle en avait le désir... Elle est maintenant la maîtresse d'un autre, c'est encore très naturel... Mais à la manière dont elle parle ici... à sa toilette... ou plutôt à son négligé... est-ce qu'elle demeurerait tout à fait avec mon banquier ?... diable !... cela me contrarierait beaucoup... Voir tous les jours une femme que l'on a aimée prodiguer ses caresses à un autre... c'est fort ennuyeux... Espérons encore, peut-être madame n'est-elle ici... qu'en passant. »

Au bout d'une demi-heure, M. Desmatures revient dans son cabinet ; il donne de nouvelles instructions à Adhémar en lui disant :

— Il faut que je sorte, je ne serai pas de retour avant trois heures d'ici ; mais vous entendez très bien les affaires, et d'ailleurs, si quelque chose vous embarrasse, appelez le vieux commis... ou demandez à madame, elle est fort au courant de mes affaires.

« Que je demande à madame, se dit Adhémar quand le banquier est parti. Est-ce qu'il l'aurait épousée !... ce serait encore possible. Ces petites femmes-là font souvent de bons mariages... Cependant... en si peu de temps ! il n'y a pas quatre mois qu'elle était encore avec Réginald... et je serais le commis de son mari ! »

Adhémar réfléchissait lorsqu'il entend ouvrir la porte du fond et Emmeline paraît.

Elle semble d'abord un peu embarrassée, va et vient dans le cabinet ; enfin elle s'arrête devant Adhémar, et, d'un ton où il y avait presque de la protection, lui dit :

— Comment, monsieur, vous avez pris une place de commis ; je n'en reviens pas... je vous croyais riche !

— Vous vous trompiez, madame... je n'ai plus rien... et je ne rougis pas de chercher à m'occuper.

— Oh ! que c'est singulier... comme je vous avais mal jugé !

— Comment l'entendez-vous... madame ?

— Je veux dire qu'une place de quinze cents francs... on n'entretient pas plusieurs maîtresses avec cela.

— Ce n'est pas ce qu'il y aura de plus malheureux dans ma position.

— Et venir chez mon mari !...

— Est-ce que M. Desmatures est réellement votre mari !

— Pas encore tout à fait, mais cela ne tardera pas.

Emmeline fait quelques tours dans la chambre, puis dit à Adhémar d'un air contraint et presque dédaigneux :

— Monsieur Adhémar, j'espère que vous oublierez entièrement que... vous m'avez connu.., vous concevez que ce serait fort inconvenant !... Certainement... puisque vous avez besoin d'une place... que vous êtes dans la gêne... je ne veux pas vous faire renvoyer... mais si vous me parliez quelquefois trop familièrement, alors... cela ne pourrait pas me convenir... et je serais obligée...

Adhémar se lève, prend son chapeau, regarde fièrement Emmeline, et lui dit :

— Vous me faites pitié !... vous n'aurez pas la peine de me faire renvoyer, madame, car je pars sur-le-champ ; je ne veux pas rester davantage dans une maison où j'aurais à supporter vos airs de dédain !... si en me voyant commis chez M. Desmatures, vous m'aviez témoigné par de l'amitié, par de l'intérêt, combien vous étiez touchée de ma position, alors, madame, j'aurais pu m'y habituer, et vous devez bien penser que j'aurais été le premier à cacher avec soin les rapports qui ont existés entre nous. Mais en me retrouvant malheureux, en apprenant que j'ai besoin d'une place modique pour exister, vous vous croyez le droit de me parler avec impertinence !... ah ! je vous remercie, madame, car vous m'apprenez à ne pas regretter le temps où je vous connaissais.

Emmeline rougit, elle baisse les yeux en balbutiant :

— Mais, monsieur Adhémar... je n'ai pas voulu vous offenser et je vous ai dit cela... je me suis peut-être mal expliqué...

Adhémar n'en écoute pas davantage, il sort brusquement de chez le banquier. Dans la rue, il marche très vite, parce qu'après une vive émotion, il semble que l'on ait besoin d'agir avant de se remettre ; et malgré toute la philosophie qu'il s'est promis d'avoir, son cœur n'est pas en état de supporter froidement les dédains que sa mauvaise fortune vient de lui attirer.

En arrivant chez lui, il se jette sur un siége ; il est oppressé, car on l'a humilié, et il a été obligé de dévorer les larmes dont cet affront avait rempli ses yeux. Pendant quelque temps il reste accablé, anéanti ; enfin, il reprend un peu de calme et se dit :

« Je me suis promis d'avoir du courage. Ah ! ce n'est pas l'amour d'Emmeline que je regrette !... je n'y ai jamais cru ! Pourquoi donc sa conduite m'a-t-elle affecté ?... peut-on attendre autre chose de ces jeunes femmes qui à vingt ans consultent déjà leurs intérêts avant de consulter leur cœur, qui ne nous aiment qu'en proportion des plaisirs que vous leur procurez, et des cadeaux que vous leur faites... pauvre amour que celui-là, et auquel il serait temps de donner un autre nom. »

La servante de l'hôtel apporte une lettre à Adhémar en lui disant :

— Je ne vous avais pas vu rentrer, monsieur ; je ne voulais pourtant pas oublier de vous donner cela, on m'a dit que c'était pressé !

— Qui vous a remis cela, demande Adhémar en examinant la lettre qui n'est pas venue par la poste, est mal pliée, et dont l'adresse mal écrite est à peine lisible.

— C'est un monsieur... ou plutôt, c'est un homme, car il n'était pas très bien mis... Si je rencontrais cet homme là le soir, j'en aurais peur ; il a l'air farouche... et puis, un parler... il ne doit pas être Français cet homme là.

Ce portrait rappelle à Adhémar son mystérieux inconnu ; il ouvre le billet, et lit ces mots tracés à peine :

« Vous oubliez Pépita, elle est très malade, et n'a plus d'argent » même pour acheter du bois. »

« En effet, se dit Adhémar, il y a deux mois que je suis allé lui porter de l'argent... avec de l'économie, elle aurait pu en avoir encore maintenant... mais sa maladie... cette garde qui est près d'elle... enfin elle souffre, elle n'a plus que moi pour appui et tant que je le pourrai je ne l'abandonnerai pas. Voyons, comptons ce qui me reste... depuis deux mois, en comprenant le prix de mon loyer, je n'ai dépensé que deux cent cinquante francs... il m'en reste donc huit cents cinquante... ah ! je puis encore être généreux. Allons vite chez Pépita. »

Adhémar se met en route, à pied cette fois, car il ne se permettait plus les voitures. En approchant de la demeure de Pépita, il regarde s'il n'apercevra pas son inconnu qu'il pense devoir être l'auteur de la lettre qu'il a reçue ; mais il porte en vain ses yeux de tous côtés, il ne le voit pas, et sans chercher davantage, il se décide à monter chez la malade.

C'est encore madame Lichor qui ouvre la porte : en reconnaissant Adhémar, elle fait un hurlement de joie, frappe dans ses mains se tape sur les cuisses et s'écrie :

— Ah ! le v'la, not' sauveur ! c'est lui, enfin !... *avantre hier* encore, je disais à la pauvre malade : Est-ce que not' sauveur ne va pas venir... Ecrivez-lui donc, mon enfant ; ou bien dites-moi ous' qu'il reste, et je vas tout de suite me transporter chez lui. Mais elle me répondait qu'elle ne savait pas votre adresse, que vous n'aviez pas voulu la lui donner.

— C'est vrai ; mais alors... comment cet homme l'a-t-il sue.

— Quel homme, mon bon ami ; de qui parlez-vous ?

— Est-ce que vous n'avez pas vu venir ici un homme assez mal vêtu... une grande blouse grise... une barbe noire... un mauvais chapeau qui lui cache presque les yeux.

— Non... nous ne voyons absolument personne que le médecin et encore depuis queuque temps, il vient fort peu.

— Et... elle est donc plus malade ?

— Ah ! ne m'en parlez pas ! d'une faiblesse, elle ne peut plus quitter le lit à présent... le visage est encore bon... l'appétit aussi... mais c'est c'te chienne de toux qui a des accès à n'en plus finir. Si je reste près de cette pauvre dame, ce n'est pas par intérêt... car nous faisons maigre chère depuis quelque temps...

— Je vous en sais gré, madame, et je vous en tiendrai compte.

Adhémar ne s'arrête pas plus longtemps près de la garde; présumant que sa vue sera agréable à la malade, il se hâte d'entrer dans l'autre pièce; il aperçoit Pépita couchée; et quoique bien pâle, bien abattue, encore coiffée avec coquetterie, et tenant à la main un petit miroir dans lequel elle se regardait.

En apercevant celui qui vient la voir, un sourire de bonheur vient ranimer la physionomie de la malade, et elle tend la main à Adhémar en murmurant d'une voix faible:

— Ah! vous voilà! vous avez été bien longtemps sans revenir!

— Je me le reproche, puisque vous aviez besoin de moi. Mais je pensais... j'espérais que la somme que je vous avais laissée vous mènerait plus loin.

— Ce n'est pas ma faute! j'ai donné de l'argent au médecin, à la arde... et puis, il me prend souvent envie de manger d'une chose re. Il me semble que je guérirais si je me contentais... et quand me l'apporte, à peine y ai-je goûté, je n'en veux plus!

— Est-ce vous qui m'avez écrit ou fait écrire?

— Moi, mais comment l'aurais-je pu... je ne savais pas votre esse... On vous a donc écrit?

— Oui... que vous aviez besoin de me voir...

— C'est bien singulier!... et qui donc a pu vous écrire.

— Oh! je crois bien le deviner... Avez-vous aperçu quelquefois à votre porte un grand homme en blouse grise?

— Non... je n'ai pas remarqué...

— Cet homme vous connaît, à ce qu'il paraît; car lorsque je cherchais votre demeure, c'est lui qui me l'a indiquée.

— Quel peut donc être cet homme?... vous ne savez pas son nom?... Mon Dieu!... l'idée de cet homme me fait peur... je ne sais pourquoi...

— Calmez-vous et laissons cela!... Comment... comment vous trouvez-vous maintenant?

— Oh! assez bien, je ne souffre pas..... presque pas... je vais beaucoup mieux; si je n'étais pas si faible, je me lèverais.

— Il ne faut pas vous lever; il faut vous bien soigner, faire faire un bon feu dans cette chambre, et ne pas vous tourmenter. Tenez, voici cinq cents francs... payez votre garde, faites acheter du bois, et tâchez ensuite d'économiser, car je ne suis plus riche, malheureusement. Mais, cependant, je vous promets de ne plus être si longtemps sans revenir.

Pépita serre doucement la main d'Adhémar, quelques larmes humectent ses paupières, et elle balbutie :

— Que vous êtes bon! quand vous saurez ce que j'ai fait, vous serez fâché peut-être d'avoir eu pitié de moi... Je vous le dirai... oui, je vous dirai tout, mais plus tard, quand je serai guérie: maintenant je n'en aurais pas la force.

— Si la confidence que vous voulez me faire peut vous affliger, gardez votre secret, Pépita... je ne vous demande rien...

— Mais il faut pourtant bien que vous le sachiez!... il faut...

Une toux violente empêche la malade de continuer; elle ne pouvait plus parler longtemps sans être prise par ces accès, qui l'affaiblissaient et mettaient sa vie en danger. La garde arrive et présente à Pépita une cuillerée de potion; mais celle-ci la repousse de la main.

— Vous voyez! dit madame Lichor, on n'est pas raisonnable, on ne veut pas du bon nanan ordonné par le médecin pour vous soulager..... Dame! comment veut-on guérir, alors?

Adhémar attend que Pépita soit redevenue calme; alors il lui prend la main et dit :

— Montrez-vous plus docile aux ordonnances du médecin, soyez raisonnable... surtout ne parlez presque pas, cela vous fait tousser; et soyez sûre que je ne serai plus si longtemps sans revenir. Adieu!... ne parlez pas.

La malade lui presse la main en faisant un mouvement de tête assez triste cette fois. Adhémar s'éloigne, madame Lichor l'accompagne jusque sur le carré, en répétant à chaque instant :

— Ah! mon cher brave homme! ne nous abandonnez pas, surtout! car vous êtes not' sauveur, vous!... et si elle en réchappe, ce sera grâce à vos secours.

— Madame, dit Adhémar à la garde, je ferai toujours ce que je pourrai; mais économisez sur vos dépenses, je vous y engage, car je crains de ne pas pouvoir en faire encore autant.

— Mais, mon Dieu, mon bon ami, je me sèvre de tout, moi... je me borne au café, et à ma trempette le soir... mais le médecin nous fait acheter un tas de cochonneries, qu'entre nous, ça ne la guérit pas du tout.... et puis, d'un autre côté, cette pauvre dame a des fantaisies... je n'en ai jamais eu tant que ça pendant mes grossesses, pour vous servir. Quand elle me dit : « Je veux des écrevisses, ça me fera du bien; courez m'en chercher, ou vous en êtes une autre! » Moi, mon ami, je suis bien embarrassée.... mettez-vous à ma place.

Ne voulant pas se mettre à la place de madame Lichor, Adhémar s'éloigne et rentre chez lui en disant :

« Tant que l'on peut encore obliger les autres, on ne doit pas se trouver malheureux. »

CHAPITRE XXI.

DE L'OMELETTE ET DE L'AMOUR.

Une dizaine de jours après sa dernière visite chez Pépita, Adhémar était en train de dîner dans son modeste restaurant à vingt-deux sous; suivant son habitude, il s'était mis à une table dans un coin du salon, où, lorsque les places près de lui étaient occupées, il était difficile de l'apercevoir.

Mais, au milieu de ce bruit incessant, dans un salon où l'on parvenait à entasser soixante personnes, à travers ce bourbonnement continuel causé par les demandes des consommateurs, les réponses des garçons, le travail des fourchettes, le choc des assiettes et le mouvement des mâchoires, une voix aiguë et très accentuée parvint à se faire jour; elle domine toutes les autres, et on l'entend par-dessus tout le monde crier :

— Garçon, du pain... du pain, garçon, à moi... Soignez mon bifteck à l'anglaise... beaucoup de pommes de terre autour... La pomme de terre n'est pas comme l'artichaut, elle n'empêche pas de chanter. Ah! je retiens de la matelote... vous entendez, je m'inscris pour la matelote d'anguille, il ne faut pas qu'on vienne me dire après : il n'y en a plus. Du pain, garçon!

En entendant cette voix qui lui est bien connue, Adhémar a frémi, et il baisse encore plus le nez sur son assiette pour ne pas être aperçu de son ancien voisin. C'était, en effet, M. Trouillade qui faisait tout ce bruit; depuis son arrivée, on n'entendait que lui dans le salon; il n'était pas une minute sans appeler le garçon, sans redemander du pain; il s'emportait quand on ne le servait pas assez vite; enfin il se montrait aussi exigeant que s'il eût dîné à vingt francs par tête.

Adhémar voudrait bien quitter sur-le-champ le restaurant; mais pour s'en aller il faudrait passer devant la table où est Trouillade; celui-ci ne pourrait manquer de l'apercevoir, et c'est justement ce qu'il désire éviter. Il pense que le meilleur moyen pour cela est de rester dans son coin et de ne partir qu'après son voisin.

Mais Trouillade, qui fait une immense consommation de pain ne paraît pas disposé à en finir de longtemps. Il a cassé un énorme croûton dans sa julienne, ensuite il se dilate sur son bifteck, puis il se dispute avec le garçon qui vient de lui servir de la matelote.

— Qu'est-ce que c'est que ça? s'écrie Trouillade; c'est de la carpe; est-ce que vous croyez que je veux risquer de m'étrangler?... Quand on a sa fortune dans son gosier, on ne le compromet pas avec des arêtes!... Je veux de l'anguille.

— Monsieur il n'y en a plus!

— C'est pitoyable!... j'en avais retenu... On n'imprime pas sur sa carte: matelotte d'anguilles, quand c'est une matelotte de carpes... c'est tromper les consommateurs. Remportez-moi ces arêtes... je n'en veux pas.

— Qu'est ce que monsieur veut à la place?

— Redonnez-moi un bifteck avec infiniment de pommes de terre.

Tout en mangeant son second bifteck, Trouillade consulte la carte pour savoir ce qu'il choisira pour son troisième plat; après de mûres réflexions, il rappelle le garçon.

— Vous avez du turbot?

— Oui, monsieur.

— Il est frais?

— De la première fraîcheur...

— Hum!... je n'en veux pas. Vous avez du macaroni?

— Oui, monsieur; le voulez-vous au gratin ou à l'italienne?

— Hum!... donnez-moi un fricandeau chicorée, et du pain.

Au bout d'un moment, le garçon apporte à Trouillade son troisième plat; celui-ci l'examine et s'écrie :

— Que m'apportez-vous là?

— Le fricandeau demandé.

— Le fricandeau!... Vous ne rougissez pas d'appeler fricandeau ce petit carré de viande; il y a une bouchée là-dedans, et encore... Ha ça, ce n'est pas de la chicorée, ceci!

— C'est de l'oseille, monsieur... il n'y a plus de chicorée.

— Vous vous fichez pas mal du monde, de me servir un fricandeau à l'oseille quand je le demande à la chicorée! Remportez cela, et servez-moi à la place un bifteck aux pommes de terre, mais qu'il y ait davantage de pommes de terre!... vous en êtes chiche ici!... C'est singulier, dans mon pays on les donne pour rien!..... eh bien! garçon!... à quoi pensez-vous?

— Mais, monsieur, c'est que si tout le monde ici prenait trois biftecks comme vous, il n'en resterait plus pour ceux qui viendraient ensuite.

— Cela ne me regarde pas... votre réflexion est inconvenante : on a ici pour dîner un potage, trois plats au choix et un dessert; eh bien, pour mes plats au choix je prends trois biftecks, je suis dans mon droit. Allez... et apportez-moi du pain... il est à discrétion, allez donc.

Le garçon s'éloigne en disant à demi-voix :

« On le reconnaîtra, cet ogre-là!... et on tâchera qu'il n'y ait jamais de place pour lui. »

Toutes les altercations entre Trouillade et le garçon ont pris du temps; les habitués d'un restaurant à vingt-deux sous dînent ordinairement assez lestement. Les personnes placées près d'Adhémar, et qui empêchaient qu'on ne l'aperçût d'en face, se sont levées peu à peu, et bientôt l'espace qui le séparait de Trouillade se trouve entièrement vide. Alors, tout en savourant son troisième bifteck, le virtuose aperçoit dans un coin son ancien voisin, dont il est séparé par plusieurs tables.

— Eh! je ne me trompe pas! s'écrie Trouillade, c'est mon ci-devant voisin que j'aperçois là-bas... Ah! quelle heureuse rencontre! Eh! hein! monsieur Marilly!... Garçon, frappez donc sur l'épaule de ce monsieur là-bas... qui ne m'entend pas.

Adhémar entendait fort bien; mais il aurait voulu faire le sourd... Voyant qu'il n'y a pas moyen d'échapper à son voisin, il se décide à lever la tête et le salue sans rien dire; mais Trouillade paraît disposé à soutenir la conversation lui seul, et, comme il est placé assez loin d'Adhémar, il crie de manière à ce que toutes les personnes qui sont dans le salon sont obligées d'entendre ce qu'il dit.

— Ce cher monsieur Marilly!... je suis bien charmé de vous rencontrer. Vous venez comme moi dîner à vingt-deux sous. C'est un peu gargotte; il n'y a que les biftecks de passable... Moi, je suis garçon maintenant; ma femme est partie pour Bordeaux avec Lycoris. Elle a un engagement superbe..: elle tient l'emploi des jeunes premières, des *Gavaudan* et des fortes *Dugazon*!... elle a eu des débuts magnifiques... et ce petit polisson de Lycoris, n'a-t-il pas fait un effet d'enfer en paraissant en amour dans un ballet! c'est au point que tous les auteurs du pays s'occupent de faire des pièces où il y aura des amours. Moi, j'ai refusé quinze mille francs pour Bruxelles... Garçon, du pain! Je n'aime pas la Belgique... mon pays avant tout! J'ai du temps, rien ne me presse... je prendrai peut-être une direction, et alors je jouerais tout ce qui me ferait plaisir... Ce cher monsieur Marilly!... je ne vous ai pas vu depuis ce certain soir où j'étais en Figaro... chez madame Polatinskifkoff, où nous soupâmes fort bien... c'est-à-dire que vous ne vîntes pas au souper... Azéma descendit vous chercher... en remontant, elle était furieuse... vous étiez sorti!... Je crois que vous ne demeurez plus rue de Navarin.

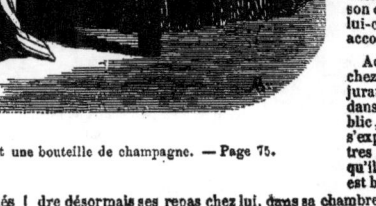

Elle en tire un pâté, un saucisson et une bouteille de champagne. — Page 75.

Adhémar ne se sent pas la force d'en entendre davantage. Il appelle le garçon, paie et s'en va, passant vivement auprès de Trouillade, auquel il fait un léger salut de tête, mais en ce moment le virtuose n'a pas le temps de l'arrêter, car il se dispute avec le garçon, auquel il demande un quatrième bifteck à la place de son dessert, ce que celui-ci ne veut pas lui accorder.

Adhémar est rentré chez lui furieux et en jurant de ne plus dîner dans un endroit public, ne voulant plus s'exposer à des rencontres semblables à celle qu'il vient de faire; il est bien résolu à prendre désormais ses repas chez lui, dans sa chambre, et le lendemain, il dit à la servante de l'hôtel :

— Est-ce que vous ne faites pas la cuisine pour quelques-uns de vos locataires?

— Non, monsieur, on n'a pas le temps ici... et puis je ne sais faire que les omelettes, moi, je dîne presque toujours avec ça.

— Est-ce que vous ne pourriez pas en faire une pour moi?

— Oh! si fait, monsieur, c'est facile.

— Eh bien! achetez-moi un pain de trois sous, et faites-moi une omelette.

La servante de l'hôtel ne tarde pas à apporter au jeune homme ce qu'il a demandé. Adhémar trouve magnifique l'omelette pour laquelle on ne lui demande que dix sous.

— Ah! j'ai oublié d'aller vous chercher du vin! dit la domestique en voyant Adhémar se disposer à dîner ; celui-ci lui répond qu'il s'en passera, parce que son médecin lui a ordonné de se mettre à l'eau.

Adhémar goûte un véritable plaisir à dîner avec une omelette ; dégoûté, fatigué de la mauvaise cuisine qu'il prenait dans le restaurant à vingt-deux sous ; il savoure le mets simple qui est devant lui, en se disant :

« Ceci est infiniment meilleur et plus sain que la cuisine empoisonnée du restaurant où j'allais. L'eau est préférable à la boisson aigre qu'on me servait, et qu'on avait l'effronterie d'appeler du vin. Je dépense beaucoup moins, je dîne mieux, et je ne risque pas de faire des rencontres comme celle d'hier !... Tout est donc pour le mieux, ainsi que le dit Voltaire. Il est seulement fâcheux que je n'aie pas pensé plus tôt à dîner chez moi. »

Et tout en prenant son modeste repas, Adhémar se donnait encore le plaisir de la vue ; il avait placé sa table contre la fenêtre qui donnait sur la rue de Malte, rue assez triste, à la vérité ; mais la fenêtre étant au troisième étage, on planait sur des chantiers de bois, en deçà desquels on apercevait des collines dépendantes du cimetière du Père-Lachaise ; cet aspect aurait pu attrister un esprit mélancolique ; mais tout le monde n'a pas la faiblesse du grand Louis XIV, qui ne voulait pas apercevoir les clochers de Saint Denis ; et il y a des personnes auxquelles la vue d'un cimetière n'apporte que des pensées de repos et de paix.

Adhémar était au milieu de son dîner, qu'il prenait fort à son aise, n'ayant chez lui aucun motif pour se hâter, et jouissant au contraire de se trouver libre, et de ne plus être forcé de se blottir dans un coin, sans oser regarder ailleurs que sur son assiette.

Deux petits coups frappés à sa porte le surprennent dans cette situation ; il pense que c'est la servante de l'hôtel qui vient savoir s'il est content de sa cuisine, et lui crie, sans se déranger : — Entrez, la clef est à la porte.

La porte s'ouvre aussitôt, et une femme entre dans la chambre, et vient se placer devant le jeune homme, en s'écriant :

— Je ne m'étais pas trompée !... c'est bien lui !

Adhémar est demeuré tout saisi, en reconnaissant mademoiselle Azéma ; il demeure immobile, tenant sa fourchette en l'air avec un morceau d'omelette au bout. La jeune artiste part d'un éclat de rire, et se jette sur une chaise, en disant :

— Ah ! quelle drôle de figure vous me faites !... Mais continuez, monsieur, que je ne vous empêche pas de manger...

Adhémar est très contrarié de ce que la jeune artiste le trouve dînant avec une omelette ! mais comme il n'y a pas moyen de dissimuler son repas, il se remet à manger, en tâchant d'avoir l'air de rire ; seulement, pour avoir plus tôt fini, il se fourre des morceaux énormes dans la bouche.

— Comment ! c'est vous, mademoiselle Azéma !

— Oui, monsieur... j'étais chez une de mes amies, dans cette maison, là-bas, après le chantier... En regardant à la fenêtre, mes yeux se sont fixés sur la vôtre. J'ai la vue très bonne, il m'a semblé vous reconnaître ; je me suis dit : « J'en aurai le cœur net. » Je suis descendue tout de suite, j'ai couru demander au concierge de cette maison s'il connaissait M. Adhémar Marilly ; il m'a enseigné votre chambre, je suis montée, et me voilà... Mais ne mangez donc pas de si gros morceaux, vous allez vous faire du mal...

— Oh ! c'est que... en rentrant chez moi... j'avais très faim ; il m'a pris une envie d'omelette... je m'en suis fait faire une... une fantaisie... et puis la servante les fait très bien ici.

— Ce n'est pas défendu. Moi aussi, j'aime assez l'omelette... une fois par hasard !...

— Ah ! c'est fini... je n'ai plus faim... venez donc près du feu, mademoiselle.

Adhémar quitte sa table, va mettre du bois dans sa cheminée, et présente à Azéma un vieux fauteuil qui est au coin du feu ; celle-ci l'accepte, et pose ses pieds sur les chenets, en disant :

— Vous ne vous attendiez guère à ma visite, n'est-ce pas ?

— J'en conviens.

— Savez-vous que je devrais être furieuse contre vous... que je devrais vous briser... je ne sais quoi ! Je ne vous ai pas revu depuis ce certain soir, chez Azurine... où vous êtes parti comme de l'eau de seltz !...

— Je conviens que ma conduite a dû vous paraître assez peu polie... je vous prie de m'excuser. Mais en apercevant cette dame... étrangère... qui est arrivée au moment du souper... j'ai reconnu quelqu'un avec qui... je ne voulais pas me trouver... je suis parti... et je ne suis pas rentré chez moi, parce que j'ai bien pensé qu'on irait m'y chercher.

Il appuie sa tête contre la grille et sans qu'il s'en aperçoive, des pleurs tombent de ses yeux. — Page 80.

— Je crois bien ! j'ai carillonné à votre sonnette... je crois même que j'ai arraché le cordon ; je ne voulais pas croire le portier, qui me disait que vous étiez sorti... Il faut qu'elle vous ait fait de terribles traits, cette dame, pour que vous la fuyiez ainsi !... Ah ! vous la connaissez !... c'est singulier, quand on a prononcé votre nom devant elle, elle a dit que vous étiez marié...

Adhémar tressaille et détourne les yeux en balbutiant :

— Ah ! elle a dit cela...

— Oui... après tout, quand vous le seriez, vous en êtes bien le maître... il y a plus d'un mari qui ne vit pas avec sa femme... et il n'y a pas besoin d'être au théâtre pour voir cela.

Azéma, qui s'aperçoit qu'Adhémar est devenu triste et pensif, reprend bien vite :

— Mais je vous parle de choses qui ne me regardent pas... A

propos de théâtre, je suis réengagée... je vais à Lyon... c'est-à-dire je vais, je n'ai pas encore signé, je ne peux pas me décider à quitter Paris... Mais, qu'êtes-vous donc devenu depuis si longtemps? Je suis retournée chez Azurine, mais vous aviez quitté votre logement de la rue de Navarin; j'ai demandé votre adresse au portier; il m'a dit que vous étiez en voyage.

— En effet, je suis allé au Hâvre... je l'ai habité plus de deux mois, j'y ai même rencontré vos deux amies, madame Polatinskifkoff et Nonore qui cherchaient des coquillages au bord de la mer.

— Vraiment, je ne sais pas ce qu'elles y ont ramassé, mais il paraît que c'est lourd, car elles ne sont pas encore revenues. Elles se seront fait remorquer par quelque corsaire!... Est-ce que vous habitez ici?

— Oui, provisoirement; je ne sais pas si je resterai à Paris, et je me suis logé ici en attendant.

— Il paraît que vous aimez à changer de quartier... Diable! mais savez-vous que c'est assez vilain ici... auprès de votre logement de la rue de Navarin... et même de celui du boulevard!

Adhémar rougit et ne répond rien. Azéma s'amuse à regarder sa chambre; son examen fini, en jetant les yeux sur celui qui l'occupe, elle remarque son air contraint et peiné; alors, elle se sent elle-même tout attristée, elle comprend qu'elle a dit une sottise, et se levant vivement, elle fait quelques tours dans la chambre, puis s'écrie :

— Mais, non, ce n'est pas vilain ici!.. ah! j'ai habité des locaux qui n'étaient pas si bien... et puis pour un garçon... pour quelqu'un en passant... on n'est pas obligé...

Azéma s'aperçoit qu'elle s'entortille, elle coupe court à son discours en s'écriant :

— Ah! mon Dieu! et mon amie d'en face, que j'ai quittée si brusquement, elle va croire que je me suis fait enlever, il faut que j'aille la rassurer. Adieu, monsieur Adhémar, je vous quitte, mais je viendrai vous revoir, à présent que je sais votre adresse; vous le voulez bien, n'est-ce pas?

— Si cela vous fait plaisir...

— Oui, sans doute. Au revoir...

Azéma est partie; lorsqu'elle est loin, Adhémar se dit :

« Elle ne reviendra pas!... elle a deviné que ma position n'était plus heureuse... Toutes ces jeunes femmes, folles de plaisirs, sont commes les hirondelles : elles disparaissent avec les beaux jours!... Ah! je ne lui en veux pas!.. il est naturel de chercher le bonheur, et on ne le trouve pas près de ceux qui vivent de privations!.. Enfin, je croyais manger mon omelette chez moi, sans témoins... et il n'en a pas été ainsi; mais, c'est un incident qui ne se renouvellera pas! je n'attends plus de visites... on ne viendra plus me voir. »

Quoiqu'il se soit promis d'être philosophe, Adhémar ne peut se défendre d'un sentiment de tristesse, en songeant que sa position malheureuse éloigne de lui les personnes qui autrefois lui témoignaient de l'attachement; et il sent que, dans la mauvaise fortune, le plus difficile à supporter est l'indifférence de ceux dont on se croyait aimé.

Tout cela n'empêche pas le modeste locataire de persévérer dans sa résolution de dîner chez lui, et le lendemain il se fait apporter une omelette comme celle de la veille, et il se met à table en se disant :

« Cette fois, je parie bien que je ne serai pas dérangé. »

Mais il n'est pas à moitié de son omelette qu'un petit coup est frappé à sa porte; presque aussitôt elle s'ouvre, et mademoiselle Azéma entre dans sa chambre.

Adhémar éprouve encore une vive contrariété à laquelle se mêle pourtant un sentiment de plaisir en voyant qu'Azéma est revenue. Celle-ci n'attend pas qu'il lui dise de s'asseoir, et prend une chaise et se met près de lui, en disant :

— Je vous avais dit que je reviendrais... me voilà... J'espère bien au reste, que vous ne doutiez pas de me revoir.

Adhémar sourit en lui tendant la main; puis il se met à avaler son omelette en mettant encore les morceaux doubles.

— Il paraît que c'est l'heure de votre dîner ou plutôt de votre omelette, dit Azéma en riant.

— Oui... oui... je l'ai trouvée si bonne hier... que... ma foi, j'ai voulu en manger encore aujourd'hui.

— Vous faites très bien... mais n'allez donc pas si vite... est-ce que je vous gêne pour manger?... j'espère bien que non, et qu'entre nous deux il n'y a pas de cérémonie.

— Oh! certainement... mais c'est que... je ne suis jamais long à dîner.

— Je le crois!... surtout quand...

Azéma s'arrête, et devient rouge jusqu'aux oreilles, parce qu'elle s'aperçoit qu'elle allait encore dire une sottise, quoiqu'elle n'eût certes pas l'intention de se moquer d'Adhémar, mais les personnes qui pensent vite sont sujettes à commettre de telles fautes, et on en accuse leur cœur et leur esprit lorsque souvent ce n'est que de l'étourderie.

Adhémar a bientôt achevé son repas, dans lequel il a bien soin de ne pas boire, afin qu'on ne remarque pas qu'il n'a que de l'eau. Ensuite, il ranime le feu de sa cheminée, et engage Azéma à prendre la place qu'elle occupait la veille. La jeune actrice se remet dans le vieux fauteuil, et veut soutenir la conversation avec sa gaieté ordinaire; mais, malgré tous ses efforts, on voit qu'elle est distraite, préoccupée et beaucoup moins en train de rire que la veille. De temps à autre, elle regarde fixement Adhémar, il semble qu'elle veuille lui dire quelque chose et ne l'ose pas, car elle cesse alors de parler, puis baisse les yeux et paraît très embarrassée. Alors, c'est le jeune homme qui fait de son mieux pour ranimer l'entretien et qui tâche de paraître aussi enjoué, aussi gai que dans le temps de sa prospérité.

Après une heure passée ainsi, Azéma se lève en disant :

— Il faut que j'aille chez le correspondant des théâtres... il m'attend à cette heure-ci... Adieu, monsieur Adhémar... c'est-à-dire au revoir, car je reviendrai... cela ne vous contrarie pas que je revienne.... n'est-ce pas...

— Non, ma chère voisine... je veux dire mon ex-voisine... je me croyais encore à mon logement du boulevard...

— Ah! oui... quand vous me donniez des perdreaux...

— Vous vous en souvenez?

— Oh! j'ai bonne mémoire... je me souviens aussi... que... nous devions déjeuner ensemble... et... ça n'est jamais arrivé.

Adhémar sourit en répondant : Quand vous voudrez me faire ce plaisir... je ne demande pas mieux.

— Oh! nous verrons cela... Nous avons le temps, je ne suis pas encore partie pour Lyon... au revoir, monsieur Adhémar.

Azéma s'éloigne après avoir tendrement pressé la main de son ancien voisin, en ayant encore l'air de vouloir lui dire quelque chose et de ne pas oser.

Lorsqu'elle est partie Adhémar regrette de ne l'avoir pas priée de venir à une autre heure, afin qu'elle ne le trouvât pas toujours en train de dîner, puis il se dit :

« Pourquoi aurais-je honte de n'être pas riche devant cette jeune femme qui me témoigne une véritable amitié... la vanité n'est excusable que lorsqu'on est vis-à-vis des sots, car ceux-là ne reconnaissent de mérite qu'à l'argent!... mais doit-on rougir devant ses amis, parce qu'on dîne avec un omelette et qu'on boit de l'eau? »

Et malgré cela, le lendemain, Adhémar se dépêchait de dîner et d'avaler son omelette, lorsque sa porte s'ouvrit. C'est encore Azéma; cette fois elle entre sans frapper, elle s'approche d'Ahémar, celui-ci lui tend la main, elle la prend et va lui dire bonjour, lorsque ses regards tombent encore sur les débris d'une omelette; alors elle tâche de sourire, mais, au lieu de cela, ce sont des larmes qui coulent de ses yeux; elle ne peut plus parler, mais elle passe ses bras autour du cou d'Ahémar et l'embrasse à plusieurs reprises; cette action valait le discours le plus éloquent.

Après avoir répondu aux tendres étreintes de la jeune femme, Adhémar la fait asseoir à côté de lui, en lui disant :

— Oui, ma chère Azéma, oui je suis pauvre... je suis obligé de vivre avec la plus stricte économie... mais je n'en rougirai pas devant vous, parce que je crois à votre amitié... et maintenant je me donnerai le temps de manger mon omelette... je ne craindrai plus que vous me voyez boire de l'eau... car avec vous je ne ferai plus comme avec des gens du monde ou des étrangers.

— Oh! je le voyais bien!... je l'avais deviné... je voulais vous en parler hier et je n'osais pas... je me disais : cela le fâchera peut-être, si j'ai l'air de le plaindre... Mon Dieu, est-ce que c'est votre faute si vous n'avez plus d'argent! et quand ce serait votre faute, est-ce une raison pour qu'on ne vous aime plus.

Et en disant cela, Azéma pressait les mains d'Adhémar, elle tâchait de sourire et elle pleurait encore.

— Ma chère amie, dit Adhémar, ma situation n'est peut-être pas aussi précaire que vous pourriez le croire; il me reste encore une centaine d'écus devant moi; vous voyez que si je le voulais, je pourrais manger autre chose que de l'omelette. Mais cet argent dépensé, je n'ai plus de ressource, voilà pourquoi je le ménage. A moins cependant que je ne parvienne à trouver un emploi... de l'occupation... J'en cherche depuis longtemps, et je ne puis parvenir à en obtenir... Une fois pourtant j'avais trouvé une place près d'un banquier, je me voyais déjà très heureux! Une circonstance m'a forcé de la quitter; mais enfin je parviendrai peut-être à en avoir une autre! Je me suis promis d'avoir du courage, de ne désespérer de rien; je vois que j'ai eu raison, puisque dans mon infortune il me reste encore une amie.

— Ah! que c'est bien ce que vous dites là! Oui, je suis vo

amie, moi, et je vous prouverai qu'il y a des femmes... même au théâtre, qui savent aimer sans intérêt... mais d'abord, je veux déjeuner, ou pour mieux dire, dîner avec vous... Oh! j'ai apporté mon dîner, vous me permettrez seulement de le joindre au vôtre.

En disant cela, Azéma court prendre un panier qu'elle avait laissé contre la porte en entrant; elle tire un pâté, un saucisson, un poulet froid et une bouteille de champagne. Adhémar la gronde, il est fâché qu'elle ait apporté tant de choses, puis il veut sortir pour aller acheter aussi des comestibles; mais Azéma le retient en lui disant :

— Voilà donc encore votre vanité qui vous reprend! Comment, monsieur, cela vous fâche que je me sois permis d'apporter mon dîner chez vous... et vous dites que mon amitié vous console!... Si vous faites la moue, je m'en vais et je ne reviendrai plus, car je croirai que décidément vous êtes trop fier pour vouloir dîner avec moi.

— Pour toute réponse, Adhémar fait asseoir Azéma devant la table qu'il a mise près du feu, puis il se place près d'elle; et l'omelette qu'il a mangée ne l'empêche pas de faire honneur au repas, et l'eau qu'il boit depuis trois jours lui fait trouver le champagne encore meilleur. Depuis bien longtemps enfin, il n'avait pas fait un dîner aussi agréable; tant il est vrai que l'adversité fait apprécier le plus léger bien, comme la maladie donne un nouveau prix à la santé.

— Et puis Azéma est si contente, elle se montre si gaie, si tendre, si heureuse d'être avec Adhémar! elle répète si souvent : « Ah! je l'ai bien gagné, ce dîner-là! » qu'il serait difficile de ne pas partager son bonheur. Aussi le repas se prolonge longtemps, si longtemps que la nuit était venue depuis plusieurs heures et que les convives étaient toujours ensemble; mais, à la vérité, ils n'étaient plus à table.

Lorsque enfin Azéma songe à la retraite, elle s'approche d'Adhémar d'un air confus, et lui présente un petit portefeuille, en lui disant :

— Mon ami, je suis en fonds, moi, j'ai signé hier mon engagement pour Lyon, j'ai reçu des avances... permettez-moi de vous prêter mille francs, vous me les rendrez quand vous serez plus heureux.

Adhémar repousse le portefeuille.

— Ma chère Azéma, je suis sensible à cette nouvelle preuve de votre amitié, mais je ne puis accepter, j'ai encore de l'argent pour longtemps... ensuite le ciel m'aidera... je vous en prie, n'insistez pas, ce serait me fâcher.

— Eh bien! puisque c'est ainsi... je ne partirai pas pour Lyon sans être assurée sur votre position, sans avoir trouvé une place... Oh! vous verrez que quand une femme se mêle de quelque chose, cela va bien plus vite qu'avec les hommes!... Je dois partir dans dix jours, il faut qu'avant ce temps vous soyez occupé.

Adhémar a ri de l'assurance avec laquelle Azéma lui a fait cette promesse. Sept jours s'écoulent pendant lesquels la jeune actrice vient tous les matins voir son ami, en lui disant :

— Soyez tranquille, je m'occupe de vous.

Enfin, le huitième, elle accourt toute joyeuse, et dit à Adhémar :

— M. Angely, architecte, a besoin de quelqu'un pour faire des copies... et quelquefois pour travailler avec lui dans son cabinet... Il donne de l'ouvrage presque toute l'année; voici son adresse, allez, il vous attend... je viendrai ce soir savoir si vous vous êtes arrangé.

Adhémar s'est rendu à l'adresse indiquée, et le soir, lorsque Azéma vient chez lui, il court l'embrasser, en lui disant :

— Mon sort est assuré, grâce à vous; ce M. Angely m'a fort bien accueilli, voici des copies que je ferai chez moi, ensuite, quand il sera pressé, je travaillerai avec lui dans son cabinet. Tout cela me vaudra, m'a-t-il dit, environ cent cinquante francs par mois; maintenant, pour moi, c'est une fortune, car je ne vais plus dans le monde, et... je vis avec économie, et cette fortune, c'est à vous que je la dois.

— Alors, je puis donc partir pour Lyon, moi... en vous quittant du moins, je ne serai pas inquiète sur votre sort.

— Est-ce que vous partez bientôt, Azéma?...

— Demain, mon ami, demain... car je ne vous avais pas dit vrai, en vous annonçant que j'avais dix jours pour partir : c'était six que l'on m'avait donnés. Mais, bah! j'en ai pris quatre de plus... je prendrai la poste... je jouerai comme un ange, le public sera enchanté, et tout sera réparé.

— Ainsi donc, cette soirée est la dernière que vous me donnez?

— Mon Dieu, oui; ensuite je vous dirai comme la chanson :

« Soyez heureux, mais ne m'oubliez pas! »

CHAPITRE XXII.

TOUT SE DÉCOUVRE.

Nous avons perdu de vue Mathilde, depuis le jour où, après avoir conduit Adhémar à Saint-Maur, celui-ci la quitta si brusquement pour courir sur les traces de son inconnu.

Mathilde avait attendu quelque temps dans la voiture, puis enfin elle s'était décidée à retourner seule à Paris. Elle pensait qu'Adhémar ne tarderait pas à revenir la voir, elle croyait que ce qu'il avait vu à Saint-Maur le détacherait entièrement de Charlésia, et qu'enfin moitié par dépit, moitié par amitié, il renouerait avec elle; et alors elle se flattait que son amour ferait le reste et lui rendrait son amant aussi tendre, aussi aimant qu'autrefois. On se flatte longtemps quand on aime! on se flatte encore lorsqu'on devrait déjà avoir perdu tout espoir.

Cependant, après avoir vu plusieurs jours s'écouler sans entendre parler d'Adhémar, Mathilde sentit s'évanouir ses espérances; puis, ne pouvant supporter cet état d'incertitude, elle prit le parti d'écrire à celui qu'elle aimait toujours, et elle adressa naturellement sa lettre rue de Navarin. Quelques jours se passèrent; ne recevant pas de réponse, elle se décida à se rendre chez Adhémar. Le portier de la rue de Navarin lui apprit alors que la personne qu'elle demandait était partie brusquement en disant qu'elle allait voyager. Mathilde revint chez elle désolée, mais sans être convaincue qu'Adhémar eût quitté Paris, et se disant :

« C'est pour se soustraire à mes visites, à mes lettres, qu'il n'a pas voulu donner son adresse à ce portier! Non-seulement il ne m'aime plus, mais il ne veut plus même entendre parler de moi. »

Et pendant assez longtemps aussi, Mathilde avait cessé d'aller chez madame Valméran. Celle-ci n'était pas revenue à ses réunions depuis la soirée où Adhémar avait été sur le point de provoquer le beau Monfignard; avant cela les deux amies se faisaient ordinairement des visites le matin, c'était surtout madame Bourdichon, qui allait fréquemment chez Charlésia, parce que là, ces deux dames pouvaient tout à leur aise causer de ce qui les intéressait, sans craindre que des importuns vinssent les déranger. Mais Charlésia, ne recevant plus la visite de Mathilde, avait aussi cessé d'aller chez elle. D'ailleurs, la dernière soirée où Adhémar s'était trouvé avait également blessé ces deux dames, et leur amitié paraissait y avoir essuyé de vives atteintes.

Mais quoiqu'elle n'aimât plus Charlésia comme autrefois, quoique souvent même elle se prît à la haïr, Mathilde se faisait violence pour ne point retourner la voir. Il y avait entre ces deux femmes un sentiment qui les éloignait et les rapprochait sans cesse l'une de l'autre. Mais pour Mathilde surtout, c'était un besoin de voir Charlésia; car ce n'était qu'à elle qu'elle pouvait parler de celui auquel elle pensait toujours; et puis, dans le fond de son cœur, elle sentait bien qu'elle avait aussi des torts, et que ce n'était pas fort bien de sa part d'avoir conduit Adhémar à Saint-Maur, pour lui faire voir que son amie y avait un enfant.

Le résultat de ces réflexions, et surtout le désir de parler d'Adhémar, ramena un jour Mathilde chez Charlésia. Celle-ci la reçut d'abord avec froideur; mais bientôt, en voyant sa profonde tristesse, elle n'eut pas le courage de lui garder rancune, et redevint pour elle bonne et aimante comme autrefois.

— Il est parti, dit Mathilde en regardant son amie; il a quitté son logement, en disant qu'il allait voyager. Croyez-vous que vraiment il ait quitté Paris?

Charlésia sourit tristement en répondant :

— Il me paraît que vous espériez que je vous donnerais de ses nouvelles... mais je n'en sais pas plus que vous. Cependant, pourquoi aurait-il quitté Paris?... Il aime les plaisirs... le monde... la dissipation.

— Depuis quelque temps il venait fort peu à nos réunions.

— Parce qu'il allait peu chez vous, cela ne prouve pas qu'il n'allât point ailleurs... Pour qu'il eût quitté Paris, il faudrait qu'il lui fût arrivé quelque chose... qu'il eût un motif, enfin.

Mathilde se tut et baissa les yeux..... elle se rappelait le chagrin qu'Adhémar avait éprouvé à Saint-Maur en voyant Charlésia caresser le petit Charles.

Cependant la visite se prolongea : même lorsqu'elles ne se disaient rien, les anciennes amies ne s'ennuyaient jamais ensemble. Quand Mathilde partit, elle dit à Charlésia :

— Reviendrez-vous chez moi, maintenant?

— Et Charlésia lui répondit :

— Oui, puisque vous êtes revenue me voir... c'est que vous voulez bien que j'aille chez vous.

Enfin on se sépara, sinon avec les marques d'une sincère amitié, du moins avec le désir de se revoir souvent.

Charlésia tint parole : elle revint chez madame Bourdichon ; mais ce fut à dater de cette époque qu'elle reçut avec tant de froideur les galanteries de Monfignard, et le superbe dandy, comprenant enfin qu'il perdait son temps et ses œillades, se décida à porter ses soupirs ailleurs.

Dans le monde, Mathilde ne parlait jamais d'Adhémar ; mais elle trouvait moyen d'amener la conversation sur des circonstances qui le rappelaient aux autres, et alors c'étaient les autres qui parlaient de lui. Souvent M. Bourdichon s'écriait :

— Ce jour-là M. Marilly dînait avec nous ; ou bien : Nous étions au spectacle avec Adhémar lorsque nous avons vu cette pièce.

Alors une autre personne manquait rarement de dire :

— Mais que devient-il donc, M. Adhémar ? On ne le voit plus, on ne le rencontre nulle part !

— Je n'y conçois rien, s'écriait M. Bourdichon ; c'est un garçon que j'aime beaucoup... je ne lui ai rien fait qui ait pu le fâcher... je ne vois pas pourquoi il serait brouillé avec moi... N'est-ce pas, ma femme, que nous n'avons rien fait pour fâcher Adhémar ?

Mathilde rougissait en répondant quelques mots vagues, et son mari reprenait :

— Il faut qu'Adhémar soit en voyage ! oh ! bien certainement, il est allé faire quelque tournée, sans cela il viendrait nous voir.

Mais un soir que Charlésia était chez son amie ; Dalbrun, qui venait d'arriver, s'approcha des dames en disant :

— J'ai vu aujourd'hui une personne de votre connaissance, mesdames ; en traversant le Palais-Royal, j'ai rencontré M. Adhémar.

En entendant ces mots, la pâleur de Mathilde fit place à une vive rougeur, et, de son côté, Charlésia eut de la peine à cacher son émotion ; mais on ne remarqua pas le trouble de ces dames, parce que M. Bourdichon s'écria aussitôt :

— Comment, Adhémar est à Paris !... vous en êtes sûr, Dalbrun ?

— Puisque je lui ai parlé ce matin.

— Alors, que devient-il donc ? que fait-il ? pourquoi ne le voit-on plus ?

— Je lui ai adressé à peu près toutes ces questions... je lui ai dit que tout le monde dans la société s'inquiétait de lui... qu'on remarquait avec chagrin son absence...

Et qu'est-ce qu'il vous a répondu ?

— De ces choses qui ne sont pas précisément des réponses, mais qui en tiennent lieu... parce que, à moins d'être indiscret, cela vous fait comprendre que vous ne devez pas pousser vos questions plus avant. Au reste, je ne sais s'il a été malade, mais il m'a paru maigri, changé...

— Je ne comprends rien à tout cela ; si je savais l'adresse d'Adhémar, certainement j'irais le voir, et je saurais pourquoi il nous tient rancune..... mais il ne demeure plus rue de Navarin, et on ne sait pas son adresse... vous l'a-t-il donnée à vous, Dalbrun ?

— Ma foi, non, et je n'ai pas osé la lui demander.

L'arrivée de plusieurs personnes met fin à cette conversation ; mais celles que cela intéressait le plus n'en ont pas perdu un mot.

— Vous le voyez, dit tout bas Mathilde à son amie, il n'a pas quitté Paris...

— C'est aussi ce que j'avais pensé, répond Charlésia.

— Mais il ne va plus dans le monde... il aurait trop peur de me rencontrer.

Charlésia ne répond rien ; mais elle se dit que c'est bien plutôt à cause d'elle, et dans la crainte de la rencontrer, qu'Adhémar a renoncé à venir dans la société.

Plus de deux mois s'étaient écoulés depuis que, par Dalbrun, Mathilde et Charlésia avaient eu des nouvelles d'Adhémar ; mais depuis ce temps on n'en avait plus entendu parler ; dans la société on commençait à moins penser à lui, car, parmi les gens de plaisirs, les absents sont bien vite oubliés. Mais il y avait deux femmes qui, en cela, ne ressemblaient pas à beaucoup d'autres : elles n'oubliaient pas celui qu'elles avaient aimé, par la simple raison qu'elles l'aimaient encore ; et n'entendant plus parler de lui dans le monde, elles en parlaient plus souvent entre elles, ou du moins Mathilde en parlait, mais Charlésia était toujours disposée à l'entendre.

Un soir, la réunion était nombreuse chez M. Bourdichon, et madame Valméran était assise auprès de son amie, lorsqu'on vit arriver dans le salon toute la famille Sublimé. Depuis l'affaire du mariage manqué, mademoiselle Idalie et sa famille n'étaient pas venues chez Mathilde. On se voyait dans des maisons tierces ; mais on se parlait avec froideur. Il fallait donc quelque circonstance extraordinaire, quelque événement imprévu pour amener les Sublimé chez madame Bourdichon.

— Ils viennent probablement nous annoncer le mariage de leur fille, dit Mathilde à demi-voix.

— Elle épouse sans doute Monfignard, dit Dalbrun.

— Je croyais qu'elle le trouvait trop gros, s'écrie madame Carcassonne en riant aux larmes ; puis elle reprend : Après tout, ça n'y fait rien, j'ai connu une femme de six pieds un pouce qui a épousé un nain.

— Elle lui a probablement fait porter des talons ? dit Dalbrun.

— Oui, elle lui a fait porter une foule de choses

La famille Sublimé semble en effet rayonnante de joie : la fille est d'une gaieté folle, la maman porte encore la tête plus haute que d'ordinaire, et Dardanus fait le gentil en tirant de temps à autre une petite boîte de sa poche. Enfin la mère et la fille se jettent souvent des regards d'intelligence.

— Certainement ils ont quelque chose, dit Mathilde ; mais elle attend avec impatience que les Sublimé expliquent leur joie à la société.

Lorsque madame Sublimé pense que la réunion est au grand complet, elle prend la parole en disant, de manière à être entendue de tout le salon :

— Mon mari... M. Dardanus Sublimé, nous a appris aujourd'hui quelque chose qui nous a bien étonnées, ma fille et moi ; c'est-à-dire, étonnées n'est pas le mot, car j'avais toujours soupçonné du mystère et quelque chose de louche dans la position de M. Adhémar Marilly.

En entendant prononcer le nom d'Adhémar, toute la société prête attention à ce que dit madame Sublimé ; mais il y a surtout deux personnes qui ont senti tout leur sang refluer vers leur cœur, et qui attendent avec anxiété ce qui va suivre.

— Oui, reprend madame Sublimé, ce jeune homme qui faisait tant d'embarras... qui jouait un jeu d'enfer... qui se mettait avec la dernière élégance... tout cela pour mieux tromper sur sa position ; M. Adhémar, enfin, n'a pas le sou, et pour vivre il est obligé de travailler chez les autres...

Charlésia devient d'une pâleur extrême ; mais elle fait un effort sur elle-même pour cacher ce qui se passe en elle. Mathilde, frappée de ce qu'elle entend, voudrait parler, elle n'en a pas la force ; mais M. Bourdichon s'écrie :

— Comment..... qu'est-ce qui vous a dit cela, madame ? ce n'est pas possible ! on vous a trompée.

— Trompée ! non, monsieur ; mon mari m'a parlé *de visu* : n'est-il pas vrai, Dardanus, que c'est *de visu* que vous m'avez parlé ?

M. Sublimé, qui n'a jamais su le latin, regarde sa femme d'un air étonné en murmurant :

— Non, je ne connais pas *de visu*, je vous ai parlé de M. Marilly, que j'ai trouvé travaillant dans le cabinet de mon architecte.

— C'est ce que je vous disais, mon ami, dans un idiome étranger. Ainsi, monsieur Bourdichon, il n'y a pas à nier le fait. M. Sublimé, fort surpris en voyant M. Adhémar chez M. Angely, a demandé tout bas à celui-ci ce qu'il faisait, chez lui, de cette personne, et M. Angely lui a répondu : « C'est un jeune homme que j'emploie ; il avait besoin de travailler, il était fort malheureux ; il me fait des copies chez lui, et quelquefois écrit sous ma dictée dans mon cabinet. » Voilà la position de M. Adhémar : ceci est véridique et authentique.

— Je n'en reviens pas... dit monsieur Bourdichon ; ce que vous m'apprenez là, madame, m'étonne au dernier point !

— Moi, cela ne me surprend pas du tout, dit Monfignard en se caressant le menton ; depuis longtemps, ce monsieur était tellement distrait, préoccupé... cela annonce toujours un homme qui n'est pas bien dans ses affaires.

— Fiez-vous donc aux apparences ! reprend madame Sublimé On se donne un air opulent, on affecte de ne point tenir à l'argent ! et tout cela pour faire des dupes !...

— Des dupes ! madame ! s'écrie Dalbrun en jetant sur madame Sublimé un regard courroucé. Et qui vous a donné le droit de supposer à monsieur Marilly cette honteuse pensée... Parce qu'il est pauvre maintenant... parce qu'il aura éprouvé des revers de fortune, est-ce donc une raison pour attaquer son honneur... Au lieu de le plaindre, on l'accuse... et moi je serai garant de la noblesse de ses sentiments.

— Ah ! c'est bien, ce que vous dites là, monsieur ! s'écrie Charlésia qui n'est pas maîtresse de retenir l'élan de son cœur, tandis que Mathilde remercie Dalbrun par ses regards humides de larmes.

— Moi, je pense comme Dalbrun, dit monsieur Bourdichon, je

crois Adhémar un fort honnête garçon; s'il est ruiné, c'est un malheur, mais cela peut arriver à tout le monde.

— Enfin, messieurs, reprend madame Sublimé d'un ton aigre, il n'en est pas moins vrai que nous avons manqué, nous, d'être la dupe de monsieur Adhémar : il a failli être notre gendre... Ah! Dieu! je frémis à cette pensée; si ma fille ne l'avait pas cru dans une position brillante, certainement elle n'aurait jamais jeté un doux regard sur lui...

— Oh! certainement, s'écrie mademoiselle Idalie, je suis trop bien élevée pour remarquer un homme qui ne serait pas riche!

Le petit Eudoxe, qui est à un autre bout du salon, se met alors à crier comme un âne :

— Ah! dis donc, ma sœur, pourquoi donc alors que maman a renvoyé Gobet, notre frotteur, en disant que tu en étais amoureuse?

Mademoiselle Idalie devient pourpre, Dardanus laisse tomber une boîte à musique, et madame Sublimé, après avoir essayé de rire, s'écrie :

— Eudoxe, mon fils, vous devenez *stupidus!* on vous conte des fables pour se moquer de vous, et vous croyez cela... la société appréciera ce que vous dites à sa juste valeur.

Le petit garçon retourne dans son coin en murmurant entre ses dents :

— Je sais bien qu'on a renvoyé Gobet, toujours! parce qu'on l'avait trouvé enfermé dans un petit cabinet avec ma sœur.

— Madame, reprend Dalbrun avec chaleur, ce que la société appréciera, j'espère, c'est la conduite de M. Adhémar, qui fut toujours digne d'estime. Je ne comprends même pas que vous soupçonniez sa délicatesse; car en refusant la main de mademoiselle votre fille, il vous a prouvé au contraire qu'il ne tenait pas à l'argent.

— Parce qu'il aura pensé sans doute qu'au moment de signer, on découvrirait sa position précaire... ce qu'il ne voulait pas.

— Eh! madame, s'il avait eu des vues intéressées, il aurait contracté le mariage d'abord! Quoi! on attaque un homme parce qu'il est tombé dans l'indigence! Si, en effet, ce que je crois aussi, M. Adhémar a perdu sa fortune, à qui, dans la société, a-t-il fait du tort? a qui a-t-il emprunté de l'argent?... Bien au contraire, il a cessé de venir dans le monde, parce que ne voulant accepter des secours de personne, il ne voulait pas que l'on y connût sa position... Cette conduite annonce de la fierté, de l'amour-propre peut-être... mais cet amour-propre-là rend incapable d'aucune bassesse. Ah! je ne regrette qu'une chose, c'est d'avoir ignoré sa position quand je l'ai rencontré, il y a quelque temps, car je me serais estimé heureux s'il avait bien voulu accepter ma bourse et mon crédit.

Presque toutes les personnes de la société applaudissent au discours de Dalbrun. La famille Sublimé, fort mécontente de ce qu'on ne partage pas ses sentiments sur Adhémar, ne tarde pas à prendre congé; et la manière dont Mathilde reçoit les adieux de ces dames doit leur faire comprendre qu'elles seraient fort mal venues en se présentant de nouveau chez elle.

Le beau Monfignard lui-même ne suit point mademoiselle Idalie, ce qu'il a entendu dire du petit frotteur semble avoir changé ses sentiments.

Cependant Charlésia, qui semble vivement agitée, ne tarde pas à dire adieu à son amie.

— Vous l'avez entendu, lui dit Mathilde, il est malheureux, et il le cache à tout le monde... c'est par fierté qu'il ne vient plus nous voir... il ne veut pas qu'on l'oblige... Comment donc faire?

— Son sort changera! répond Charlésia en prenant la main de son amie.

— Comment?... qui vous fait espérer cela?

Mais Charlésia n'en dit pas davantage, et, prenant vivement son chapeau et son châle, elle part sans répondre aux questions de Mathilde.

Arrivée chez elle, Charlésia envoie demander par son domestique un *Almanach du commerce;* lorsqu'elle a ce livre, elle y cherche l'adresse de M. Angely, architecte. Alors elle envoie son domestique à cette adresse, en lui disant :

— Il n'est que dix heures du soir; si ce monsieur est absent, vous l'attendrez. Il faut lui parler ce soir, vous lui demanderez l'adresse d'une personne qui travaille chez lui depuis quelque temps... M. Adhémar Marilly; vous direz qu'il s'agit pour ce monsieur d'une affaire pressée... vous ne reviendrez pas sans avoir cette adresse... Allez.

Le domestique part. Il revient au bout d'une demi-heure; il a trouvé M. Angely, qui lui a donné l'adresse qu'il demandait. Charlésia semble respirer plus librement lorsqu'elle sait où est Adhémar; elle renvoie ses gens, et se place à son bureau, où elle écrit la lettre suivante :

« Monsieur, après l'événement qui amena notre séparation, vous m'écrivîtes plusieurs lettres où, en réclamant de moi votre pardon, vous me demandiez à revenir près de moi. J'ai résisté alors à vos prières, mon cœur était alors trop blessé!... Aujourd'hui, c'est moi qui reviens à vous, c'est moi qui vous supplie de me rendre mon époux... Je viens d'apprendre que vous avez perdu votre fortune, que vous êtes obligé de chercher de l'occupation. Ah! si j'avais su tout cela plus tôt, vous auriez eu déjà de mes nouvelles; mais je vous croyais heureux et fortuné, voilà pourquoi vous n'entendiez pas parler de moi. Ah! venez, de grâce, venez retrouver votre femme, qui n'a jamais aimé que vous et n'aura point de repos qu'elle ne vous ait pressé dans ses bras. »

Après avoir signé cette lettre et avoir mis son adresse au bas, Charlésia regarde sa pendule qui marque onze heures, elle sonne vivement son domestique, et lui dit :

— Courez porter cette lettre rue de Malte, à l'adresse que l'on vous a donnée; c'est pour M. Adhémar Marilly... Si on le croit déjà endormi, vous direz qu'on ne manque pas de lui donner ce billet demain de grand matin.

Le domestique part. Charlésia compte les minutes. Au plus léger bruit, elle court à sa fenêtre, elle brûle de savoir si Adhémar aura sa lettre le soir même. Enfin, son valet revient et lui dit :

— Ce monsieur était chez lui, la servante le croit endormi depuis longtemps, elle lui remettra la lettre demain de bon matin.

« Demain!... il faut donc attendre jusqu'à demain! se dit Charlésia. Ah! que cette nuit sera longue!... mais demain je le verrai, il viendra!... car il me semble qu'il m'aime encore... L'émotion qu'il a éprouvée en me revoyant dans le monde... la jalousie qu'il ne pouvait cacher lorsque M. Monfignard me faisait la cour... enfin, l'abandon où il a laissé Mathilde; oui, il m'aime toujours... Ah! j'ai été trop sévère peut-être! mais désormais j'oublierai ses fautes, et je ne chercherai qu'à le rendre heureux. »

Charlésia passe la nuit entière sans goûter un moment de repos. Enfin le jour paraît; elle regarde sa pendule, elle calcule le temps, puis elle se dit :

« Maintenant on doit lui avoir donné ma lettre... à présent il l'a lue... il va venir bientôt, oui, dans quelques instants, peut-être, il sera près de moi... prenons patience... »

Mais l'heure se passe, et celui qu'elle attend, qu'elle désire, n'est pas venu... Déjà des craintes vagues ont remplacé l'espérance, lorsque le bruit de la sonnette se fait entendre, puis on marche vers son appartement.

— Le voilà! c'est lui! s'écrie Charlésia; et elle court vers la porte, espérant voir Adhémar; mais son domestique seul paraît, il tient à la main une lettre qu'on vient d'apporter pour sa maîtresse. Charlésia la prend en tremblant, elle vient de reconnaître l'écriture de son mari.

« Il m'écrit, se dit-elle, il m'écrit et il ne vient pas... quels motifs... me serai-je flattée... ne m'aimerait-il plus! »

Cependant sa main a déjà brisé le cachet, et elle n'ose lire cette lettre dans laquelle est écrit son sort. Elle se décide enfin, et lit ces mots tracés par Adhémar :

« Il n'est plus temps, madame; je vous remercie de votre souvenir pour un malheureux, mais je ne puis plus retourner avec vous. Ce n'est pas ma fierté qui s'y oppose; si j'avais cru encore à votre amour, je n'aurais écouté que le mien. Mais vous m'avez trahi, j'en ai eu la preuve. Je vous avais rendu votre liberté, vous en avez usé, c'était peut-être votre droit, mais pour moi, c'est le motif d'une éternelle séparation. »

« Je l'ai trahi! s'écrie Charlésia en laissant tomber la lettre de ses mains. Il m'accuse... il me croit parjure! moi, je n'ai jamais cessé de penser à lui... moi, qui l'aimais toujours, même en le fuyant, et qui faisais violence à mon cœur pour ne point voler vers lui. Il en a eu la preuve, dit-il. Oh! il faut que j'éclaircisse cet affreux mystère, il faut que je le voie, il ne peut refuser de m'entendre; il me repoussera ensuite, s'il le veut, mais au moins je me justifierai!... Je ne puis supporter la pensée d'être coupable à ses yeux...

Charlésia prend à la hâte un chapeau, un châle; elle fait venir une voiture, monte dedans, et se fait conduire à l'hôtel garni habité par son mari. Elle arrive, demande monsieur Adhémar Marilly, insiste pour lui parler sur-le-champ, et n'entend pas qu'on lui répond :

— Mais, madame, le monsieur que vous demandez n'est plus ici, il est parti de ce matin.

— Parti!... il est parti! s'écrie enfin Charlésia, mais ce n'est pas possible, il vient de m'écrire, de m'envoyer une lettre...

— Oui, madame, en partant il a remis une lettre à la servante, qui a été la porter sur-le-champ.

— Mais, où est-il alors

— Nous n'en savons rien, madame, ce monsieur n'a pas dit où il allait loger.

— Mais... ses effets... qui les a emportés ?...

— Lui-même, madame; nous avons offert de les lui porter, mais il a refusé, en disant qu'il prendrait un commissionnaire ou une voiture plus loin.

— Et vous ne l'avez pas suivi ?...

— Pourquoi faire, madame? Ce monsieur a payé sa dépense... nous n'avions rien à lui redemander.

Charlésia est désolée, elle voit que toutes ses questions seraient vaines; on n'en sait pas davantage, et il faut qu'elle s'éloigne sans avoir aucun renseignement, aucun indice qui puisse la mettre sur les traces de son époux. Son désespoir est d'autant plus grand, qu'elle sait que son mari la croit coupable, et qu'ignorant où il est, il lui sera désormais impossible de se justifier. Accablée, anéantie par tous ces événements, Charlésia rentre chez elle, où elle s'abandonne à toute sa douleur.

Pendant que tout ceci se passait, Mathilde n'était pas restée oisive; les dernières paroles prononcées par Charlésia, en la quittant, lui avaient fait penser que son amie avait l'intention de s'occuper du sort d'Adhémar, et de son côté elle s'était promis de ne point se laisser devancer par elle. Aussi, le lendemain de grand matin, Mathilde s'était mise en course; mais, n'ayant pas retenu le nom de l'architecte, prononcé par M. Sublimé, et ne sachant de quel côté porter ses pas pour découvrir celui qu'elle cherchait, Mathilde s'était encore rendue rue de Navarin; là, elle n'avait rien appris de nouveau, et elle ne savait plus à qui s'adresser, lorsque l'idée lui vint de se rendre boulevard Saint-Denis, au logement qu'Adhémar y avait occupé.

Madame Coquenard, qui aimait à jaser, avait écouté avec beaucoup d'intérêt les questions de Mathilde, et lui avait répondu :

— Certainement, M. Marilly a logé ici; c'était un jeune homme que j'estimais infiniment; il recevait beaucoup de petites dames, c'est encore vrai! Mais où est le mal? est-ce que les deux sexes ne sont pas faits pour se visiter mutuellement? Du reste, pour vous dire où il demeure à présent, je n'en sais rien du tout!

Mathilde allait s'éloigner, lorsqu'un monsieur descend l'escalier en faisant des roulades, et la portière s'écrie :

— Tenez, voilà un monsieur qui était son voisin... Dites donc, monsieur Trouillade, voilà une dame qui voudrait bien savoir l'adresse de M. Adhémar; vous ne la savez pas, par hasard?

Trouillade s'avance, et, voyant une dame élégante et jolie, commence par s'assurer que le nœud de sa cravate est au milieu, se pose, par habitude, comme la statue de Figaro, puis, cherchant s'il prendra pour répondre la voix de tête ou de poitrine, finit par parler du nez, en disant :

— M. Adhémar?... ah! madame dem nde M. Adhémar Marilly? Je le connais beaucoup... nous logions porte à porte dans cette maison... il venait nous voir; il jouait avec Lycoris, mon fils, qui fait maintenant les amours à Bordeau .

— Et savez-vous son adresse, monsieur?

— Madame, en quittant cette maison, il se logea rue de Navarin... mais il n'y demeure plus.

— Je le sais, monsieur... et vous ne l'avez p s vu depuis ?...

— Pardonnez-moi! je me suis trouvé à dîner chez le même traiteur que lui... chez Véry... au Palais-Royal... Je lui ai parlé... mais il est parti brusquement... et comme j'étais alors en train de chercher de quel vin je prendrais pour mon second servi e, ma foi, je ne l'ai pas vu partir.

— Vous n'en savez pas plus, monsieur?

— Non, madame... si ce n'est qu'un soir je passai la soirée vec lui chez une dame fort distinguée, madame de Polatinskifkoff... mais ceci vous intéresserait peu...

— Pardonnez-moi, monsieur, tout ce qui touche M. Adhémar m'intéresse... Continuez, je vous prie.

— Eh bien! madame, puisque cela vous intéresse, je vais vous rapporter une circonstance qui me semble fort singulière, à moi... toujours relativement à mon ci-devant voisin. Une dame qui vint à cette réunion, et qui paraissait connaître très particulièrement M. Adhémar, nous assura qu'il était marié...

— Marié!...

— Oui, qu'il s'était marié en Italie!... Eh! mon Dieu! qu'avez-vous donc, madame?... vous changez de couleur... vous êtes indisposée... Madame Coquenard, venez donc secourir madame qui s'en va!

Mathilde était devenue d'une pâleur mortelle, ses forces l'abandonnaient; quelques mots avaient suffi pour faire luire à son esprit une vive lumière, et ce qu'elle avait éprouvé alors lui avait causé une révolution si subite, qu'elle serait tombée sur le carreau, si Trouillade ne l'avait reçue dans ses bras. Il la porte dans la loge; madame Coquenard asperge la jeune dame d'eau de mélisse et de vinaigre, et pendant ce temps, M. Trouillade ne cesse de s'écrier :

— Voilà la centième femme qui se trouve mal en m'écoutant... Est-ce l'effet du timbre de ma voix? est-ce ce que je lui ai dit? je pencherais pour la première raison.

Madame Coquenard commençait à s'inquiéter du long évanouissement de cette dame, et pensait à aller chercher un médecin, lorsque enfin Mathilde rouvre les yeux : elle promène ses regards autour d'elle, rappelle ses souvenirs, remercie ceux qui l'entourent, et prie la portière de lui chercher une voiture.

— Il y en a en face, répond madame Coquenard, juste devant la maison; mais madame n'est pas en état de s'en aller seule.

— J'offrirai à madame de l'accompagner jusque chez elle, dit Trouillade en faisant des yeux languissants.

— Je vous remercie, monsieur, votre bras jusqu'à la voiture, c'est tout ce que je sollicite de votre complaisance.

Et glissant dix francs dans la main de la portière, qui la salue avec attendrissement, Mathilde prend le bras de Trouillade, qui lui fait traverser le boulevard, et dans ce court trajet se permet de lui serrer le bras très énergiquement; mais Mathilde est trop préoccupée pour y prendre garde; elle monte dans une voiture, remercie encore le virtuose qui s'est posé en Figaro devant la portière, et se fait conduire chez Charlésia.

Toutes les démarches de Mathilde avaient pris du temps; il était alors près de deux heures, et Charlésia était seule dans son appartement, livrée à cette douleur muette et sombre qui annonce la perte de toute espérance, lorsque sa porte s'ouvre brusquement et Mathilde paraît devant elle; mais elle est si pâle, si tremblante, ses yeux sont tellement rougis et gonflés par ses larmes, que Charlésia est presque effrayée de son état; elle va aller au devant de son amie, mais Mathilde s'est précipitée à ses genoux et saisit une de ses mains qu'elle baigne de pleurs en balbutiant :

— Pardonnez-moi!... vous êtes sa femme... je sais tout maintenant... Ah! combien vous devez me mépriser!

Charlésia veut relever son amie, qui s'obstine à rester à genoux, et, n'y pouvant parvenir, dépose un baiser sur le front de Mathilde, en lui disant :

— Oui, je suis sa femme... je ne veux plus le cacher; et maintenant qu'il est malheureux, je me fais un devoir de porter son nom!... Je ne t'ai jamais méprisée, Mathilde, je me suis contentée de te plaindre; car je savais bien que la passion que tu éprouvais pour lui ne pourrait te causer que des peines...

— Cette passion... d'un mot vous pouviez la faire rentrer au fond de mon cœur... mais vous avez craint de me faire rougir devant vous... Ah! vous avez été trop généreuse!.. tandis que moi... si vous saviez tout ce que j'ai fait!...

— Je t'ai dit que je te pardonnais... Mais explique-moi comment tu as découvert le secret de mon union avec Adhémar.

Mathilde fait à son amie un récit exact de ses démarches depuis le matin, et lui explique comment les mots prononcés par Trouillade ont fait luire à son esprit toute la vérité. Lorsqu'elle a cessé de parler, Charlésia, la forçant à s'asseoir à côté d'elle, lui prend la main en lui disant :

— Maintenant, je ne dois plus avoir de secrets pour toi. Je vais t'apprendre l'histoire de mon mariage avec Adhémar, et ce qui amena notre séparation. Écoute-moi : Devenue veuve de M. Valméran, libre de mes actions, je voulus voir l'Italie, je partis. A Naples, je fis la connaissance d'Adhémar; nous étions du même pays; ses manières distinguées, son esprit, tout me prévenait en sa faveur. Mon cœur, qui n'avait pas encore aimé, vola au devant du sien; car il y a une secrète sympathie qui nous entraîne vers celui qui doit posséder notre amour. Adhémar me demanda ma main, en me disant : « Ma fortune n'est pas égale à la vôtre, quoiqu'elle soit bien suffisante pour moi; mais j'aime à croire que vous êtes certaine que je vous épouse par amour et non par intérêt. » Je tendis la main à Adhémar en lui répondant : « Je crois à votre amour... mais, songez-y bien... je veux être aimée toute ma vie. Mon premier mariage fut pour moi une chaîne pesante, parce qu'on m'avait unie à un homme qui m'aimait et que je n'aimais pas... J'ai senti alors combien il est cruel d'être forcé de vivre avec quelqu'un qui nous obsède d'un amour que nous ne partageons pas. Je vous aime, moi, et je ne changerai jamais! mais si vous me trompiez... si un jour vous étiez infidèle, je vous quitterais à l'instant, parce que je ne voudrais pas être pour vous ce que mon premier mari fut pour moi. Adhémar me fit serment de ne jamais changer; je le crus, et notre mariage s'accomplit. Nous avions loué alors une charmante *villa* aux environs de Naples, et j'avais pris pour femme de chambre une jeune villageoise italienne nommée Pépita; cette fille était fort jolie et très coquette. Mais elle était si jeune! si naïve! d'ailleurs, pouvais-je être jalouse de ma femme de chambre ni de personne, lorsque je me croyais sûre de l'amour de mon époux. Il n'y avait que trois mois que j'étais la femme d'Adhémar; je me rendais à Naples un matin pour faire des emplettes, mon mari devait me rejoindre le soir à la ville, tout à coup un homme que je ne connaissais pas arrêta ma voiture. Je crus d'abord que c'était un voleur; mais cet homme se contenta de me dire : « Ne vous éloignez pas, votre mari vous trompe; retournez à votre *villa*, vous le trouverez dans les bras de Pépita. » Ces paroles me glacèrent le cœur; je ne pouvais croire à ce qu'on m'annonçait, et pourtant j'ordonnai à mon cocher de me ramener chez moi; quant à l'inconnu qui m'avait averti, il avait disparu. Je descendis de voiture assez loin de ma demeure, pour qu'on ne m'entendît pas revenir. Je me glissai sans être aperçue jusqu'à la chambre de Pépita... Hélas! cet homme ne m'avait pas menti... Adhémar me trahissait. Il se jeta à mes pieds en me demandant pardon de sa faute. Mais l'excès de son amour même avait ranimé toute ma fierté; outragée, furieuse, je rappelai à Adhémar les conditions que je lui avais faites en l'épousant. « Désormais, lui dis-je, je ne suis plus votre femme, et vous n'êtes plus rien pour moi. Je vous rends votre liberté. Nous nous sommes mariés en pays étranger; en France, vous pourrez encore vous dire garçon : quant à moi, dès ce moment, je cesse de porter votre nom, et je reprends celui de mon premier mari. Séparons-nous sur-le-champ... partez, monsieur, sinon, c'est moi qui vais vous céder la place. » Les prières, les larmes d'Adhémar ne purent m'émouvoir... Alors il partit, s'éloigna... et, au bout de quelques jours, j'appris qu'il avait quitté l'Italie. Ah! tu dois penser, Mathilde, combien je souffrais... combien il m'a fallu faire violence à mon cœur..... car il m'écrivit avant de partir, et, sans chercher à se justifier, il me faisait comprendre comment les avances et les agaceries d'une jeune fille coquette l'avaient entraîné dans une faute qu'il n'avait pas préméditée. Avant de quitter aussi un séjour qui m'était devenu insupportable, je voulais savoir ce qu'était devenue Pépita, disparue de chez moi le jour du départ de mon mari, je voulais m'assurer si elle ne l'avait pas suivi. Après plus de quatre mois de recherches infructueuses, je retrouvai enfin cette jeune fille; elle habitait une chaumière aux environs de Tivoli, elle y vivait seule et misérable... et elle était enceinte.

— Enceinte! s'écrie vivement Mathilde en fixant sur Charlésia des regards expressifs.

— Oui, oui, mais laissez-moi continuer. J'allai trouver cette jeune fille; elle se jeta à mes pieds en implorant ma pitié. « Que ferez-vous de votre enfant? lui dis-je; elle baissa les yeux en balbutiant : « Je n'ai pas de quoi le nourrir. » Alors je lui proposai de m'en charger, si elle consentait à me le donner. La joie avec laquelle elle reçut cette proposition me prouva que son cœur était entièrement étranger aux douceurs de l'amour maternel. J'attendis l'instant de sa délivrance. Elle mit au monde un fils que j'emportai dans mes bras, auquel je donnai mon nom, ne pouvant lui donner celui de son père. Quant à Pépita, je lui laissai une bourse pleine d'or et ne la revis plus. Cette femme m'avait révoltée : elle n'avait pas même demandé à embrasser son enfant. Quelque temps après, je quittai l'Italie avec mon petit Charles, auquel j'avais donné une bonne nourrice... je me rendis en Suisse, où je passai plus d'une année. Je ne te cacherai pas que mon espoir était de me réunir un jour à mon mari et de lui pardonner; mais, chaque fois que je formais ce projet, et au moment de revenir en France, je recevais toujours des lettres anonymes dans lesquelles on me détaillait toute la conduite d'Adhémar; on ne me faisait grâce d'aucune de ses folies, d'aucune de ses bonnes fortunes!... Alors je sentais renaître mon dépit, ma jalousie, et je renonçais à l'idée de me réunir à lui. Lorsque j'arrivai à Paris, je savais qu'il avait alors pour maîtresse une nommée Emmeline, et probablement on m'aurait aussi écrit sa liaison avec toi, si tu ne m'en avais pas instruite toi-même. Maintenant tu sais tout... le fils d'Adhémar est à Saint-Maur, chez une bonne paysanne qui en a grand soin; je vais l'embrasser presque tous les jours; enfin, aujourd'hui, j'espérais lui rendre son père. En apprenant qu'Adhémar est malheureux, j'ai dû oublier tous ses torts. J'avais découvert son adresse... Je lui avais écrit que tout était pardonné... je comptais lui causer la plus douce surprise en mettant son fils dans ses bras... mais, tiens, voici ce qu'il m'a répondu... puis il est parti, et on ne sait plus ce qu'il est devenu!...

Mathilde prend en tremblant la lettre que Charlésia lui présente; après l'avoir lue, elle détourne la tête et baisse ses regards vers la terre.

— Il me croit coupable! s'écrie Charlésia. Ah! cela t'indigne, n'est-ce pas?... Mais de quoi m'accuse-t-il?... qui donc a pu me calomnier près de lui?...

— Moi! murmure Mathilde d'une voix sourde.

— Vous!...

Et Charlésia, par un mouvement subit, a quitté sa place et s'est éloignée de Mathilde; celle-ci continue sans lever les yeux :

— J'avais découvert que vous faisiez élever en secret un enfant à Saint-Maur; j'avais entendu cet enfant vous nommer sa mère, j'ai dû croire qu'en effet c'était votre fils. J'ai fait part à Adhémar de cette découverte; il ne voulait pas me croire, je l'ai mené à Saint-Maur; il vous a vue tenant le petit Charles dans vos bras!...

— Oh! c'est affreux! dit Charlésia en se laissant tomber sur un siége comme anéantie par ce qu'elle vient d'entendre. Vous ignoriez que j'étais l'épouse d'Adhémar... je le sais.... mais était-ce une raison pour me faire tant de mal... à moi, votre ancienne amie!...

— Ah! c'est que je l'aimais aussi, moi! répond Mathilde en cachant sa figure dans ses mains.

CHAPITRE XXIII.

ENCORE CE MONSIEUR.

Azéma était partie pour Lyon, heureuse et tranquille sur le sort d'Adhémar, auquel elle avait trouvé de l'occupation chez un architecte; mais un hasard malencontreux avait voulu que ce M. Angely, chez lequel Adhémar travaillait, fût justement l'architecte de M. Sublimé.

En se retrouvant avec le père de mademoiselle Idalie, Adhémar avait sur-le-champ compris que sa position allait être connue dans le monde où il allait autrefois; il était rentré chez lui désespéré, maudissant sa destinée, qui ne lui permettait pas de vivre ignoré dans sa nouvelle position. Il ne savait à quel parti s'arrêter; car, s'il avait eu le courage de supporter la pauvreté, il ne se sentait pas celui de souffrir les airs insolents et dédaigneux de ces gens qui, comme les Sublimé, ne reconnaissent de mérite qu'à la fortune.

La lettre de Charlésia l'avait trouvé dans cette situation; elle lui avait prouvé que M. Sublimé s'était hâté d'aller conter partout dans quelle position il l'avait vu. Nous savons quelle réponse Adhémar fit à cette lettre. Après avoir écrit à sa femme, sa résolution était arrêtée.

Il a quitté son hôtel, parce qu'il ne veut pas que l'on retrouve ses traces; son plan est fixé; il est résolu à chercher à l'étranger des moyens d'existence, pour ne plus être exposé à rencontrer aucune des personnes qu'il a connues autrefois.

Adhémar s'est rendu dans la cour des Messageries. Il entre dans un bureau et demande une place.

— Monsieur va à Bordeaux! lui dit le commis.

Adhémar ne savait pas où il voulait aller; mais le principal, pour lui, est de quitter Paris. Il apprend que la diligence de Bordeaux part à six heures du soir. Il retient sa place, paie, laisse sa valise, puis s'éloigne en se demandant ce qu'il fera jusqu'à six heures du soir; il n'était encore que dix heures du matin.

Tout à coup, un souvenir se présente à sa pensée, et il se dirige vers le faubourg Saint-Martin, en se disant :

« Et cette pauvre Pépita! voilà près d'un mois que je ne l'ai vue!.. je ne partirai pas sans lui dire adieu..... Je n'ai plus que peu d'argent! cependant, si cela est nécessaire, je partagerai encore avec elle!.. Si, à Bordeaux, je ne trouve pas de place... eh bien! je m'embarquerai... je me ferai marin... je m'enrôlerai!... je suis préparé à tout. »

Adhémar est arrivé devant la demeure de Pépita; il va entrer, lorsqu'une femme l'arrête par le bras; il se retourne, et reconnaît madame Lichor.

La garde-malade prend un air de componction, en lui disant :

— Où donc allez-vous, mon cher monsieur?

— Voir votre malade.... comment est-elle maintenant?

Madame Lichor secoue la tête, en murmurant :

— Depuis quinze jours elle ne souffre plus la pauvre dame!.. c'est fini.

— Elle est morte?

— Hélas! oui, mon Dieu! et elle aurait bien voulu vous parler...... elle avait comme un secret, disait-elle, qui lui pesait sur le cœur... mais dame, mon cher ami, je ne savais où vous chercher!.... Du reste, grâce à vous, elle n'a manqué de rien jusqu'à la fin... et elle est morte bien douillettement.

Adhémar pousse un profond soupir :

— Morte! si jeune! et sous un ciel étranger, quelle destinée.. Pauvre Pépita! et personne, sans doute pour l'accompagner à sa dernière demeure!

— Pardonnez-moi... un monsieur... qui n'a pas l'air calé... et qui cependant a bien fait les choses, a suivi cette jeune dame; et il paraît même qu'il lui a fait faire un petit tombeau bien gentil, au Père-Lachaise. C'est bien singulier, et il ne venait pas la voir du tout durant sa maladie.

Adhémar est frappé de cette circonstance, il se fait donner le signalement de cet homme; il ne doute pas que ce ne soit son inconnu; alors, sans trop se rendre raison du motif qui l'anime, il quitte brusquement la garde et se remet à marcher à grands pas, en se dirigeant cette fois du côté du cimetière de l'Est.

La course était longue, et Adhémar n'allait pas vite, parce qu'il était absorbé dans ses réflexions. Il pensait à Pépita, se demandait quel secret elle pouvait avoir à lui confier; puis l'image de son mystérieux inconnu revenait à sa pensée, et il était fermement résolu, s'il rencontrait cet homme, à le forcer de lui expliquer sa conduite.

Adhémar arrive enfin au cimetière; la journée était froide et sombre, peu de personnes parcouraient cette triste demeure, mais celles qu'une douleur véritable y amène aiment mieux y trouver le silence et la solitude que le bruit et le monde.

« Au milieu de toutes ces tombes, comment découvrir celle de Pépita! se dit Adhémar en promenant ses regards autour de lui. Je n'ai aucune indication... n'importe... quelque chose me guidera peut-être! cherchons! »

Il y avait plus de deux heures qu'Adhémar se promenait dans le cimetière, lorsqu'enfin, en passant sous un massif d'arbres, il aperçoit une simple pierre tumulaire entourée d'une grille et de fleurs nouvellement plantées, il s'approche et lit sur la pierre le nom de Pépita.

Il s'arrête, il s'agenouille, il appuie sa tête contre la grille sans qu'il s'en aperçoive des pleurs tombent de ses yeux.

Un homme paraît alors de l'autre côté de la grille, qui considère Adhémar, d'un air qui est d'abord farouche, mais dont l'expression s'adoucit bientôt en le voyant pleurer.

Lorsqu'Adhémar lève enfin les yeux, il rencontre ceux de cet homme; loin de témoigner de la surprise en reconnaissant son inconnu, il s'écrie :

— Ah! quelque chose me disait que je vous rencontrerais ici!

— En effet, répond l'étranger tristement. C'est elle qui est cause que je ne vous ai point perdu de vue... c'est elle encore qui fait nous retrouver.

— Monsieur, j'ai voulu souvent vous parler, je vous ai cherché pour vous demander quel motif vous attachait à mes pas.... vous faisait espionner ma conduite.... vous m'avez toujours échappé... aujourd'hui, puisque je vous retrouve ici, vous allez vous expliquer, j'espère.

— Oui, aujourd'hui je vais vous répondre, plus tôt je ne l'aurais fait; mais maintenant qu'elle est morte.... tout est fini!...... Cette jeune femme qui repose là, je l'aimais, moi... je l'aimais avant que vous ne vinssiez dans notre pays... car je suis né sous le même ciel que Pépita. Mais d'un caractère jaloux et défiant, je n'avais pas encore déclaré mon amour à celle que je voulais épouser, lorsque vous vîntes habiter aux environs de Naples.... Pépita entra au service de votre femme, et puis... je n'ai pas besoin de vous dire ce qui arriva.

Vous aviez fait mon malheur, je résolus de me venger, en vous empêchant de vous raccommoder avec votre femme, car je savais bien que vous l'aimiez encore. Dès lors, je m'attachai en secret à vos pas, je vous suivis dans vos voyages changeant d'état et de costume suivant les circonstances... tout m'était bon pour arriver à mon but!..... et il me fallait si peu pour vivre!..... Vous écriviez souvent à votre épouse pour lui demander l'oubli de votre faute; mais; moi, je lui écrivais aussi pour lui apprendre toutes vos folies toutes vos intrigues; et par là, je l'empêchais de vous pardonner. Voilà ce que j'ai fait...... c'était bien juste, n'est-ce pas, car vous m'aviez rendu bien malheureux, moi! qui aimais tant Pépita!

Adhémar a écouté ce récit en silence; et lorsque l'Italien a cessé de parler, il s'approche et lui tend la main, en lui disant :

— Si j'ai fait votre malheur, vous vous êtes bien vengé!... mais devant la tombe de cette jeune femme, tous les souvenirs de haine doivent s'effacer... pardonnez-moi comme je vous pardonne... Adieu, monsieur.

L'étranger semble touché, il presse la main d'Adhémar, et quand celui-ci va pour s'éloigner, il le retient, en lui disant d'une voix émue :

— Attendez... j'ai encore quelque chose à vous dire... Ce que vous avez fait pour Pépita pendant sa maladie... ces pleurs que je viens de vous voir répandre sur sa tombe... ont désarmé ma haine...... ce secret qu'elle voulait vous dire, je le sais, moi.... il peut vous rendre au bonheur...

— Ah! parlez, monsieur... parlez, je vous en supplie...

— Pépita portait dans son sein un fruit de sa faute, quand vous ez quitté l'Italie...

— Il se pourrait!

— Oui... elle a mis au monde un fils...

— Un fils... Et cet enfant, qu'est-il devenu?... ah! le savez-vous, monsieur?

— Votre femme en a pris soin, et le fait élever à Saint-Maur, sous le nom de Charles; c'est lui que vous l'avez vue embrasser, caresser!...

— Grand Dieu! cet enfant! c'est mon fils!

Adhémar pousse un cri de joie, sa surprise, le ravissement où le jette cette révélation sont tels que pendant quelques moments il reste muet d'étonnement, de bonheur; enfin, il court à l'étranger, le presse dans ses bras, en balbutiant des mots sans suite, puis, sans en dire davantage, quitte promptement le cimetière, monte dans une voiture, et se fait conduire chez sa femme en promettant dix francs pour boire au cocher s'il veut brûler le pavé.

Charlésia était encore livrée à la profonde douleur que venai de lui causer les paroles de Mathilde; et celle-ci, après avoir avoué son amie tout le mal qu'elle lui avait fait, se tenait à quelques pas d'elle, n'osant plus réclamer son pardon, lorsque tout à coup la porte s'entrouvre, et Adhémar entre dans l'appartement. Il est pâle, agité, des pleurs mouillent ses yeux: il court vers Charlésia et se jette à ses genoux, en s'écriant :

— Je sais tout maintenant... c'est mon fils que vous élevez en secret... Vous lui permettez de vous appeler sa mère! et j'osais vous soupçonner! ah! vous ne voudrez plus me pardonner!

Pour toute réponse, Charlésia s'est précipitée dans les bras de son mari. Elle le tient coutre son cœur, et pendant longtemps elle ne trouve pas de paroles pour dire tout ce qu'elle sent.

— Témoin du bonheur de son amie, Mathilde en éprouve cette fois la joie la plus vive; après avoir fait tant de mal à Charlésia, elle sent son cœur soulagé en la voyant heureuse. Mais cependant, comme les rapports qui avaient existé entre elle et Adhémar ne lui permettaient plus de se trouver avec l'époux de son amie, Mathilde prend congé de Charlésia, en lui jurant de nouveau qu'elle formera toujours des vœux pour son bonheur; Charlésia ne doute pas de la sincérité de son amie, cependant elle reçoit ses adieux avec plaisir, et ne l'engage pas à revenir la voir.

Quand Mathilde est éloignée, Charlésia embrasse son mari, en lui disant :

— Désormais, je mettrai tous mes soins à faire votre bonheur... car j'ai été trop sévère pour une faute... sur laquelle tant de femmes ferment les yeux... Mais aussi, quand j'étais sur le point de vous pardonner...... un ennemi secret se plaisait à déchirer de nouveau mon cœur en m'apprenant que j'étais totalement bannie du vôtre!...

— Il se trompait, dit Adhémar, je cherchais des distractions, voilà tout... mais les femmes confondent trop souvent l'inconstance avec l'infidélité.

— Je serai plus raisonnable, mon ami, et maintenant allons embrasser votre fils qui, dès ce moment, ne nous quittera plus.

Est-il besoin de vous dire qu'à dater de ce jour, le bonheur revint habiter le ménage d'Adhémar et de Charlésia. Dans le monde, on fut étonné d'aprendre que madame Valméran était depuis longtemps madame Marilly, cela fit beaucoup jaser pendant quinze jours. Ensuite on en parla moins, puis on parla d'autres choses, c'est la marche. Mais Adhémar qui sut par sa femme la manière dont Dalbrun l'avait défendu, s'empressa d'offrir son amitié au jeune avocat, et ce ne fut pas entre eux une simple liaison de société.

Madame Carcassonne continua de débiter des gasconnades, et son mari de chasser les plateaux de punch; Bourdichon se déguisa encore en quadrupède, mais pour aller au bal chez les autres, car Mathilde ne voulait plus en donner chez elle, le souvenir du dernier lui suffisait. Le beau Monfignard ne se maria pas, et mademoiselle Idalie Sublimé finit par épouser un entrepreneur de poudrette.

Emmeline épousa monsieur Desmatures et devint dévote; Azéma eut peu de succès au théâtre, ce qui ne l'empêcha pas d'être fort recherchée... à la ville.

Trouillade s'en alla rejoindre sa femme et son fils; il ne put rejoindre que son fils; Hélénor étant disparue après une représentation à son bénéfice, où le directeur lui avait annoncé que, tous comptes faits, c'était elle qui lui redevait dix-sept francs.

Figaro se remit alors à fouetter Lycoris pour lui donner de la voix, et l'enfant cria si bien qu'au bout d'un an il ne pouvait plus parler.

Et depuis sa visite à la tombe de Pépita, Adhémar ne revit jamais ce monsieur.

Ch. Paul de Kock.

FIN DE CE MONSIEUR.

Paris. — Typ. Collombon et Brûlé, rue de l'Abbaye, 22.

[illegible] passé et l'Amour qui [illegible] » 70
[illegible] le Bossu » 70
[illegible] 1 50
[illegible] 1 80
[illegible] d'Auteuil 1 95
[illegible] 2 »
Un Monsieur très-tourmenté » 80
[illegible] Mousquetaire du Château-d'Eau 1 60
Paul et son Chien 1 80
[illegible] de Montflanquin 1 20
[illegible] du Cinquième 1 60
[illegible] 80
[illegible] 80
[illegible] 1 50
[illegible] 1 30
[illegible] à trois visages 1 95
[illegible] Braillard 1 30
[illegible] de la Truffe 1 30
[illegible] Martin » 50
[illegible] aux trois jupons » 70
[illegible] Demoiselles de Magasin 1 60
[illegible] Femmes, le Jeu, le Vin » 70
[illegible] Enfants du Boulevard 1 50
[illegible] aux Prunes » 70
[illegible] de Groseille » 80
La Dame aux trois corsets » 80
La Baronne Blaguiskof » 80
[illegible] Prairie aux Coquelicots 1 60
[illegible] Ruisseaux » 80
[illegible] Fichéclaque » 80
[illegible] Drôle de Maison » 80
[illegible] de Ville » 90
[illegible] » 80
[illegible] Mari dont on se moque » 80
[illegible] Beau-Père » 80
[illegible] Concierge de la rue du Bac » 90
Madame Pantalon 1 »
[illegible] Petite Lise » 60
Henry de Kock (Paul de Kock fils).
[illegible] » 80
[illegible] » 60
[illegible] pâle » 50
[illegible] (3 part.) 3 »
[illegible] 1 »
[illegible] » 70
[illegible] (complets) 13 90
[illegible] par parties :
[illegible] 2 70
[illegible] de Cœur 3 75
[illegible] de Rocambole 3 [illegible]
[illegible] 1 [illegible]
[illegible] Clair de Lune 2 10
[illegible] 2 25
[illegible] à 1 fr. 25.)
[illegible] Drames de Paris 5 55
[illegible] 5 Séries à 5 fr. 25.)
[illegible] Mot de Rocambole 7 50
[illegible] Misères de Londres 4 20
[illegible] Démolitions de Paris 2 40
La Corde du Pendu 1 40
[illegible] de Rocambole 5 20
[illegible] Village (1 volume) 4 20
Les mêmes par parties :
[illegible] Mignonne 1 70
[illegible] » 70
[illegible] Le Brigadier La Jeunesse » 60
[illegible] du docteur Rousselle 1 50
L'Armurier de Milan 1 10
Les Cavaliers de la Nuit 2 40
[illegible] de Sang (1 volume) 4 20
La même par parties :
1. Les Spadassins de l'Opéra 2 »
2. La Dame au Gant noir 2 50
Les Mystères du Demi-Monde 2 »
Nuits de la Maison Dorée 1 10
La Jeunesse du roi Henri (1re part.) 2 75
Le Serment des 4 valets (2e partie) 1 80
La Saint-Barthélemy (3e partie) 1 20
La Reine des Barricades (4e partie) 2 10
Le Beau Galaor (5e partie) 1 60
La 2e Jeunesse du roi Henri (6e p.) 1 80
Ces parties réunies en 1 volume 11 25
L'Héritage d'un Comédien » 70
Le Diamant du Commandeur » 90
Les Masques rouges 1 95
Le Page Fleur-de-Mai » 75

[illegible] 1 10
La Reine des Gypsies 1 10
Mémoires d'un Gendarme 1 »
Le Chambrion » 70
Le Nouveau Maître d'École » 70
Dragonne et Mignonne » 90
Le Grillon du Moulin 1 »
La Fée d'Auteuil » 90
Le Capitaine des Pénitents noirs 1 20
L'Auberge de la rue des Enfants-Rouges 2 »
L'Orgue de Barbarie 1 »

Paul Féval.

Bouche de Fer 1 95
Les Drames de la Mort 3 15

Xavier de Montépin.

Un Drame d'Amour » 70
Le Médecin des Pauvres 1 80
Les Mystères du Palais-Royal 3 »
La Maison Rose 1 65
Les Enfers de Paris 2 75
La Fille du Meurtrier 1 60
Le Marquis d'Espinchal 1 30
Les Mystères de l'Inde 1 30
La Gitane 1 10
Mlle de Kerven (2e p. de la *Gitane*) 1 10
La Reine de la Nuit 3 »
Le Moulin Rouge 3 »
Le Médecin de Brunoy 1 80
Le Château des Spectres » 70
La Comtesse Marie (1re partie) 1 30
La Comtesse Marie (2e partie) 1 10
La Femme de Paillasse 2 25
Le même ouvrage à 10 c. la livraison.

Emmanuel Gonzalès.

Esaü le Lépreux 1 10
Le Prince Noir (2e partie d'*Esaü*) 1 10
Les 2 Favorites (3e partie ») 1 10
Les Frères de la Côte » 90
Le Vengeur du Mari 1 30
Les Gardiennes du Trésor » 80
La Fiancée de la Mer 1 10

Pierre Zaccone.

Les Mystères de Bicêtre 1 30
Une Haine au Bagne 5 »
Les Misérables de Londres 3 »
Les Marchands d'Or 1 30

Louis Gallet.

Le Régiment de la Calotte » 90
Le Petit Docteur 1 20

[illegible]

Les Amours de d'Artagnan 2 70
Les Amazones de la Fronde 2 50
Belles-Dames du Pré-aux-Clercs 2 50

Léon Beauvallet et [illegible]

Les Femmes de Paul de Kock (un beau volume) 5 »

Eugène Sue.

Les Mystères de Paris 4 »
Le Juif-Errant 4 »
Les Misères des Enfants trouvés 4 80
La Famille Jouffroy 3 »
L'Institutrice » 90
Atar-Gull » 70
La Salamandre » 70
Le Marquis de Létorières » 70
Arthur 1 80
Thérèse Dunoyer 2 90
Deux Histoires 1 10
Latréaumont 1 10
Comédies sociales » 70
Jean Cavalier 1 80
La Coucaratcha 1 10
Le Commandeur de Malte 1 10
Paula Monti » 90
Plik et Plok » 70
Deleytar » 50
Mathilde 2 75
Le Morne au Diable 1 10
La Vigie de Koat-Ven 1 80
L'Orgueil (1re partie) 1 10
L'Orgueil (2e partie) » 90
L'Envie 1 10
La Colère » 70
La Luxure » 70
La Paresse » 50
L'Avarice » 70
La Gourmandise » 50
Les 7 Péchés (en 1 volume) 6 »
La Marquise d'Alfi » 70
La Bonne Aventure (1re partie) » 90
La Bonne Aventure (2e partie) » 90

que édition illustrée de [illegible] vures dans le [illegible]
Prix broché [illegible]
Les Enfants de l'Amour [illegible]
Les Mémoires d'un [illegible]
Les mêmes [illegible]
Un Mariage de convenance [illegible]
Un Mariage d'argent [illegible]
Un Mariage d'inclination [illegible]
Le Casque de Dragon [illegible]
La Faucille d'or [illegible]
La Clochette d'airain [illegible]
Le Collier de fer [illegible]
La Croix d'argent [illegible]
L'Alouette du casque [illegible]
La Garde du poignard [illegible]
Jeanne d'Arc [illegible]
Mademoiselle de Plouernel [illegible]
Les Fils de Famille [illegible]
Mathilde (1 beau volume) [illegible]
8 séries à 50 cent. et 1 à 35 cent.
48 livraisons à 10 cent.
Le Juif Errant (1 beau volume) 6 [illegible]
10 séries à 50 c. et 1 à 75 c.
58 livraisons à 10 cent.
Les Mystères de Paris (1 beau vol.) [illegible]
10 séries à 50 cent. 60 livraisons à 10 centimes.

Alboize et Maquet.

Les Prisons de l'Europe 2 50

Alexandre Dumas.

Les Crimes célèbres (1 vol.) 4 [illegible]
Les mêmes par parties :
1. La Marquise de Brinvilliers » 90
2. Marie Stuart » 70
3. Les Borgia » 90
4. Massacres du Midi 1 [illegible]
5. Jeanne de Naples » [illegible]

Ainsworth.

Le Bandit de Londres 1 [illegible]

Gœthe.

Werther et Faust » 90

Jean-Jacques Rousseau.

Emile 2 [illegible]
La Nouvelle Héloïse [illegible]

[illegible]

Les Mystères de la [illegible]
Scènes [illegible]

[illegible]

Le Roman comique [illegible]

[illegible]

Mémoires d'un Page de la Cour impériale [illegible]

Léo Lespès (Timothée Trimm).

Les Filles de Barrabas [illegible]

Charles Mahon.

Louison d'Arquien [illegible]

[illegible]

20 Hommes pour une Femme 1 [illegible]
Un Drame [illegible] 1 25
Les Souterrains de Jully 1 [illegible]

[illegible]

1 à Champ [illegible]
L'Hôtel de [illegible]
Le Roi des [illegible]
La [illegible]
Bibi-Tapin 1 [illegible]

[illegible]

La [illegible] des Femmes 1 50

[illegible]

[illegible] d'Italie [illegible]

Vidocq.

Ses Mémoires écrits par lui-même, 1 beau volume [illegible]

Paul de Conder.

La Tour de Nesles 1 [illegible]

Jules Beaujoint.

Les Nuits de Paul Niquet 1 30
Les Oubliettes du Grand Châtelet 1 10

Jacques Arago.

Voyage autour du monde 2 95

Féréal.

Mystères de l'Inquisition 2 10
Physiologies parisiennes 4 »

Adrien Robert.

Le Bouquet de Satan » 70
Les Aventures de Lazarille 4 50
Contes fantasques et fantastiques 6 »

A. de Bougy.

La Vengeance du R[illegible] » 90

Et. Enault et L. Judicis.

Le Vagabond 1 10

Paris. — Typ. Collombon et Brûlé, rue de l'Abbaye, 22.

www.ingramcontent.com/pod-product-compliance
Lightning Source LLC
LaVergne TN
LVHW052110090426
835512LV00035B/1460
* 9 7 8 2 0 1 2 1 9 1 2 7 3 *